职业教育·城市轨道交通类专业教材

城市轨道交通行车组织

主　编　李凌燕　邓丽君
副主编　关照智　匡荣杰　曹竣凯

U0421110

人民交通出版社
北京

内容提要

本书为职业教育城市轨道交通类专业教材。全书共分为五个项目，分别是：行车组织基础知识认知、模拟正常情况下的列车运行组织作业、模拟非正常情况下的列车运行组织作业、办理车辆段接发列车作业和调车作业、组织办理施工作业和施工防护。

本书从企业岗位需求和教学实践出发，将城市轨道交通行车组织典型工作任务转化为教学项目，从工作任务角度设计综合实践、实训项目，强调学生自主学习、教师引导，实现"教、学、做"一体化教学。

本书为城市轨道交通运营管理专业核心课程教材，既可作为高职、中职院校城市轨道交通类专业教材，也可以作为相关行业岗位培训或者自学用书，同时可供城市轨道交通从业人员参考。

本书配有多媒体课件和丰富的视频、动画、图片、习题集等资源，教师可通过加入"职教轨道教学研讨群"（QQ:129327355）获取课件等资料。

图书在版编目(CIP)数据

城市轨道交通行车组织/李凌燕,邓丽君主编.—北京:人民交通出版社股份有限公司,2025.1
ISBN 978-7-114-19244-9

Ⅰ.①城… Ⅱ.①李…②邓… Ⅲ.①城市铁路—行车组织—职业教育—教材 Ⅳ.①U239.5

中国国家版本馆 CIP 数据核字(2024)第 017205 号

职业教育·城市轨道交通类专业教材
Chengshi Guidao Jiaotong Xingche Zuzhi

书　　名：	城市轨道交通行车组织
著　作　者：	李凌燕　邓丽君
责任编辑：	滕　威
责任校对：	赵媛媛　卢　弦
责任印制：	刘高彤
出版发行：	人民交通出版社
地　　址：	(100011)北京市朝阳区安定门外外馆斜街 3 号
网　　址：	http://www.ccpcl.com.cn
销售电话：	(010)85285911
总　经　销：	人民交通出版社发行部
经　　销：	各地新华书店
印　　刷：	北京科印技术咨询服务有限公司数码印刷分部
开　　本：	787×1092　1/16
印　　张：	18.125
字　　数：	375 千
版　　次：	2025 年 1 月　第 1 版
印　　次：	2025 年 1 月　第 1 次印刷
书　　号：	ISBN 978-7-114-19244-9
定　　价：	49.00 元

(有印刷、装订质量问题的图书，由本社负责调换)

PREFACE | 前言

【编写背景】

近年来,我国城市轨道交通取得了快速发展。城市轨道交通行车组织是城市轨道交通专业群中各专业普遍开设的一门专业课程,主要培养学生从事城市轨道交通站务员、行车值班员、行车调度员、列车司机、车辆段信号楼值班员等岗位工作所需的行车业务素质和技能。

本教材的内容选择和教学设计是在大量企业调研工作的基础上完成的。本教材是山东职业学院中国特色高水平高职学校和专业建设计划("双高计划")的建设内容之一,也是学校城市轨道交通运营管理专业新形态资源库建设项目的核心成果之一,是在学校长期与青岛地铁集团有限公司、济南轨道交通集团有限公司、宁波市轨道交通集团有限公司、无锡地铁集团有限公司、杭州杭港地铁有限公司等企业联合开展订单培养、实施现代学徒制的基础上,作者团队结合多年教学实践凝练而成的。

党的二十大报告提出"统筹职业教育、高等教育、继续教育协同创新,推进职普融通、产教融合、科教融汇,优化职业教育类型定位"。本教材深入贯彻《国家职业教育改革实施方案》("职教 20 条")、《高等学校课程思政建设指导纲要》(教高〔2020〕3 号)、《职业院校教材管理办法》(教材〔2019〕3 号)、《关于深化现代职业教育体系建设改革的意见》《关于推动现代职业教育高质量发展的意见》等文件精神,融入最新教育、教学和教材开发理念,一方面坚持立德树人、德技并修,将"岗课赛证"融通和课程思政理念有机融入教材对应项目和任务中,另一方面为实现"教材""学材"的融合和提升,采用活页式装订,读者可根据实际情况对教材活学活用。

【主要内容】

本书以典型行车组织工作任务为对象,分析整理相应的作业程序、行车规章和职业技能,共分为五个项目,项目一为行车组织基础知识认知,项目二为模拟正常情况下的列车运行组织作业,项目三为模拟非正常情况下的列车运行组织作业,项目四为办理车辆段接发列车作业和调车作业,项目五为组织办理施工作业和施工防护。

【编写特点】

本版教材具有以下特点:

1. 项目+任务式教材体系结构,突出学生主体

本教材在分析行车组织关键岗位工作内容的基础上,将行车组织工作划分为五个项目十九个任务,以任务为主线讲解行车组织基础知识,引导学生带着任务目标和问题学习,先介绍任务涉及的知识点,后呈现问题的结论,打破传统的学科式知识结构的思维模式,激发学生的求知欲。在选择任务与实例的过程中,本教材充分考虑任务和实例的实用性、典型性、专业性,按由简单到复杂的顺序进行设置,将有关行车组织方法的理论知识分解到学习任务中,让学生"学中做,做中学",学生跟着任务的作业流程进行操作,在操作过程中理解有关的行车组织手段,体现学生是主体,老师是引导者,既强调了理论知识,又培养了学生技能,由感性认识到理性认识,符合高职教育理念,突出了教材以能力培养为重点的特点。

2. 双高建设背景,融入课程思政

双高建设对职教院校教材有如下新要求:德技并修、深化产教融合、探索科教融汇、突出职教实践性特点、支撑集约化专业群,本教材通过新技术的国内研发、新设备的国产化、行车事故的应急处理、身边的榜样等思政案例引导学生增强民族自信、树立安全意识、培养工匠精神,并按照"以学生为中心,以素质培养成果为导向"的编写理念进行设计,通过实例分析的形式,在分析专业知识任务的基础上,思考深层次的素质培养内容,可激发学生学习积极性和热情。将有关素质培养的要求分解到学习任务中,让学生在学中提高素质能力。

3. 岗课赛证融通,培养职业能力

本教材对标国家城轨运营专业教学标准、人才培养方案及相关职业技能等级标准,融入行车组织类技术大赛标准要求,围绕行车值班员岗位行车组织核心职业能力设计教学项目,确定了"城市轨道交通行车组织"课程与其他核心课程的合理边界。

4. 新形态互联网＋教材

本教材应用现代信息技术,注重课程资源的开发,建设有动画、微课、教学课件、配套习题集及解题思路和答案等资源,读者可登录智慧树平台进行在线课程学习;将实用的行车组织理论知识与数字化资源相结合,将典型知识点通过动画视频等形式呈现,帮助学生理解重难点,提升学生的感性认识。

在线课程

本教材在全书印刷了活页孔位置,可活页式装订,方便学生到企业实地调研、实训室模拟演练灵活使用;配备大量图片、动画等课程资源,介绍行业企业新技术、新工艺及新规范,方便学生拓展学习;开发设计不同梯度的引导问题,全方位巩固学生课后专业知识的学习;明确任务书考核评价指标,引导学生主动学习、自我完善,全面提升个人及团队综合素质。

【编写团队】

本教材由山东职业学院李凌燕、邓丽君担任主编,山东职业学院匡荣杰、曹竣凯和中铁十四局集团有限公司山东省人民防空建筑设计院有限责任公司关照智担任副主编。具体编写分工如下:项目一中的任务一由曹竣凯编写,项目一中的任务二、任务三由匡荣杰编写,项目二和项目四由李凌燕编写,项目三由邓丽君编写,项目五由关照智和邓丽君编写。全书由李凌燕统稿。

【致谢】

编者在编写本书过程中得到了青岛地铁集团有限公司、济南轨道交通集团有限公司、徐州地铁集团有限公司等的大力支持,在此谨向有关专家及部门致以衷心的感谢!

由于编者水平有限,教材中难免存在错误和不妥之处,恳请读者批评指正。

编者
2024 年 5 月

教材与岗课赛证融通对照表

1. 岗课融通

《城市轨道交通服务员国家职业技能标(2020 年版)》中的岗位技能要求与教材内容对照见表1。

岗位技能要求与教材内容对照表　　　　　　　表1

岗位技能要求		项目一	项目二	项目三	项目四	项目五
站务员四级（中级工）	站台接岗	√	√			
	站台列车接发		√			
	站台安全监控			√		
	非正常情况下的行车组织			√		
站务员三级（高级工）	站台安全监控			√		
	非正常情况下的行车组织	√		√		
	施工组织					√
行车值班员四级（中级工）	正常情况下的行车组织		√		√	
	车站控制室内设备监控及操作		√			
	非正常情况下的行车组织			√		
	施工组织					√
行车值班员三级（高级工）	运营前检查		√			
	非正常情况下的行车组织			√		
	施工组织					√

2. 赛课融通

全国职业院校技能大赛城轨智能运输赛项(高职组)的大赛要求与教材内容对照表见表2。

全国职业院校技能大赛城轨智能运输赛项(高职组)要求与教材内容对照表　表2

大赛要求			项目一	项目二	项目三	项目四	项目五
车站行车作业	运营工作准备			√		√	√
	正常行车组织工作		√	√		√	
	ATS 信号系统操作及故障处理	道岔单锁/道岔单解			√		
		计轴故障应急处置			√		
		信号重开处置			√		
		区段故障锁闭处置			√		
		道岔单独操作			√		

续上表

	大赛要求	项目一	项目二	项目三	项目四	项目五
突发事件应急处置	火灾事故应急处置					
	滑动门故障处置			√		
	全自动运行线路站台门故障处置			√		
	全自动运行线路站台门/车门夹人应急处置					
	全自动运行线路站台门滑动门破碎应急处置					
	车站大客流应急处置					
电话闭塞法接发列车				√		

3. 证课融通

城市轨道交通站务职业技能等级证书(1+X证书)的证书要求与教材内容对照表见表3。

城市轨道交通站务职业技能等级证书(1+X证书)要求与教材内容对照表 表3

	证书要求	项目一	项目二	项目三	项目四	项目五
初级	站台列车接发		√			
	车门、屏蔽门(站台门)安全监控		√			
	非正常情况下的行车组织			√		
中级	行车岗位职责认知		√		√	
	行车及相关安全设备操作	√	√		√	
	站台安全管理		√			
	非正常情况下的行车组织			√		
	施工请销点办理					√
高级	运营前检查		√			
	非正常情况下的行车组织			√		
	施工安全关键点防控					√

数字资源索引

资源使用说明：

1. 扫描封面二维码，注意每个码只可激活一次；
2. 长按弹出界面的二维码关注"交通教育出版"微信公众号并自动绑定资源；
3. 公众号弹出"购买成功"通知，点击"查看详情"，进入后即可查看资源；
4. 也可进入"交通教育出版"微信公众号，点击下方菜单"用户服务—图书增值"，选择已绑定的教材进行观看。

重难点视频、动画资源在教材中的融入

序号	名称	页码
1	ATS系统操作介绍(1)	36
2	ATS系统操作介绍(2)	37
3	ATS系统操作介绍(3)	38
4	行车闭塞法介绍	39
5	行车闭塞法的变更	63
6	车站运营前检查	68
7	交接班	70
8	车控室IBP盘介绍	73
9	车站台账填写作业	93
10	控制权转换	100
11	人工转换道岔	121
12	人工办理进路作业	121
13	电话闭塞法准备作业	131
14	电话闭塞法作业	133
15	电话闭塞下的车站行车组织作业	135
16	安全门故障下的接发车作业(1)	145
17	安全门故障下的接发车作业(2)	151
18	车辆段概述	179
19	调车作业	201
20	工程车类型和作业	210
21	施工基本概念	223
22	施工分类	226
23	施工计划申报与审核	227
24	施工前的登记	236

CONTENTS 目录

项目一 　行车组织基础知识认知 ………………………… 1
　　任务一　分析不同车站和区间线路的异同 ……………… 3
　　任务二　探究城市轨道交通列车安全运行的
　　　　　　信号类型 ……………………………………… 14
　　任务三　比较和分析不同列车控制系统的效率 ………… 27
　　任务实施 …………………………………………………… 47
项目二 　模拟正常情况下的列车运行组织作业 …………… 53
　　任务一　探究行车工作的基本作业要求 ………………… 54
　　任务二　模拟车站中控时的接发列车作业 ……………… 64
　　任务三　模拟车站站控时的接发列车作业 ……………… 99
　　任务实施 ………………………………………………… 104
项目三 　模拟非正常情况下的列车运行组织作业 ………… 113
　　任务一　办理道岔故障下的行车作业 ………………… 115
　　任务二　办理计轴故障下的行车作业 ………………… 124
　　任务三　办理信号机故障下的行车作业 ……………… 127
　　任务四　办理联锁故障下的行车作业 ………………… 129
　　任务五　办理 ATC 故障下的行车作业 ………………… 142
　　任务六　办理站台门故障下的行车作业 ……………… 145
　　任务实施 ………………………………………………… 156
项目四 　办理车辆段接发列车作业和调车作业 …………… 177
　　任务一　探究车辆段的基本作业要求 ………………… 179
　　任务二　办理车辆段接发车作业 ……………………… 188
　　任务三　办理车辆段调车作业 ………………………… 199
　　任务四　办理工程车运行作业 ………………………… 209

　　　　任务实施 …………………………………………………… 214
项目五　组织办理施工作业和施工防护 ………………………… 221
　　任务一　探究施工作业计划 ………………………………… 223
　　任务二　办理施工组织作业 ………………………………… 232
　　任务三　分析和比较城市轨道交通施工防护
　　　　　　措施的效果 ………………………………………… 259
　　任务实施 ……………………………………………………… 273
参考文献 …………………………………………………………… 278

项目一
行车组织基础知识认知

项目概述

城市轨道交通工作包含行车组织、车辆检修、设备运行管理、列车驾驶、车站管理等。此外,还通过通信、信号、供电等设备保障系统运行。位于轨旁、车站和运营控制中心的信号系统是城市轨道交通行车组织的中枢控制系统,担负着指挥、控制列车安全运行的重任,是城市轨道交通得以正常运营的重要保证。城市轨道交通信号平面布置图涵盖车站、线路、信号设备和信号系统等内容,是行车人员运用ATS系统组织行车作业的基础。

本项目主要学习城市轨道交通行车组织必备的线路、车站和信号等基础知识。通过本项目的学习,学生应能系统掌握车站、线路和信号设备的基本内容,理解信号系统的作业原理和功能,识读城市轨道交通信号布置图的元素静态含义和动态含义,为系统学习城市轨道交通行车组织专业知识与专业技能奠定基础。

项目要求

知识点

1. 熟知车站、线路的分类和内涵;
2. 掌握信号设备的类型和特点;
3. 熟知进路和联锁的原理;
4. 掌握进路办理方法;
5. 熟知 ATC 的组成和功能;
6. 掌握闭塞的类型和特点。

技能点

1. 能正确区分道岔位置;
2. 能识读城市轨道交通信号平面布置图上的本线站和信号图示含义;
3. 能辨识列车自动监控系统界面的线路车站和信号等元素的动态含义;
4. 能正确展示手信号。

前沿技术

比 CBTC 更高效的自主运行系统

——基于列车自主运行系统(TACS)的青岛地铁 6 号线

2023 年 3 月 31 日,青岛地铁 6 号线列车自主运行系统(Total Access Communications System,TACS)示范线首列电客车到段仪式在抓马山车辆基地举行。青岛地铁正式迎来有"最聪明列车"美誉的 TACS 列车——"蓝海豚",如图 1-1 所示。它能根据环境决定运行是快是慢、是进是退。

青岛地铁 6 号线一期工程是全国首条应用列车自主运行系统并采用自动化等级(Grades of Automation,GOA)4 级自动驾驶的地铁线路,列车最高速度达到 100km/h,最大载客量近 2000 人。青岛地铁首次采用自采起重机进行卸车、吊装、组装作业,用时一天便完成了整列电客车的运输和组装工作。

TACS 由列控、牵引、制动、网络、防撞等系统组成,可以显著提高城市轨道交通列控系统的智能化水平。TACS 基于车车通信,采用资源管理的理念,以列车为核心,以信号车辆深度融合为特征,实现了列车运行方式由自动化向自主化的转变。列控系统优化了传统基于通信列车自动控制(Communication-Based Train Control,CBTC)系统的双核心架构,取消了轨旁联锁和区域控制设备,将其对应功能转移至车载控制平台,仅设置目标控制器及基础设备,具有资源管理颗粒度更细、效率和运能更高、资源时空利用率更优等特点。TACS 可以实现前行列车出折返线的同时,后行列车入折返线运行,如图 1-2 所示。

◎ 图 1-1 青岛地铁 6 号线列车

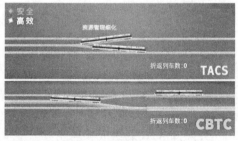

◎ 图 1-2 TACS 与 CBTC 的折返效率比较

党的二十大报告等重要文件中提出要大力发展数字化经济。随着数字技术的不断发展,以及数字技术与智慧地铁的深度融合,第五代移动通信(5G)、大数据、人工智能等为代表的新型技术在城市轨道交通上的应用越来越广泛,未来的城市轨道交通会更加智能和便捷,将为乘客提供更好的乘坐体验。

(摘编自 2023 年 5 月 25 日《大众日报》和 2023 年北京—青岛国际城市轨道交通展览会内容)

任务一　分析不同车站和区间线路的异同

任务引导

某地铁站场平面布置图如图 1-3 所示,你能读懂图中所示车站的类型及特点吗? 你知道图中所示线路的类型及作用吗?

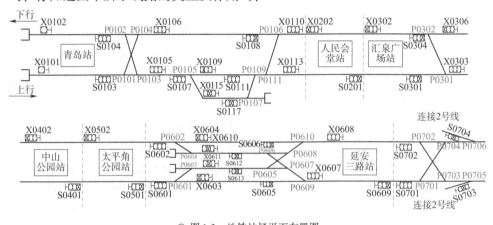

◎ 图 1-3　地铁站场平面布置图

知识点

引导问题1　城市轨道交通有哪些车站类型? 它们有什么不同之处?

车站是城市轨道交通行车组织工作的基本单元,车站(班组)各项工作在站长(值班站长)的统一领导下开展,车站按照不同的特征有不同的分类。

1. 按车站功能划分

(1)终点站(始发站):一般设置在线路两端。除具有供乘客乘降的基本功能之外,还可供列车折返、停留、临时检修使用。

(2)中间站:其主要作用是供乘客乘降使用。但有些中间站还设有折返线、渡线和存车线等,可供列车折返使用和进行列车运行调整。

(3)换乘站:设置在两条及以上城市轨道交通线路的交叉点处。除具有供乘客乘降的基本功能之外,其最大的特点是乘客可从一条线路换乘到另一条线路。

(4)折返站(区域站):折返站是设在两种不同行车密度交界处的车站,站内设有折返线和设备,具有折返功能,能够进行折返作业。根据客流量大小,可在两个区域站之间的区段上提高或者降低行车密度,合理组织列车运行。

(5)接轨站:城市轨道交通某条线路与另一条线路在车站平面接轨的车站。

2. 按车站站台类型划分（图1-4）

◎ 图1-4　按站台类型划分车站形式

(1) 岛式站台车站：上、下行线分布在站台两侧的车站。

岛式站台车站是常用的一种车站形式。其优点是：站台面积可以得到充分利用，管理集中，车站结构紧凑，设备使用率高，乘客换乘方便等。其缺点是：站台上存在两个方向客流的交叉干扰，两个方向列车同时到站时，站台秩序较差，而且在车站两端容易出现喇叭口的线形，列车运行状态较差。岛式站台车站一般用于客流量较大的车站。

(2) 侧式站台车站：站台分布在上、下行线一侧的车站。

侧式站台车站也是常用的一种车站形式。其优点是：上下行乘客可避免互相干扰，正线与站线间不设喇叭口，列车进、出站无曲线，运行状态较好，造价低，改建容易。其缺点是：站台面积利用率低，不可调剂客流，乘客中途改变乘车方向须经地道或天桥，车站管理分散，站台空间不及岛式站台车站宽阔。因此，侧式站台多用于两个方向客流量较均匀或流量不大的车站。

(3) 混合式站台车站：混合式站台车站既有岛式站台，又有侧式站台，一般多为始发、终到站。混合式站台车站设有道岔和信号联锁等设备，如上海地铁11号线南翔站采用高架一岛一侧式站台形式，并设有1条存车线，供列车折返，如图1-5所示。

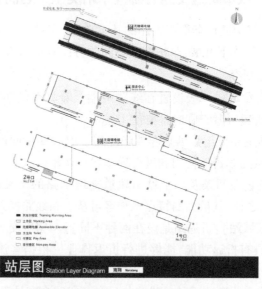

◎ 图1-5　南翔站站层图

3. 按车站设置位置划分(图1-6)

　　a) 地下车站　　　　　　b) 地面车站　　　　　　c) 高架车站

◎ 图1-6　按车站设置位置划分车站形式

(1)地下站:轨道设在地面下的车站。一般采用地面出入口、中间站厅和地下站台的两层或三层结构形式,出入口通道总数不得少于两个。

(2)地面站:轨道设在地面上的车站。一般出入口、站厅、站台分布在同一个平面,造价低,但是占地面积大,对线路经过的地面区域会造成人为分割。北京地铁13号线共17座车站,其中12座车站是地面站。

(3)高架站:轨道设在高架结构上的车站。一般采用地面出入口、地面或高架站厅、高架站台的两层或三层结构形式。

4. 按是否具有车站控制功能划分

(1)设备集中站:指具有车站控制功能的车站,通常为有道岔车站。集中站车站值班员根据调度命令,可监控集中站管辖线路上的列车运行,办理电话闭塞行车和执行扣车、催发车等列车运行调整措施。

(2)非设备集中站:指不具有车站控制功能的车站,非集中站通常为无道岔车站。

引导问题2　城市轨道交通有哪些线路类型?它们有哪些不同特点?

线路是由路基、桥隧建筑物(桥梁、隧道等)和轨道组成的一个整体的工程结构,是车辆和列车运行的基础。根据《地铁设计规范》(GB 50157—2013),地铁线路应按其运营中的功能定位,分为正线(干线与支线)、配线和车场线,配线也称为辅助线。

1. 线路分类

1) 正线

正线是指载客列车运营的贯穿全程的线路,如图1-7所示。在城市轨道交通中,一般将其分为车站正线和区间正线。

城市轨道交通线路的正线一般为全封闭线路,采用上、下行分行,即实行双线单向右侧行车制。在制定行车组织规则时,原则上按线路走向划分上、下行线,运行方向规定见表1-1。

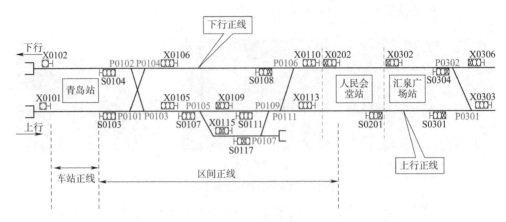

◎ 图1-7 正线线路

列车运行方向规定　　　　　　　　　表1-1

行车方向名称	上行方向	下行方向
线路走向	自西向东	自东向西
	自南向北	自北向南
	外环（逆时针方向）	内环（顺时针方向）

对角线方向线路应按照东西方向及南北方向线路区段所占比例，以比例较大的区段方向判定上、下行。

2）配线

配线应包含折返线、渡线、联络线、停车线、车辆基地出入线、安全线。

(1) 折返线：指在线路两端终点站或中间站（准备开行折返列车的车站）设置的专供列车改变运行方向的线路。运营线路两端站必须设置折返线，中间站通常根据客流需要和列车交路安排设置适当数量和不同类型的折返线，如图1-8和图1-9所示。

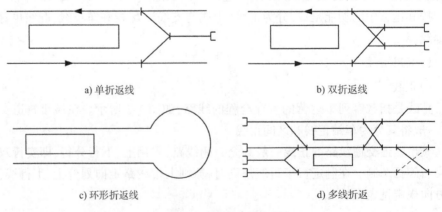

a) 单折返线　　　　　　　　b) 双折返线

c) 环形折返线　　　　　　　d) 多线折返

◎ 图1-8 折返线布置示意图

(2) 渡线：根据《城市轨道交通工程基本术语标准》(GB/T 50833—2012)，渡线是引导列车从一条线路转移到另一条线路的设施，一般由两组单开道岔及一条连接轨道组成。它又分为单渡线和交叉渡线，如图 1-10 和图 1-11 所示。

◎ 图1-9　环形折返线布置图

◎ 图1-10　单渡线布置示意图

(3) 联络线：根据《城市轨道交通工程基本术语标准》(GB/T 50833—2012)，联络线是连接两条独立运营线路的辅助线路。在城市轨道交通网络中，要使同种制式的线路实现列车过轨运行，这种过渡一般需要通过线与线之间的联络线来实现，如图 1-12 所示。

◎ 图1-11　交叉渡线布置示意图

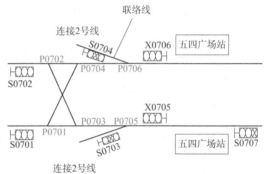

◎ 图1-12　联络线布置示意图

(4) 停车线：根据《城市轨道交通工程基本术语标准》(GB/T 50833—2012)，停车线是用于正线运行中列车临时停放的线路，一般设置在端点站，还可进行少量检修作业，如图 1-13 所示。

(5) 出入线：根据《城市轨道交通工程基本术语标准》(GB/T 50833—2012)，出入线指车辆基地与正线的连接线路，也称出入段(场)线，如图 1-13 所示。

(6) 安全线：根据《城市轨道交通工程基本术语标准》(GB/T 50833—2012)，安全线是防止车辆在未开通进路的情况下，越过警冲标进入其他线路而设置的尽头式线路。一般在车辆基地出入线、折返线、存车线及与正线接轨的支线上根据需要设置安全线，如图 1-14 所示。

某轨道交通线路的布置图如图 1-13 和图 1-14 所示。

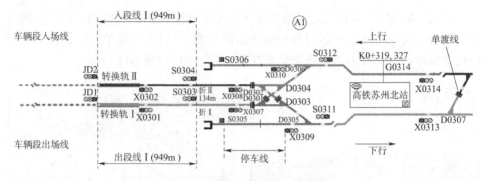

◎ 图1-13 终点站配线线路布置示意图

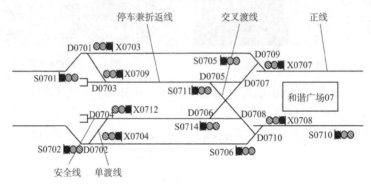

◎ 图1-14 中间站配线线路布置示意图

3）车场线

车场线是指位于车场内的线路，包括牵出线、洗车线和试车线等，具体线路分类和含义可见项目四任务一的内容，某城市轨道交通车辆段内线路如图1-15所示。

2. 轨道的结构组成

1）轨道结构

轨道结构一般由钢轨、轨枕、道岔、道床、联结零件、轨道加强设备以及其他附属设施等组成，如图1-16所示。线路的尽头是尽头线，设有车挡，可以吸收冲击动能，安装于折返线、存车线的尽头钢轨上，如图1-17所示。当车辆在顶送时或自行溜逸撞上车挡时，车挡可滑动一段距离，能有效地消耗列车动能，减少损失。轨道的作用是引导车辆运行，直接承受车轮的垂直力和水平力、车辆弹簧振动而产生的冲击力等，并把这些力均匀地传给路基或桥隧建筑物。

2）道岔

道岔是引导车辆由一条线路转向或越过另一条线路的过渡设备，是轨道线路的重要组成部分，构造复杂，也是线路的薄弱环节之一。

道岔的类型有普通单开道岔、交叉渡线道岔、复式交分道岔。城市轨道交通线路中普遍采用普通单开道岔，正线、折返线、停车线、试车线通常采用9号单开道岔，正线道岔侧向允许通过速度为35km/h。车辆段采用7号单开道岔（试车线除外），道岔侧向允许通过速度为25km/h。一组普通单开道岔由转辙部分、连接部分、辙叉部分组成，如图1-18所示。

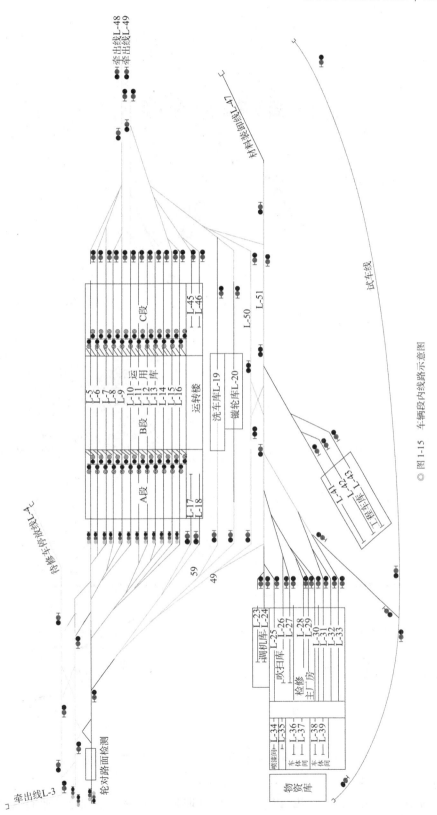

◎ 图1-15 车辆段内线路示意图

◎ 图1-16 轨道组成

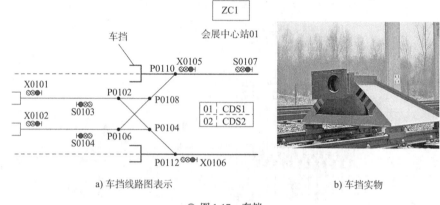

a) 车挡线路图表示　　　　　b) 车挡实物

◎ 图1-17 车挡

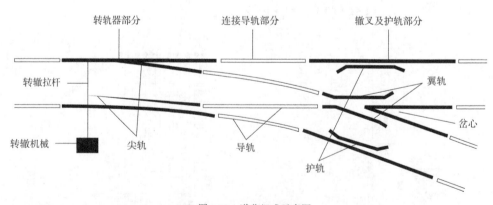

◎ 图1-18 道岔组成示意图

道岔开通位置有左右位和定反位的区分,具体的判定方式如下。

(1)道岔的定、反位。

道岔定位是道岔除使用、清扫、检查或修理时外,保持向某线路开通的位置;向另一线路开通的位置称为反位。城市轨道交通规定道岔经常开通的位置为定位，一般是开通直股，反之为反位，如图 1-19 所示。

a) 道岔的定位实物图

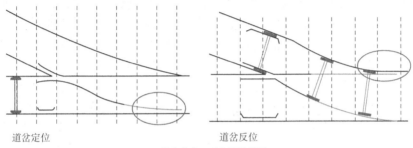

b) 道岔的定、反位线路简图

◎ 图 1-19　道岔定位和反位示意图

（2）道岔的左、右位。

站在道岔尖轨尖端的前面，面向道岔，左位是指面向尖轨、道岔开通左侧股道时的位置，即左侧尖轨和基本轨分开；右位是指面向尖轨、道岔开通右侧股道时的位置，即右侧尖轨和基本轨分开，实物图和线路图如图 1-20 所示。

a) 道岔的左、右位实物图

◎ 图 1-20

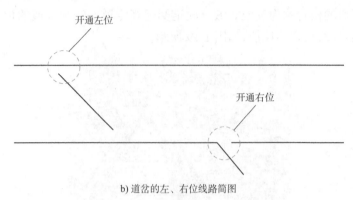

b) 道岔的左、右位线路简图

◎ 图1-20　道岔左位和右位示意简图

3. 车站与区间的分界

城市轨道交通车站与区间通常以头端墙(指按列车运行方向,列车停在车站时头部对应的车站端墙)和尾端墙(指按列车运行方向,列车停在车站时尾部对应的车站端墙)划分,车站头端墙和尾端墙之间为站内,相邻两车站的尾端墙和头端墙之间为区间,如图1-21所示。

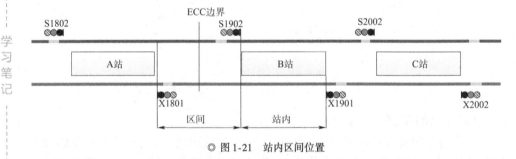

◎ 图1-21　站内区间位置

另外,还能够以头端界(指出站信号机对应位置)和尾端界(当尾端有信号机时,规定为尾端信号机对应的位置;当尾端无信号机时,规定为邻线出站信号机平齐的位置)来划分,车站头端界和尾端界之间为站内,相邻两车站端界之间为区间。

4. 限界

根据《地铁限界标准》(CJJ/T 96—2018),保障地铁安全运行、限制车辆断面尺寸、限制沿线设备安装尺寸及确定建筑结构有效净空尺寸的图形及坐标参数称为限界。

根据不同的功能要求,限界分为车辆限界、设备限界和建筑限界,某轨道线路限界如图1-22所示。车辆限界是指计算车辆不论是空车或重车在平直线的轨道上按区间最高速度等级并附加瞬时超速、规定的过站速度运行,涉及了规定的车辆和轨道的公差值、磨耗量、弹性变形量、车辆振动、一系或二系悬挂故障等各种限定因素而产生的车辆各部位横向和竖向动态偏移后形成的动态包络线,并以基准坐标系表示的界线,即车辆在正常运行状态下形成的最大动态包络线。设备限界是指基准坐标系中控制沿线设备安装在车辆限界外加安全余量而形成的界线。建筑限界是指位于设备限界外考虑了沿线设备安装后的最小有效界线。

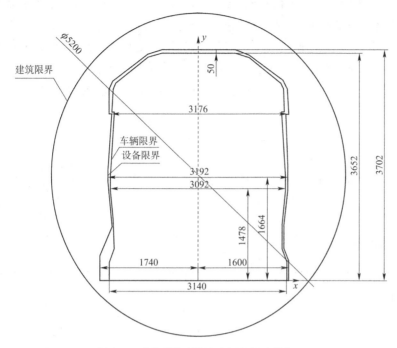

◎ 图1-22 某轨道线路限界示意图(尺寸单位:mm)

根据《地铁设计规范》(GB 50157—2013),车辆限界可按隧道内外区域,分为隧道内车辆限界和隧道外车辆限界;也可按列车运行区域,分为区间车辆限界、站台计算长度内车辆限界和车辆基地内车辆限界;还可按所处地段,分为直线车辆限界和曲线车辆限界。设备限界可按所处地段分为直线设备限界和曲线设备限界。建筑限界可分为隧道建筑限界、高架建筑限界、地面建筑限界,其中隧道建筑限界可按工程结构形式分为矩形隧道建筑限界、马蹄形隧道建筑限界和圆形隧道建筑限界。

建筑物在任何情况下不得侵入轨道交通建筑限界,设备在任何情况下不得侵入轨道交通设备限界,机车、车辆无论空、重状态均不得超出车辆限界。

知识拓展

根据交通运输部的统计数据,截至2023年12月31日,31个省(自治区、直辖市)和新疆生产建设兵团共有55个城市开通运营城市轨道交通线路306条,运营里程10165.7km,车站5897座。2023年全年,新增城市轨道交通运营线路16条,新增运营里程581.7km,新增红河和咸阳2个城市首次开通运营城市轨道交通。2023年全年实际开行列车3759万列次,完成客运量294.4亿人次,进站量176.6亿人次,客运周转量2418亿人次公里。2023年全年客运量较2022年增加100.4亿人次,增长51.7%。截至2023年底,上海城市轨道交通系统已开通运营20条线路825km、拥有407座车站,形成"环线+射线+割线"的超大复杂网络,规模居世界第一,而且与公路、民航、铁路等其他交通方式的衔接和融合不断深入,交通一体化功能显现。由于换乘站增多,多点换乘的多路径通达功能增强,线路间的联络功能、互补功能进一步凸显。

任务二 探究城市轨道交通列车安全运行的信号类型

任务引导

某城市轨道交通站场线路局部平面布置图如图1-23所示,请认真识读并思考以下问题。

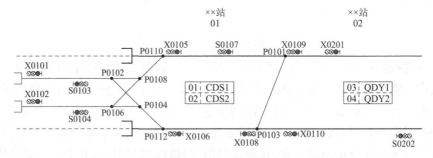

◎ 图1-23 某城市轨道交通站场线路图局部平面布置图

(1)你能读懂图中所示信号机的类型并说出它们的特点吗?

(2)轨旁线路上的信号设备有哪些?

(3)屏蔽门故障情况下,列车在01站上行站台发车前,站台岗需要展示什么手信号?

知识点

引导问题1 什么是信号?列车安全运行为什么需要信号?

城市轨道交通信号是指示列车或车辆运行条件的符号(命令),行车有关人员必须严格执行。行车人员必须熟知信号的显示方式,行车及调车作业必须按信号显示的要求进行。

城市轨道交通信号系统的作用是确保列车运行安全,防止追尾和冲突;提高运行效率(在保证安全的前提下,缩短行车间隔);实现列车运行的自动化(列车速度自动控制、列车运行自动调整、保证定位停车的精度等）。因此，安全、高效行车离不开信号。

城市轨道交通信号分为视觉信号和听觉信号两大类。视觉信号包括色灯信号机、机车信号、信号牌、表示器、各种标志、手信号等显示的信号。信号机通过单一颜色或组合颜色向司机发出相关的行车命令。手信号是借助信号旗、信号灯或直接徒手显示的行车指挥号令。听觉信号包括电动列车和工程列车的鸣笛、电铃及哨声。

引导问题 2　列车运行需要哪些信号基础设备？

城市轨道交通信号系统的基础设备包括：信号机、转辙机、轨道电路、计轴器等。它们是城市轨道交通信号系统的重要基础设备，其运用质量和可靠性良好，是信号系统正常运行和充分发挥效能的保证。

1. 信号机

城市轨道交通信号机一般采用色灯信号机。色灯信号机有高柱型和矮柱型，不论是高柱型还是矮柱型，其机构都分为单显示、二显示和三显示。单显示机构仅用于阻挡信号机。二显示和三显示可以单独使用，也可以组合（以及与单显示机构组合）构成各种信号显示，如图 1-24 所示。

a) 阻挡信号机（单显示）

b) 调车信号机（二显示）

c) 防护信号机（三显示）

◎ 图 1-24　信号机

1) 信号机的种类

(1) 道岔防护信号机。道岔防护信号机是用来防护敌对进路的列车相互冲突的信号机，通常设置在平面线路的交叉地点。

(2) 阻挡信号机。阻挡信号机一般设置在线路尽头，表示前方已无线路，有些车场内，也有在出入段转换轨处设置阻挡信号机的情况。阻挡信号机采用单显示机构，为一个红灯。

(3) 进段（场）信号机。进段（场）信号机是用于防护车场不被列车冒进和指示列车运行条件的信号机，进段信号机灯光配列可同防护信号机。某城市轨道交通车辆段的入段信号机采用三显示（一个四灯位机构），黄灯指允许列车进段，红灯指禁止越过该信号机,白灯表示允许调车,黄灯+红灯表示引导信号,列车限速进段(黄、红灯位间设绿灯位封闭)。

(4)出段(场)信号机。出段(场)信号机一般采用三显示机构,部分城市轨道交通黄灯和红灯位间设绿灯位封闭。某城市轨道交通车辆段的出段信号机采用三显示信号机构,为黄色、绿色和红色,黄灯表示进路开放至下一架信号机,进路上至少有一个道岔在侧向且锁闭;绿灯表示进路排列至下一架信号机,进路中的所有道岔都在直向且锁闭;红灯表示禁止越过该信号机。

(5)调车信号机。调车信号机设置于调车进路的始终端,采用白色、蓝色(或红色)。

(6)进出站信号机。车站可根据需要设置进、出站信号机或仅设置出站信号机。

进站信号机设置在车站入口外方适当位置,用于保证车站内作业安全。进站信号机显示红色灯光表示不准列车越过信号机进入站内,显示绿色灯光表示允许列车按规定速度越过信号机进入站内。

出站信号机设置在车站站台端墙外方适当位置,用于指示列车能否由车站出发。出站信号机显示红色灯光表示不准列车出站,显示绿色灯光表示允许列车出发进入区间。

2)信号机的命名

不同的城市轨道交通运营企业对信号机的命名不完全相同,通常情况下信号机符号代表的含义见表1-2。其后缀编号方法为下行方向编为单号,上行方向编为双号。

信号机命名含义　　　　　　　　　　　　　　表1-2

符号	含义	符号	含义
X	下行信号机	JD/RD	进段/入段信号机
S	上行信号机	CD	出段信号机
F	防护信号机	D	调车信号机
Z	阻挡信号机		

有的城市轨道交通企业上、下行信号机只以 S、X 进行编号,如图 1-25 所示。S2404 是上行出站兼防护信号机,其中 24 是车站编号,表示该信号机归编号为 24 的车站管辖,X2402 是下行防护信号机,X2408 是阻挡信号机。

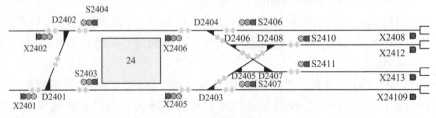

图 1-25　线路信号机命名

2. 转辙机

转辙机是用于转换道岔的装置,是道岔控制系统的执行机构。在电气集中设备中,它接收到转换命令后即带动道岔转换,如图1-26所示。

转辙机有以下特点。

作为转换装置,应具有足够大的拉力,以带动尖轨做直线往返运动;当尖轨受阻不能运动到底时,应随时通过操纵使尖轨回复原位。

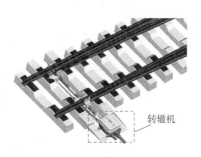

◎ 图1-26 转辙机

作为锁闭装置,当尖轨和基本轨不密贴时,不应进行锁闭;一旦锁闭,应保证不致因车通过道岔时的振动而错误解锁。

作为监督装置,应能正确地反映道岔的状态,如处于定位还是反位。

城市轨道交通线路中普遍采用ZDJ9型和ZD6型电动转辙机,如图1-27所示。

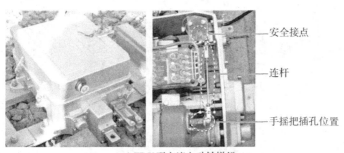

a) ZDJ9型交流电动转辙机

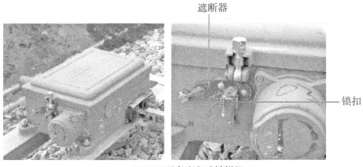

b) ZD6型直流电动转辙机

◎ 图1-27 ZDJ9和ZD6型电动转辙机

3. 轨道电路

利用轨道的两根钢轨作导体,在一定长度的钢轨两端装设钢轨绝缘,中间的轨缝用轨端接续线连接起来,并用引接线连接电源和接收设备的电路叫轨道电路。轨道电路是检测轨道空闲或占用的装置,如图1-28所示。

4. 计轴器

计轴器由传感器和计数比较器等组成。计轴器和轨道电路一样,都是检测区间是否有列车或车辆占用的检测监督设备。

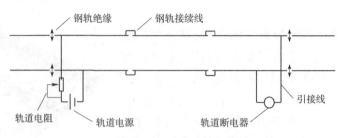

◎ 图1-28 轨道电路示意图

传感器是计轴器的基础设备,其作用是将列车通过的车轴数转换成电脉冲信号,一般采用电磁式。电磁式传感器由磁头、发送器、接收器三部分组成。计数比较器主要由计数器、鉴别器、比较器组成。它通过对进出两个计轴点的车轴电脉冲信号进行计数和比较,以判断区间(或轨道区段)是否空闲,如图1-29所示。

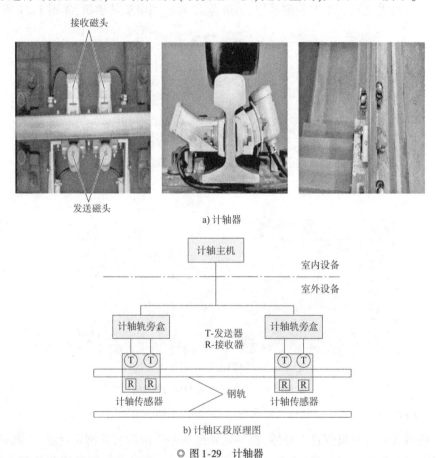

◎ 图1-29 计轴器

5. 地面应答器

应答器是一种能向车载子系统发送报文信息的传输设备,用于定位和提供移动授权,用于点式列车自动防护系统(Automatic Train Protection, ATP),如图1-30所示,又称为信标。

◎ 图1-30　地面应答器

应答器分为无源应答器和有源应答器两种，如图1-31所示。无源应答器（组）发送固定不变的数据，用于提供线路固定参数，如线路坡度、线路允许速度、轨道电路参数、链接信息、列控等级切换等。有源应答器主要传输可变信息，必须通过专用的应答器电缆与地面电子单元（Lineside Electronic Unit，LEU）设备连接，用于发送来自LEU的报文，主要发送进路信息和临时限速信息，其中LEU报文来自车站的轨旁ATP。

a) 无源应答器　　　　　　　　　b) 有源应答器

◎ 图1-31　地面应答器

6. 线路标志

线路标志（图1-32）是用来表示线路及设备状态和位置的一种标志。

a) 公里标　　　　　　　　b) 半公里标　　　　　　　　c) 曲线标

◎ 图1-32

d) 圆曲线与缓和曲线始终点标　　　　　　e) 坡度标

◎ 图1-32　线路标志

城市轨道交通线路设置的线路标志包括公里标、半公里标、曲线标、圆曲线与缓和曲线始终点标、坡度标等。

公里标、半公里标是线路的里程标。公里标表示从线路起点开始计算的连续里程,每整公里设一个。半公里标设于线路的每半公里处。

曲线标设在曲线的中部,用于标明曲线中心里程、半径大小、圆曲线与缓和曲线长度、超高等。

圆曲线与缓和曲线始终点标设于直线与缓和曲线、圆曲线与缓和曲线的连接处,用于标明缓和曲线的起点与终点。该标上写有"直缓""缓圆""圆缓""缓直"等字样。

坡度标设于边坡点处。其正面和背面分别标明两边的坡度和坡段长度,并用箭头表示上坡或下坡,侧面则标明它所在的里程。

7. 信号标志

信号标志是对列车操作人员或其他行车人员起指导或提示作用的标志。

城市轨道交通线路设置的信号标志包括警冲标、预告标、鸣笛标、停车标、站名标、车挡表示器、一度停车标等。

1) 警冲标

警冲标是指示列车停车位置,为防止停留在线的列车与相邻线上运行的列车发生侧面冲突,而在两线路之间设置的一种警示标志。警冲标距离岔心的距离应根据道岔号数及设备限界计算确定,如图1-33所示。

2) 预告标

预告标用于提前预告司机列车已接近车站或进站信号机,如图1-34所示。

3) 鸣笛标

鸣笛标设在道口、大桥或者视线不良地点前方的500~1000m处,如图1-35a)所示。

◎ 图1-33 警冲标

◎ 图1-34 接近车站预告标

4）停车标

停车标设置于各车站的站台端部所对应的隧道壁位置和存车线、折返线、信号机前，如图1-35b)、c)所示。

a) 鸣笛标

b) 地下停车标

c) 高架停车标

◎ 图1-35 信号标志图示

5）站名标

站名标设置在距离车站100m处，如图1-36a)所示。

6）车挡表示器

车挡是防止列车驶出线路末端的安全阻挡装置。尽头线的终端均须设置车挡，车挡顶部设置的带有红色方牌和红灯的表示器，即为车挡表示器，如图1-36b)所示。

7）一度停车标

一度停车标也叫一旦停车标，指一切机车车辆运行至此时，必须要停车，待确认道岔和进路后，方可继续运行，如图1-36c)所示。

8. 音响信号

不同城市轨道交通运营企业对音响信号声音长度的要求不同，如青岛地铁、宁波轨道交通和苏州轨道交通要求音响信号长声为3s，短声为1s，间隔为1s；重复鸣示时，须间隔5s以上。济南地铁要求音响信号长声为2s，短声为0.5s，间隔为1s；

重复鸣示时,须间隔5s以上。

注:黄底黑字(以青岛北站为例)
a) 站名标

b) 车挡表示器

c) 一度停车标

◎ 图1-36　信号标志图示

某城市轨道交通企业的电客车、工程车等列车的鸣示方式见表1-3。

电客车、工程车等列车的鸣示方式　　　　表1-3

序号	名称	鸣示方式	鸣示含义
1	起动注意信号	一长声 —	列车起动及机车车辆前进; 工程车进出隧道口、施工地点,列车看到黄色手信号、引导手信号,天气不良; 电客车检修及整备中,准备降下/升起受电弓
2	退行信号	二长声 — —	电客车、机车车辆、单机开始退行
3	警报信号	一长三短声 — ...	发现线路有危及行车安全的不良处所; 列车发生劫持人质等特殊情况
4	试验自动制动机复示信号	一短声 .	调车作业中,表示已收到调车员所发出的信号
5	缓解信号	二短声 ..	试验制动机缓解
6	紧急停车信号	连续短声	司机发现邻线发生障碍,向邻线上运行的列车发出紧急停车信号,邻线列车司机听到后,应立即紧急停车

引导问题3　城市轨道交通手信号是如何指挥列车运行的?

行车及调车作业时,有关人员应遵守下列手信号的显示,见表1-4和表1-5。

行车手信号的显示 表1-4

序号	手信号类别	动作图例	作业标准
1	停车信号		显示情境:需要停车时; 昼间:展开的红色信号旗; 夜间:红色灯光; 徒手:两臂高举头上,向两侧急剧摇动; 显示时机:看见列车头部开始; 收回时机:列车停稳; 显示地点:头端端门外的指定位置
2	紧急停车信号		显示情境:紧急情况下出现危及行车安全情况时; 昼间:展开的红色信号旗下压数次; 夜间:红色灯光下压数次; 徒手:两臂高举头上,向两侧急剧摇动; 显示时机:发现危及行车安全时立即显示; 收回时机:列车停稳; 显示地点:就近显示
3	减速信号		显示情境:发现列车超速时; 昼间:展开的黄色信号旗(无黄色信号旗,绿色信号旗下压数次); 夜间:黄色灯光(无黄色灯光,绿色灯光下压数次); 徒手:无; 显示时机:发现工程车或客车超速时,立即显示; 收回时机:列车头部越过显示地点; 显示地点:站台便于司机瞭望的位置,原则上在列车进站方向司机立岗处显示

续上表

序号	手信号类别	动作图例	作业标准
4	发车信号		显示情境:电话闭塞法组织行车,或列车在车站、存车线、折返线发车时; 昼间:展开的绿色信号旗上弧线向列车方面做圆形转动; 夜间:绿色灯光上弧线向列车方面做圆形转动; 徒手:单臂上弧线向列车方面做圆形转动; 显示时机:具备发车条件后(车站向司机交付行车凭证后,确认乘客上下完毕,车门、站台门已关闭后显示); 收回时机:列车动车或司机鸣笛; 显示地点:列车运行方向第1节第2个车门
5	通过信号		显示情境:准许列车由车站通过时; 昼间:展开的绿色信号旗; 夜间:绿色灯光; 徒手:无; 显示时机:看见列车头部灯开始; 收回时机:列车头部越过显示地点; 显示地点:尾端端门外的指定位置
6	引导信号		显示情境:组织列车退行进站时; 昼间:展开黄色信号旗高举头上左右摇动; 夜间:黄色灯光高举头上左右摇动; 徒手:无; 显示时机:看见列车头部灯开始; 收回时机:列车头部越过显示地点; 显示地点:列车进站方向尾端端门内

续上表

序号	手信号类别	动作图例	作业标准
7	好了信号		显示情境:车站相关作业完成时,如清客完毕、门故障处理完毕等; 昼间:拢起的信号旗顺时针做圆形转动; 夜间:白色灯光顺时针做圆形转动; 徒手:单臂顺时针做圆形转动; 显示时机:车站相关作业完成时(如故障处理完毕或确认站台安全后); 收回时机:司机鸣笛或口头回示后; 显示地点:在处理故障处

注:对于引导手信号,当计轴区段占用(故障)、计轴区段受扰或当列车已全部出清站台时,原则上行车调度员须通知司机换端退行,车站确认站台安全后,向司机显示引导信号。开放引导信号可准许列车以非限制人工驾驶模式或限制人工驾驶模式(RM)以限速25km/h通过该信号机,有些车站的引导信号开放时间为60s。

调车手信号的显示　　　　　　　　　　　　　　　　　　　　　表1-5

序号	手信号类别	显示方式	
		昼间	夜间
1	停车手信号	展开的红色信号旗	红色灯光
2	紧急停车手信号	展开的红色信号旗上下急剧摇动;无信号旗时,两臂高举头上,向两侧急剧摇动	红色灯光上下急剧摇动;无红色灯光时,用白色灯光上下急剧摇动
3	减速手信号	展开的绿色信号旗下压数次	绿色灯光下压数次
4	指挥电客车或机车向显示人方向来的手信号	展开的绿色信号旗在下方左右摇动	绿色灯光在下方左右摇动
5	指挥电客车或机车向显示人反方向去的手信号	展开的绿色信号旗上下摇动	绿色灯光上下摇动
6	指挥电客车或机车向显示人方向稍行移动的手信号	左手拢起红色信号旗直立平举,右手展开的绿色信号旗在下方左右小动	绿色灯光左右小动
7	指挥电客车或机车向显示人反方向稍行移动的手信号	左手拢起红色信号旗直立平举,右手展开的绿色信号旗在下方上下小动	绿色灯光上下小动

续上表

序号	手信号类别	显示方式	
		昼间	夜间
8	三、二、一车距离手信号：表示推进车辆的前端距被连挂车辆的距离	右手展开的绿色信号旗下压三、二、一次，分别表示距停留车三车（约60m）、二车（约40m）、一车（约20m）	绿色灯光平举下压三、二、一次
9	连挂作业	两臂高举头上，拢起的手信号旗杆呈水平末端相接	红、绿色灯光（无绿色灯用白色灯光代替）交互显示数次
10	试拉作业（连挂好后试拉）	按本表第7项的信号显示，当车列启动后立即显示停车手信号	
11	停留车位置手信号：表示车辆停留地点	—	白色灯光左右摇动
12	道岔开通手信号：表示进路上所有道岔准备妥当	拢起的绿色信号旗高举头上左右摇动	绿色灯光高举头上左右摇动

注：摇动指手臂大幅度摆动，小动指手腕小幅度摆动，后同。

列车试验自动制动机手信号显示见表1-6。

列车试验自动制动机手信号显示 表1-6

序号	手信号类别	显示方式	
		昼间	夜间
1	制动	绿色信号旗拢起（或检查锤）高举，或徒手单臂高举	白色灯高举
2	缓解	用拢起的绿色信号旗（或检查锤）在下部左右摇动，或徒手单臂在下方左右摇动	白色灯光在下部左右摇动
3	试验完了或其他作业完成的显示	用拢起的绿色信号旗（或检查锤）做圆形转动，或单臂高举直伸以肩部为圆心顺时针做圆形转动	白色灯光做圆形转动

当没有信号旗或者信号灯时，可以利用徒手信号指挥列车运行，徒手信号的显示见表1-7。

徒手信号的显示 表1-7

序号	手信号类别	显示方式
1	紧急停车手信号	两臂高举头上，向两侧急剧摇动
2	三、二、一车手信号	单臂平伸后，小臂竖直向外压直，反复三次为三车、二次为二车、一次为一车

续上表

序号	手信号类别	显示方式
3	连挂手信号	紧握两拳高举头上,拳心向里,两拳相碰数次
4	试拉手信号	向显示人反方向稍行移动手信号,当列车刚起动时,立即显示紧急停车手信号
5	向显示人方向稍行移动手信号	左手高举直伸,右手平伸小臂左右摇动
6	向显示人反方向稍行移动手信号	左手高举直伸,右手向下斜伸,小臂上下摇动

任务三 比较和分析不同列车控制系统的效率

任务引导

某城市轨道交通线路(卡斯柯系统)列车自动监控系统(Automatic Train Supervision, ATS)界面包含车站、线路、信号设备、进路联锁等内容,如图1-37所示。在不同的列车自动控制系统(Automatic Train Control, ATC)状态和闭塞法下,ATS系统界面图标的动态显示不同。当前 ATS 系统的界面排列了一条进路,F1-SC,该进路是由哪几部分组成的?列车运行的行车凭证是什么?行车人员应该如何去辨识该联锁区的线站和信号状态呢?

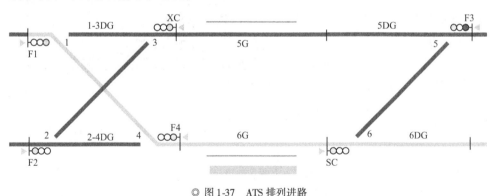

◎ 图 1-37 ATS 排列进路

知识点

引导问题1 什么是联锁?安全行车为什么离不开联锁?

1. 进路与联锁

1)进路

在车站内及区间线路上,列车由某一指定地点运行到另一指定地点所经过的路径称为进路。车站内及区间线路上有许多线路,它们用道岔联结着,按各道岔的不同开通方向可以构成不同的进路。

进路的基本元素是信号机、道岔及轨道区段。进路一般由三部分组成,分别为主进路、保护区段及侧防区段,如图 1-38 所示。主进路由始端信号机、终端信号机、联锁监控区段(含道岔区段)、非联锁监控区段组成。

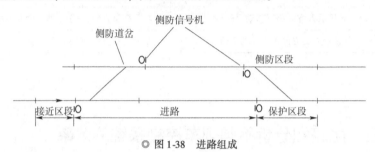

◎ 图 1-38 进路组成

(1)列车进路:指列车在车站到达、出发、通过的作业进路。

(2)调车进路:指列车调车作业通过的路径。

(3)敌对进路:指两条或两条以上的进路,有一部分交叉或重叠,有可能产生冲突的进路。

2)联锁

联锁是指车站内信号机、道岔、轨道电路(进路)三者必须建立的一种制约关系,称为联锁关系。其中进路是指列车运行的路径,道岔开通的位置决定了列车运行的进路,信号机则起到防护列车运行进路的作用。实现联锁关系的设备称为联锁设备。联锁设备是为保证行车安全而设置的设备,控制命令必须经由联锁设备进行逻辑运算,确认符合安全要求时,才允许控制命令实施执行。为了进行逻辑运算,现场设备的状态必须反映到联锁设备中来,即联锁设备要根据控制命令和现场设备的状态来进行是否符合安全要求的逻辑运算。联锁设备除了保证作业安全外,还有提高作业效率和降低劳动强度等作用。

联锁关系的基本条件如下。

(1)进路不对、进路上的有关道岔开通位置不对或敌对信号机没有关闭,有关信号机就不能开放。

(2)进路上的信号机一旦已经开放,显示允许信号,进路就被锁闭,进路上所有有关道岔就不能被扳动,敌对信号机就不能开放。

(3)当进路上有停留的列车(车辆)时,被列车占用的进路就无法排列,包括不能扳动道岔和开放防护信号机的允许信号。

联锁设备应具备的功能如下。

(1)当进路建立后,该进路上的道岔不能转换。

(2)当道岔区段有车占用时,该区段的道岔不能转换。

(3)当列车进路向占用线路开通时,有关信号机不可能开放(引导信号除外)。

(4)能监督是否挤岔,并于挤岔的同时,使防护该进路的信号机自动关闭。被挤道岔未恢复前,有关信号机不能开放。

2. 联锁系统

1)列车进路控制方式

以西门子系统为例,列车运行进路控制采用三级控制,即控制中心控制(ATS自动控制)、远程控制终端(Remote Terminal Unit,RTU)控制和工作站控制。

控制中心集中控制全线的列车运行,系统根据列车运行时刻表及列车运行状况发出命令,进行自动调整,控制中心故障时,转入降级模式,如图1-39所示。

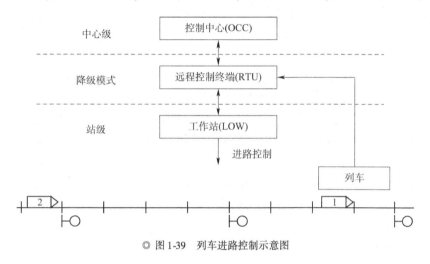

◎ 图1-39　列车进路控制示意图

(1)控制中心控制。

控制中心控制即中心级控制,为全自动的列车监控模式。列车进路设置命令由自动进路设定系统发出,其信息来源于时刻表和列车运行自动调整系统,控制中心调度员也可以人工干预,如对列车进行调整、操作非安全相关命令、排列和取消进路等。

列车自动选路是ATS系统的一部分,任务是与联锁设备协同为列车运行自动地排列运行进路,其自动操作单元具有自动操作功能,联锁系统根据来自控制中心的自动进路设定系统排列进路指令,负责实际的进路安全排列。

(2)远程控制终端控制。

当ATS子系统中央设备故障或通信线路中断时,系统自动转入远程控制终端控制模式(也称降级模式),降级模式激活后,依靠列车识别系统(PTI)多路转换器接收列车的报文,报文中含有司机在列车车头人机界面输入的车次号,RTU接收到PTI多路转换器接收回来的车次号后,就根据车次号的目的地码控制西门子信号联锁系统(SICAS)排列进路,列车的运行时分和停站时分都是缺省值,列车没有自动调整功能。

(3)工作站控制。

工作站控制简称站控,在站控模式下,列车进路由行车值班员控制,列车进路的设定完全取决于行车值班员的意图,联锁控制逻辑检查进路没有被占用、没有建立敌对进路,然后排列通过联锁区的进路,锁闭进路,在满足所有安全条件后,开放信号机,ATP 将速度命令传送给列车。

2)办理进路的方法

进路的排列可以通过下列五种方式来完成。

(1)在车站 ATS 上人工排列进路。

(2)在中央 ATS 上人工排列进路。

(3)进路自动排列,中央 ATS 根据时刻表或者目的地号自动排列进路。

(4)联锁自动进路,降级模式进路自动排列。

(5)联锁自动触发,即追踪进路,列车接近信号机占用触发区段时,列车要通过的进路自动排出。

其中,后三者属于自动功能,无须人员操作,但需要操作员激活相应的模式。另外,在无联锁情况下,只能用手摇道岔的方式排列进路。

3)联锁监控区段

在装备准移动闭塞的城市轨道交通系统中,开放信号机前联锁系统不需要检查全部进路区段,只要检查部分区段,这些被检查的区段为联锁监控区段,其余为非联锁监控区段。联锁监控区段即排列进路时信号机开放所必须空闲的区段,一般为信号机内方两个区段,若监控区段内有道岔,则在最后一个道岔区段后加一区段作为监控区段。

4)保护区段

为了保证列车的运行安全,避免列车由于某种原因不能在信号机前停住而导致事故的发生,充分考虑了列车的制动距离及线路等因素,在停车点后设置了保护区段,即终端信号机后的一至两个区段为保护区段。

进路可以带保护区段或不带保护区段排出。如进路短,排列进路时带保护区段;多列车进路无保护区段时,进路防护信号机可以正常开放。

在设定的时间(预设值为 30s)截止之后,保护区段便解锁。延时解锁从保护区段接近区被占用时开始;在列车反向运行情况下,保护区段的延时解锁仍将继续。

5)侧面防护

城市轨道交通的道岔控制全部单动,不设双动道岔,所有的渡线道岔均按单动处理,也不设带动道岔。这些都靠采取侧面防护来防止列车的侧面冲突。

侧面防护可以避免其他列车从侧面进入进路,与进路上列车发生侧面冲突。侧面防护可以分成两种:主进路的侧面防护和保护区段的侧面防护。防护主进路的侧面防护叫主进路的侧面防护,防护保护区段的侧面防护叫保护区段的侧面防护。侧面防护由防护道岔确保,或者通过显示红色信号来确保,其中道岔为一级侧面防护,信号机为二级侧面防护;排列进路时先找一级侧面防护,再找二级侧面防护。

侧面防护通过操作、锁定和检测邻近分歧道岔,使通向已排进路的所有路径均不能建立,也可通过有停车显示和有侧面防护要求的信号机来获得侧面防护。

排列进路时,除检查始端信号机外,还检查终端信号机和侧面防护信号机的红灯灯丝,全部状态完好且正确,进路始端信号机才能开放。当进路解锁时,侧面防护区域也将解锁。

引导问题2　ATC系统在行车安全上发挥了什么作用?

ATC系统是列车自动运行全过程的控制系统,包括列车自动防护子系统(ATP)、列车自动驾驶子系统(ATO)及列车自动监控子系统(ATS)三个子系统。

1. ATP系统

ATP系统是保证行车安全、防止列车进入前方列车占用区段和防止超速运行的设备。ATP系统负责全部的列车运行保护,是列车安全运行的保障。

ATP子系统由地面设备、车载设备组成,主要是对列车运行进行防护,对与安全有关的设备或系统实行监控,实现列车间隔保护、超速防护等功能,监督列车在安全速度下运行,确保列车一旦超过规定速度,立即施加制动。

ATP系统是列车安全稳定运行的可靠保障,其基本功能如下。

(1)防护列车超速运行。

(2)接收和处理来自地面的信息。

(3)防止列车相撞。

(4)列车安全停靠站台。

(5)列车相应侧车门开启控制。

(6)空转、打滑防护。

(7)防止列车发生溜车。

ATP系统的工作原理如下。

车载ATP通过速度传感器和多普勒雷达来测量列车速度和运行距离,并对列车的走行距离进行累计,利用应答器获得列车的初始位置,并对列车位置进行校准,解决里程误差问题,结合电子地图可实现列车的持续定位。

车载ATP接收地面信息可通过两种不同的通道,不同的信息通道对应列车不同的运行级别。在连续式控制级别下,车载ATP将列车位置通过双向大容量无线通信系统实时汇报给区域控制器(Zone Controller,ZC),并接收ZC计算的移动授权(Movement Authority Limit,MAL);点式控制级别下,车载ATP通过应答器接收MAL信息。

车载ATP内存储全部的电子地图,车载ATP可根据列车的位置和移动授权信息,计算紧急制动触发曲线,并对列车速度进行防护,防止列车超速或越过MAL终点。

ATP可根据MAL信息和列车状态管理列车驾驶模式的转换,支持ATO自动驾驶、基于ATP防护的人工驾驶以及限制人工驾驶。

> **知识拓展**
>
> ### 永不疲倦的哨兵
>
> 列车鹰眼+轨道星链=完全自主的行车安全守护者
>
> 既有的信号系统发生故障后,列车转为司机人工驾驶,鉴于人工操作存在工作状态不稳定、识别能力因人而异等情况,需要一个系统来辅助司机进行前方行进线路上列车或障碍物的距离判断并进行提示,避免人为失误造成撞车或挤岔等事故。
>
> 新一代的列车远程瞭望系统(Far see)采用激光雷达、视觉等传感器技术,应用深度学习的智能算法,对列车运行前方线路进行检测防护。根据列车运行速度计算安全行进距离,进行超速防护,保证列车的行车安全以及线路的运行效率。目前已在香港荃湾线列车上安装。
>
> 瞭望系统在车载设备基础上增加了"轨道星链"设备,如图1-40所示,通过轨旁节点的合理布置,覆盖道岔、弯道等关键区域的路况信息,路况数据在节点间"跳跃"传递,构成"星链",实现与列车的实时互联,进一步延伸了列车视距,实现对列车更高级别的安全防护。
>
>
>
> ◎ 图1-40 轨道星链

2. ATO系统

ATO系统主要用于实现"地对车控制",即利用地面信息实现对列车驱动、制动的控制,包括列车自动折返。ATO系统根据控制中心指令自动完成对列车的启动、牵引、惰行和制动,送出车门和屏蔽门同步开关信号,使列车按最佳工况正点、安全、平稳地运行,是非故障-安全系统,包括车载ATO模块、ATO车载天线、人机界面等。

ATO系统具备以下基本功能。

1)车站发车控制功能

列车在ATO模式下运行时,列车司机按压发车按钮起动列车运行,ATO根据ATP系统发送的控制速度和ATS系统发送的运行等级,自动运行到下一车站。

2)列车区间运行速度控制

ATO系统车载模块接收到从车载ATP发出的列车速度控制指令后,向列车的牵引系统或制动系统发出请求,以施加牵引力将列车加速到控制速度,其实际运行速度曲线在ATP限制速度曲线以下,使列车以接近ATP限制速度运行。

3)车站程序停车

正线上的车站都有预先确定的停站时间间隔,控制中心ATS监督列车时刻表,计算需要的停站时间,以保证列车正点到达下一个车站。控制中心通过集中站 ATS 缩短或延长车站停站时间,调整的数据由集中站 ATS 通过 ATO 环线传送给 ATO 车载设备。

4)列车自动折返

在这种驾驶模式下无须司机控制列车,接到自动折返运行许可后自动进入自动折返模式,司机通过驾驶室人机界面(Man Machine Interface,MMI)的显示确认得到授权。只有按下站台的自动折返按钮后,才实施列车自动折返运行。

5)执行跳停和扣车功能

(1)跳停作业是指在线路上运营的列车,在某一指定车站不停车,以规定的速度通过该车站。ATO 系统收到来自 ATS 系统发出的跳停指令后,完成跳停作业。

(2)扣车作业是指列车在某站台停靠,不允许列车继续运行。ATO 系统收自 ATS 系统发出的扣车指令后,完成扣车作业。

6)控制车门

由 ATP 系统监督开门条件,当 ATP 系统给出开门命令时,可以按照事先设定由 ATO 系统自动打开车门,也可由司机手动打开正确侧的车门。车门的关闭只能由司机完成。

ATO 运行过程中为了满足降低牵引能耗的目的,有以下基本作业要求。

(1)ATO 系统应与 ATS 系统和 ATP 系统结合,ATO 系统能按照 ATS 计划运行图规定的站停时间和区间运行时间控制列车运行,合理控制牵引、惰行、制动工况转换的频率。

(2)ATS 系统根据节能计划运行图规定的列车进站/出站时间,统筹控制同一牵引供电分区的列车运行,适当调整进出站时间,利用再生制动能量。

(3)当列车运行正点时,列车运行控制应充分利用惰行工况;当列车运行晚点时,以渐进的方式恢复运行计划。

(4)ATO 系统自动控制列车运行的曲线应平滑,避免出现尖峰。

(5)ATO 系统控制列车运行过程中,应结合线路节能坡的设计,合理控制牵引/制动转换时机。

知识拓展

2017 年 6 月 12 日,我国首条自主化全自动无人驾驶(FAO)运行线路——北京轨道交通燕房线首段开始跑图试验。燕房线作为国家战略性新兴产业示范工程及北京市轨道交通科技创新示范线,是国内首条采用完全自主知识产权的轨道交通全自动运行系统,如图 1-41 所示。

相比于基础 CBTC 系统,FAO 的主要优势为实现运行的高度自动化、提升系统的安全性和可靠性、提高运营组织的效率和灵活性。列车控制系统将实现自动唤醒和休眠、自检、自动发车离站、区间行驶、到站精准停车、自动开闭车门等全自动操作，并自动出入停车场、自动洗车，并根据客流量实现列车自动投入或退出运行等功能。FAO的无人驾驶还可以实现 7×24 小时不间断的运输服务，用户可以根据运输需求灵活地调整运营的间隔、优化列车运营组织方案和运能分布，提高运营效率和运输能力，降低运营成本。

◎ 图1-41　全自动无人驾驶

3. ATS系统

ATS系统主要是对线路上运行的列车、区段、信号设备等进行监督和管理，控制列车根据列车运行图完成运营作业。ATS系统人机界面如图1-42所示。

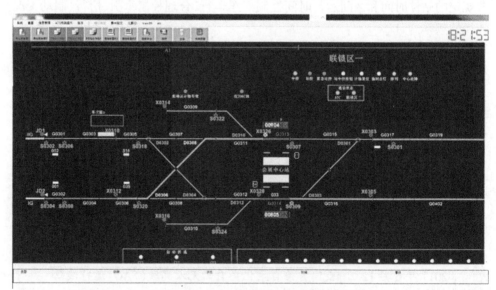

◎ 图1-42　ATS系统人机界面

ATS系统给行车调度员显示出全线列车的运行状态，监督和记录运行图的执行情况，在列车因故偏离运行图时及时做出反应（提出调整建议或者自动调整运行图），通过ATO子系统的接口，向乘客提供运行信息通报。我们以某线路卡斯柯系统为例，介绍ATS系统的界面和意义。

1)信号显示方式及意义

某城市轨道交通运营线路卡斯柯 ATS 信号系统的状态显示和信号机显示含义见表 1-8。

正线及辅助线信号显示及意义　　　　表 1-8

序号	类别	信号灯显示	ATS 状态显示	行车指示内容
1	正线信号	稳定红灯	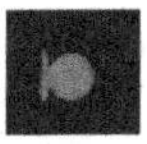 （红色）	禁止列车越过信号机,列车在信号机前停车
2		稳定绿灯	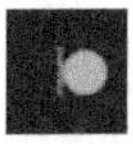 （绿色）	允许越过,进路中道岔锁闭并全部开通直向
3		稳定黄灯	 （黄色）	允许越过,道岔已锁闭,进路中至少有一副道岔开通侧向
4		黄灯+红灯	 （红色+黄色）	引导信号,列车以不超过 25km/h 的速度越过该架信号机,并随时准备停车
5		红蓝色闪烁	 （黄色三角+蓝色、红色）	红蓝色闪烁,信号机名称红色显示:信号机封锁
6	车辆段信号	白灯	 （白色）	允许越过该信号机调车
7		蓝灯	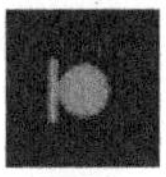 （蓝色）	信号关闭,禁止调车越过
8		稳定黄灯	 （黄色）	指示列车按规定的速度出入段/场/库
9		稳定红灯	 （红色）	禁止列车越过信号机,车列或列车在信号机前停车

此外,ATS 系统中的信号机显示还有进路排列相关内容,如图 1-43 所示,具体符号含义见表 1-9。

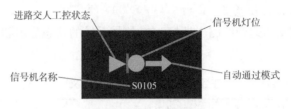

ATS系统操作介绍(1)

◎ 图1-43 ATS信号机状态图

进路状态含义 表1-9

序号	信号灯显示	ATS状态显示	行车指示内容
1	稳定黄色三角		在站控、紧急站控下显示黄色三角,所有进路为全人工办理进路。在中控下显示黄色三角,表示该信号机为始端的进路中至少一条被禁止自动触发,需要人工办理该进路
2	无显示		该信号机为始端的所有进路都为ATS自动控制模式
3	稳定的绿色箭头		该信号机为始端的进路设置了自动通过模式

装备有全套车载设备并在CBTC控制模式下的列车,定义为CBTC列车。故障的CBTC列车或是没有装备车载设备的列车,定义为非CBTC列车。非CBTC列车按照地面信号机的显示行车。

在一段列车运行区域内,若仅有CBTC列车运行,则CBTC列车间的地面信号机均为"灭灯"状态,ATS上的显示如图1-44所示,信号灯内有黑色的×;若CBTC列车与非CBTC列车混跑,对于非CBTC列车地面信号机为"亮灯",对于CBTC列车地面信号机为"灭灯"。

◎ 图1-44 灭灯状态

所有CBTC列车前方要接近的信号机,信号机为"灭灯"。

所有非CBTC列车前方要接近的信号机,信号机为"亮灯"。

非CBTC列车前方信号机为"灭灯"时(故障情况下),停车并及时报行车调度员。

2) 计轴区段状态

计轴区段状态见表1-10。

ATS计轴区段状态 表1-10

序号	颜色定义	状态描述	状态显示
1	稳定红色	计轴处于占用状态(CBTC列车占用)	G0101
2	稳定紫色	计轴处于占用状态(非CBTC列车占用)	G0101
3	稳定白色	计轴处于出清状态,是一条锁闭进路的一部分	

续上表

序号	颜色定义	状态描述	状态显示
4	稳定黄色	计轴处于出清状态,是一条进路的防护区段	G0101
5	稳定绿色	计轴处于出清状态,故障锁闭	G0101
6	稳定灰色	计轴处于出清状态	G0101
7	稳定棕色	计轴被 ATC 报告失效	G0101
8	闪烁	计轴被 ATS 切除跟踪,以当前颜色闪烁(计轴失表)	
9	蓝色闪烁	计轴区段封锁状态	G0101

对于长度比较长的计轴可以根据显示需要分割成多个虚拟小区段,在 CBTC 模式跟踪列车时,ATS 可以根据来自 ZC 的列车位置报告信息,分别显示每个虚拟小区段的占用和出清状态。

ATS 系统操作介绍(2)

3)道岔区段状态

道岔区段状态见表1-11。

道岔区段状态 表1-11

序号	道岔名称颜色显示含义	状态描述	状态显示
1	稳定绿色	道岔定位	D0308
2	稳定黄色	道岔反位	D0307

道岔的四开状态在 ATS 的图形用户界面上显示如图 1-45a)所示;道岔的挤岔报警状态在 ATS 的图形用户界面上显示如图 1-45b)所示,道岔线段红色闪烁。

a) 四开状态

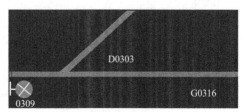
b) 挤岔报警状态

◎ 图 1-45 ATS 道岔故障状态

4)站台状态

ATS 界面站台的状态由以下几部分组成,如图 1-46 所示。

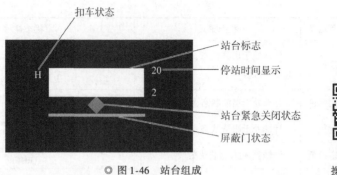

◎ 图1-46 站台组成

ATS系统操作介绍(3)

站台相关状态的含义见表1-12。

站台相关状态的含义　　　　　　　表1-12

元素	颜色定义	状态描述	状态显示
屏蔽门	绿色分开	站台屏蔽门打开	
	绿色合拢	站台屏蔽门关闭	
	稳定红色	站台屏蔽门互锁解除	
站台旁H字符	黄色	车站设置站台扣车	
	白色	中心设置站台扣车	
	红色	车站和中心同时设置站台扣车	
	隐藏	站台没有被设置扣车	
站台矩形图标显示	稳定蓝色	站台设置了跳停命令	
	稳定黄色	无跳停命令,列车在站台停站	
	稳定灰色	站台无跳停命令,没有列车停站	
站台旁菱形图标显示	稳定红色	按压站台ESP紧停按钮	
	隐藏	ESP紧停按钮没有按压	
站台旁白色数字	显示稳定白色	站台人工设置停站时间	
	隐藏	站台没有被人工设置停站时间	

引导问题3　行车闭塞法有哪些类型?

列车在区间运行时,区间必须空闲,而且必须杜绝其对向和同向有列车同时运行的可能,即必须从列车的头部和尾部进行防护。根据《城市轨道交通工程基本术语标准》(GB/T 50833—2012),闭塞是指用信号或凭证保证运行列车之间保持安全追踪间隔的技术方法。用以完成闭塞作用的设备称为闭塞设备,当列车进入闭塞区间(区段)后,闭塞区间(区段)两端都不再向这一区间(区段)发车,以防止列车相撞和追尾。

行车凭证是指车站发给列车占用区间(闭塞分区)的许可。

1. 行车凭证的分类

行车凭证有多种,按其使用时机可分为两大类。

(1)基本凭证——即按基本闭塞法行车时使用的凭证,如目标点和速度码,开放的出站信号机及通过信号机显示的进行信号等。

(2)书面凭证——当不能使用基本凭证时所使用的行车凭证,如路票、调度命令、车站值班员的命令等。

2. 行车凭证的作用

(1)占用区间或闭塞分区的许可,这是行车凭证最主要的作用。

(2)指示列车运行条件和注意事项,有的凭证指示列车运行方向,如路票上的反方向运行图章,有的指明运行速度、到达地点、时间,如向封锁区间开行列车的调度命令等。

3. 行车闭塞法的分类

行车闭塞法种类较多,有时间间隔法和空间间隔法两大类,如图1-47所示。

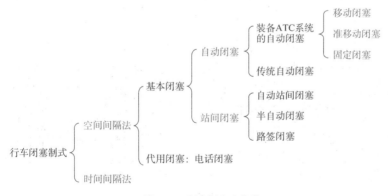

◎ 图1-47 行车闭塞法分类

1)时间间隔法

列车按照事先规定好的时间由车站发车,使前行列车和追踪列车之间必须保持一定时间间隔的行车方法,称为时间间隔法。这种行车方法因追踪列车不能确切地得到前行列车的运行状况,所以不能确保列车在区间的运行安全。

2)空间间隔法

把线路划分为若干个区段(区间或分区),在每个区段内同时只准许一列列车运行,这样使前行列车和追踪列车之间必须保持一定安全距离的行车方法称为空间间隔法。城市轨道交通以车站为分界点划分为若干个区间,采用区间作为列车运行的空间间隔。列车向区间发车的时候，必须确保区间内没有列车，并遵循一定的规律。

自动闭塞就是根据列车运行及有关闭塞分区状态自动变换信号显示，而司机凭信号行车的闭塞方法。其特征为：把站区间划分为若干闭塞分区，有分区占用检查设备，可以凭通过信号机的显示行车，也可凭机车信号或列车运行控制的车载信号行车；站区间能实现列车追踪；办理发车进路时自动办理闭塞手续，自动变换信号显示。

从保证列车运行而采取的技术手段角度来看，自动闭塞可分为两大类：传统的自动闭塞和装备 ATC 系统的自动闭塞。

(1) 传统的自动闭塞。

传统的自动闭塞属固定闭塞的范畴，一般设地面通过信号机、装备机车信号，通过信号或行车凭证来保证列车按照一定的空间间隔运行。由于要与装备 ATC 系统的自动闭塞相区分，所以上述方法称为传统的自动闭塞。目前，传统的自动闭塞一般适用于列车最高运行速度在 160km/h 及以下的情况，它可分为三显示自动闭塞(图 1-48)、四显示自动闭塞(图 1-49)、多信息自动闭塞等。

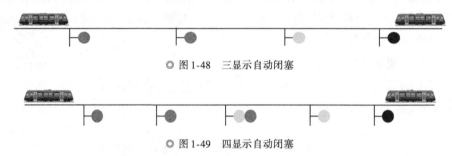

◎ 图 1-48 三显示自动闭塞

◎ 图 1-49 四显示自动闭塞

(2) 装备 ATC 系统的自动闭塞。

ATC 系统保证列车按照空间间隔法运行的技术方法是靠控制列车运行速度的方式来实现的。

从闭塞制式的角度来看，装备 ATC 系统的自动闭塞可分为 3 类：固定闭塞、准移动闭塞(含虚拟闭塞)和移动闭塞。准移动闭塞不完全是移动闭塞，所以有时仍把它归入固定闭塞。

目前城轨使用的闭塞法主要有移动闭塞、准移动闭塞、固定闭塞和电话闭塞。

拓展阅读

轨道交通闭塞发展历史

1. 闭塞的起源

1825 年，由工程师乔治·斯蒂芬森亲自指挥修建的全球第一条铁路在英国启用，这标志着世界铁路时代的来临。随后在欧洲及北美洲兴起了修建铁路的高潮。正当人们享受着铁路带来的交通便利时，世界上第一起火车相撞事故发生了。1837年8月11日，美国弗吉尼亚州一列载运木材的火车高速向东行驶，迎面撞上一列早班客运列车。客运车厢的前三节遭到猛烈撞击，多人在这次事故中丧生，超过200位乘客受伤。这件事在世界上很快传播开，人们纷纷议论、关注火车这种高速交通工具的安全性。如何保证火车行车安全，成为摆在全世界铁路人面前的一大难题。

英国人首先应用了"时间间隔"加"闭塞"的行车方法，防止出现火车相撞情况。"闭塞"，即指与外界隔绝的意思，是指列车进入区间后，使之与外界隔离起来，区间两端车站都不再向这一区间发车，以防止列车相撞。所谓"时间间隔"是闭塞行车的一种手段，一辆列车出发后由站内工作人员计时，间隔相应的时间后，才可再次发车，保证每辆列车的行车安全。这便是最早的闭塞方式。

2. 人工闭塞

1844年11月21日，两列火车在英格兰中部铁路上对撞，2人伤重不治，约15~20人受伤。此时人们发现，先行列车未能按预定时间到达下一站或中途停车时，后续列车就有可能追尾先行列车，无法保证列车行运的安全。1858年，英国开始推行使用由库克提出的空间间隔法，即先行列车和后续列车间隔开一定空间距离的运行方法。这种空间间隔行车方法形成铁路区间的真正闭塞。由于这种闭塞方式能较好保证行车安全，因而被世界各国所采用。

3. 半自动闭塞

1884年9月10日，英国一列邮车和一列快车因为通信故障在一条铁路上迎头相撞，25人死亡。这场事故使英国下定了将人工闭塞自动化的决心。我国于1925年开通了第一条半自动闭塞区段。由于当时的技术设备有限，闭塞设备的使用和操作方面并不成熟。1949年后，铁路区间闭塞设备发展迅速，由人工闭塞逐步更新为半自动闭塞和自动闭塞。我国自行研制的半自动闭塞设备性能稳定、操作方便，在铁路上得到了广泛应用，运行这种闭塞设备需要在区间的两端车站设置半自动闭塞机，使它们相互间具有锁闭关系，并用轨道电路、计轴装置等，对列车在区间内的情况进行监控。区间两端车站的闭塞机由两端车站共同操作，只有双方都办理好闭塞的条件下，出站信号机才能显示信号，进行接发车。半自动闭塞法办理手续简便，相对人工闭塞运行的效率有了大大的提高。但这种闭塞方法站间只准走行一趟列车，到达列车是否完整、闭塞的开放、恢复，仍须通过人工检查和办理。对于实现客运高速化的目标来说这种闭塞方式的效率并不是很理想。不过半自动闭塞是我国单线铁路区间闭塞的主要应用类型。

4. 自动闭塞

早在1866年，美国就首先采用自动闭塞设备，最先应用列车车轮的动作或踏板来接通电磁铁。1872年，轨道电路发明后，自动闭塞的电路改用轨道电路控制。这种闭塞方法通过信号机把区间划分为若干个装设轨道电路的闭塞分区,通过轨道电路将列车和通过信号机的显示联系起来,使信号机的显示随着列车运行位置而自动变换,大大提高了列车运行效率。并且由于整个区间内都装设了轨道电路,设备可以自动检查轨道的完整性,这也大大提高了行车的安全性。日本新干线、贯穿英法两国的欧洲之星、法国TGV等高速铁路都采用这种闭塞方式。我国在1924年于大连—金州、苏家屯—沈阳间铁路区段就已经开始尝试采用自动闭塞方式。1955年我国开始大规模新建自动闭塞线路。目前我国自动闭塞水平已迈入世界先进行列。

知识提升个人的一小步,人类的一大步。从轨道交通诞生开始,人们就在不断思考如何通过技术革新提升轨道交通运营安全。从闭塞的发展历史可以看出,闭塞作为确保行车安全的重要手段,在城市轨道交通行车组织中起到关键作用。

议一议在闭塞法发展历程中,人们在不同阶段是如何确保列车运行安全的?

4. 固定闭塞

根据《城市轨道交通工程基本术语标准》(GB/T 50833—2012),固定闭塞是指预先设定列车之间最小追踪间隔且固定不变的闭塞方式。在有区间占用检查的条件下,自动办理闭塞手续,列车凭信号显示发车后,出站信号机自动关闭,如图1-50所示。区间两端车站的出站信号机和轨道检查装置构成联锁关系,采用轨道检查装置自动检查区间空闲,列车以站间区间为间隔运行,通过办理发车进路和检查列车出清区间的方式,自动实现区间闭塞和区间开通。一个闭塞分区内最多只能有一列列车。当前大多数城市轨道交通使用固定闭塞作为后备设备,有的称之为后退模式。

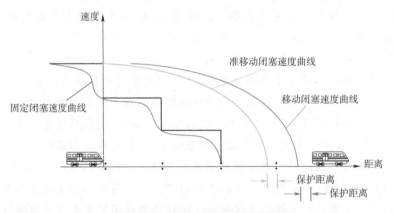

◎ 图1-50 不同闭塞方式的速度曲线

固定闭塞具有以下作业特点。

(1)列控系统采取分级速度控制模式。

(2)行车凭证为地面信号机显示的允许信号。

(3)固定闭塞的追踪目标点为前行列车所占用闭塞分区的始端,后行列车从最高速开始制动的计算点为要求开始减速的闭塞分区的始端,这两个点都是固定的,空间间隔的长度也是固定的。

5. 准移动闭塞

根据《城市轨道交通工程基本术语标准》(GB/T 50833—2012),准移动闭塞是指列车之间最小安全追踪间隔预先设定且固定不变,并根据前方目标状态设定列车的目标距离和速度的闭塞方式。这是介于固定闭塞和移动闭塞之间的一种闭塞方式,在控制列车的安全间隔上比自动闭塞有所缩短,它通过采用报文式轨道电路辅之环线或应答器来判断分区占用信息,可以告知后续列车可继续前行的距离,后续列车可根据这一距离合理地采取减速或制动,如图 1-50 所示。

准移动闭塞具有以下作业特点。

(1) 列控系统采取目标距离控制模式。

(2) 行车凭证为车载允许信号。

(3) 所占有区段始端(预留一定安全距离)为追踪点,从最高速度开始制动的计算点是根据目标距离、速度和列车性能等计算决定的。

(4) 目标点和速度点一个固定,另一个不固定,空间间隔的长度也是变化的,所以它的速度控制模式必然既具有连续的特点,又具有分级(台阶)的性质。若前行列车一直在一个固定区段内运行而后续列车前进时,其最大允许速度是连续变化的,而当前行列车前进,其尾部驶过固定区段的分界点时,后续列车的最大速度将按"台阶"跳跃上升。而且准移动闭塞中后续列车的目标制动点也没有完全突破轨道电路的限制。

6. 移动闭塞

根据《城市轨道交通工程基本术语标准》(GB/T 50833—2012),移动闭塞是指列车之间的最小安全追踪间隔不预先设定,并随列车的移动、速度的变化而变化的闭塞方式。移动闭塞方式实现车地间双向实时的数据传输来检测列车位置,使轨旁信号设备可以得到每一列车连续的位置信息和列车运行其他信息,并据此计算出每一列车的运行限制速度,并动态更新,发送给列车,列车根据接收到的运行限制速度和自身的运行状态计算出列车运行的速度/距离曲线,车载设备保证列车在该曲线下运行,如图 1-50 所示。

移动闭塞没有固定的闭塞分区,其闭塞分区的长度随着列车运行条件的变化而变化,随着先行列车的运行而移动,在控制列车的安全间隔上比准移动闭塞有所缩短。移动闭塞系统采用交叉感应环线、波导管、无线或无线扩频和泄漏电缆等通信方式实现列车定位和车—地之间双向、大信息量数据传输。列车定位方式也不同于基于轨道电路的系统,列车定位实现"点"式定位,前行列车经 ATP/ATO 车载设备将本车的实际位置通过传输系统传送给轨旁的处理器,将此信息经系统处理生成后续列车的移动授权(MAL),传送给后续列车。

1) 移动闭塞作业特点

(1) 线路没有固定划分的闭塞分区,列车间隔是动态的,并随前一列车的移动而移动。

(2) 列控系统采取目标距离控制模式。

(3) 行车凭证为车载允许信号(速度码或目标点)。

(4) 前方列车尾部(预留一定安全距离)为追踪点,预留的安全距离是由前一列车在线路上的运行位置、限制信号机或安全防护区段末端及安全余量确定;从最高速度开始制动的计算点是根据目标距离、速度和列车性能等计算决定的。

2) 移动闭塞基本要素

在移动闭塞技术中,闭塞分区仅仅是保证列车安全运行的逻辑间隔,与实际线路并无物理上的对应关系。因此,移动闭塞在设计和实现上与固定闭塞有比较大的区别。其中列车定位(Train Position)、安全距离(Safety Distance)和目标点(Target Point)是移动闭塞技术中最重要的三个概念,可以称为移动闭塞的三个基本要素。

(1) 列车定位。

在固定闭塞和准移动闭塞中用轨道电路或计轴器等设备进行闭塞分区列车占用的检查,能粗略地进行列车定位,再配以测速、测距就能较详细地进行列车定位,最多再增加应答器来校准坐标。

在移动闭塞中不用轨道电路等设备进行闭塞分区列车占用的检查,被控对象基本处于动态过程中,只有了解所有列车的具体位置、运行速度等信息,才能实施对列车的有效控制,所以列车定位技术在移动闭塞系统中就显得尤为重要。

列车定位由地面设备和车载设备共同完成。列车定位信息的主要作用是为保证安全列车间隔提供依据。CBTC系统能计算出在线的每一列车距前行列车尾部的距离,或距进站信号点的距离,从而对列车实施有效速度控制;作为列车在车站停车后打开车门以及站台屏蔽门的依据。

目前,在列车自动控制系统中得到应用的列车定位技术主要有测速定位法、查询—应答器法、交叉感应线圈法和卫星定位法。测速定位法的原理是在车轮外侧安装光栅,按车轮旋转次数与转角计算出列车的位移。查询—应答器法是在线路上按一定间隔设置应答器,应答器内存储了其所在位置的公里标,列车上的查询器经过应答器时读取位置信息。交叉感应线圈法是在线路上敷设轨道电缆,将轨道电缆每隔一定距离交叉一次,列车利用交叉线可测算出自己的位置。卫星定位法有 GPS(Global Positioning System)和 GNSS(Global Navigation Satellite System)两种,都是利用导航卫星进行测时和测距,从而实现全球定位功能。

另外,列车定位方法还有多普勒雷达法、无线扩频列车定位法、惯性列车定位法、航位推算系统定位法、漏泄波导法、漏泄电缆法等。

(2) 安全距离。

安全距离是后续列车的命令停车点与其前方障碍物之间的一个固定距离。障碍物可以是经确认的前行列车尾部的位置或者无道岔表示(道岔故障)的道岔位置。该距离是基于列车安全制动模型计算得到的一个附加距离,它保证后续列车在最不利条件下能够安全地停在前行列车的后方而不发生冲撞。所以,安全距离是移动闭塞系统中的关键,是整个系统设计的理论基础和安全依据。

移动闭塞的基本原理如图1-51所示,线路上的前行列车经ATP车载设备,将本车的实际位置通过通信系统传送给轨道旁的移动闭塞处理器,并将此信息处理生成后续列车的运行权限,传送给后续列车的ATP车载设备。后续列车与前行列车总是保持一个"安全距离"。该安全距离是介于后续列车的目标停车点和前行列车尾部之间的一个固定距离。在选择该距离时,已充分考虑了在一系列不利情形下,列车仍能够被安全地分隔开来的情况。

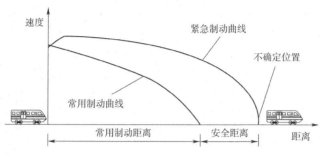

◎ 图1-51 移动闭塞的基本原理

(3)目标点。

目标点是列车运行的行车凭证,如同固定闭塞系统中的允许信号,列车只有获得了目标点,才能够向前移动。目标点通常是设在列车前方一定距离的某个位置点,一旦设定,即表明列车可以安全运行至该点,但不能超过该点。移动闭塞系统就是通过不断前移列车的目标点,引导列车在线路上安全运行的。

3)移动闭塞系统的组成

移动闭塞系统主要包括无线数据通信网、车载设备、区域控制器、控制中心等。典型的CBTC系统结构框图如图1-52所示。地面和车载设备通过无线数据通信网连接起来,构成系统的核心。

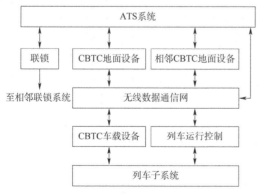

◎ 图1-52 典型的CBTC系统结构框图

无线数据通信网是移动闭塞实现的基础。通过可靠的无线数据通信网,列车将位置、车次、列车长度、实际速度、制动潜能、运行状况等信息以无线通信的方式发送给区域控制器;区域控制器追踪列车并通过无线传输方式向列车发送移动授权。

车载设备包括无线电台、车载计算机和其他设备(如传感器、查询器等)。列车将采集到的数据(如机车信息、车辆信息、现场状况、位置信息等)通过无线数据通信网发送给区域控制器,以协助完成运行决策;同时对接收到的命令进行确认并执行。

7. 电话闭塞

当车站基本闭塞设备不能使用时,由区间两端站的车站值班员在确认闭塞区段空闲、道岔位置正确且锁闭的情况下,利用站间行车电话以发出电话记录号码的方式办理闭塞的一种办法,司机凭路票行车,如图 1-53 所示,一个闭塞区段只允许一列车占用。

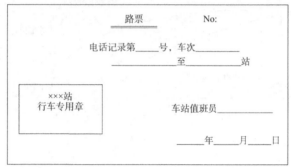

◎ 图 1-53 路票

任务实施

一、知识考查

1. 填空题

(1) 利用轨道的两根钢轨作导体,在一定长度的钢轨两端装设钢轨绝缘,中间的轨缝用轨端接续线连接起来,并用引接线连接电源和接收设备的设备叫_____。

(2) 采用单显示机构,为一个红灯,一般设置在线路尽头,表示前方已无线路的信号机_____。

(3) 建筑物在任何情况下不得侵入轨道交通_____限界。

(4) 在车站及区间线路上列车由某一指定地点运行到另一指定地点所经过的路径称_____。

(5) ATS 系统运行时,站台图标旁边出现 H,表示发生了_____作业。

2. 选择题

(1) 按运营中的功能定位,以下(　　)不属于地铁线路分类。
  A. 正线   B. 配线   C. 车场线   D. 区间线

(2) 以下(　　)属于车场线。
  A. 渡线   B. 折返线   C. 牵出线   D. 联络线

(3) 以下属于城市轨道交通线路下行方向的是(　　)。
  A. 自东向西   B. 自南向北
  C. 环线外环   D. 环线逆时针方向

(4) 在线路两端终点站或中间站(准备开行折返列车的车站)设置的专供列车改变运行方向的线路是(　　)。
  A. 车辆基地出入线   B. 正线
  C. 折返线   D. 渡线

(5) 以下车站属于按车站控制功能分类的是(　　)。
  A. 设备集中站   B. 地下车站
  C. 中间站   D. 岛式站台车站

(6) 将进出两个计轴点之间的车轴电脉冲信号进行计数和比较,以判断区间(或轨道区段)是否空闲的设备是(　　)。
  A. 轨道电路 B. 应答器 C. 计轴器 D. 转辙机

(7) 通过专用的电缆与 LEU 设备连接,主要向列车发送进路信息和临时限速等可变信息的设备是(　　)。
  A. 轨道电路 B. 有源应答器 C. 计轴器 D. 无源应答器

(8) 引导信号的灯色是(　　)。
  A. 红   B. 红+黄   C. 黄   D. 蓝

(9)站在道岔尖轨尖端的前面,面向道岔,道岔右侧股道开通,开通(　　)位。
 A. 右位　　　　B. 左位　　　　C. 定位　　　　D. 反位
(10)按列车运行方向,上行列车停在车站时头部对应的车站端墙是(　　)。
 A. 上行头端墙　B. 上行尾端墙　C. 下行头端墙　D. 下行尾端墙
(11)以下(　　)是城市轨道交通线路设置的信号标志。
 A. 警冲标　　　B. 公里标　　　C. 坡度标　　　D. 曲线标
(12)(　　)是指示列车停车位置,以防止停留在线的列车与相邻线上运行的列车发生侧面冲突,而在两线路之间设置的一种警示标志。
 A. 预告标　　　B. 警冲标　　　C. 一度停车标　D. 车挡表示器

3. 判断题

(1)无源应答器用于发送固定不变的数据,用于提供线路固定参数,如线路坡度、线路允许速度。　　　　　　　　　　　　　　　　　　　　　　(　　)
(2)调车信号机设置于调车进路的始终端,采用白、蓝(或红)。　(　　)
(3)调车信号机用来防护敌对进路的列车相互冲突的信号机,通常设置在平面线路的交叉地点。　　　　　　　　　　　　　　　　　　　　　　(　　)
(4)道岔是引导车辆由一条线路转向或越过另一条线路的过渡设备,是轨道线路的重要组成部分。　　　　　　　　　　　　　　　　　　　　　(　　)
(5)在一段列车运行区域内,若仅有CBTC列车运行,则CBTC列车间的信号机均为"灭灯",ATS上显示的信号灯内有黑色的"×"。　　　　　　　(　　)

二、实训检验

任务1　识读城市轨道交通信号设备平面布置图(图1-54)

请同学们独立完成下列任务。

1. 辨别图1-54中所有车站的类型和所有的配线类型,并填在表1-13中。

车站名称、类型和配线名称　　　　　　　　　　　　　　　　　表1-13

车站名称	车站类型	车站配线名称
青岛站		
人民会堂站		
汇泉广场站		
中山公园站		
太平角公园站		
延安三路站		
五四广场站		
江西路站		
宁夏路站		
敦化路站		
错埠岭站		
清江路站		

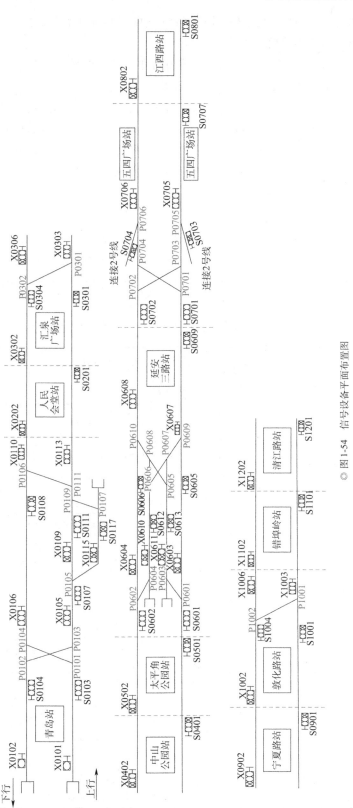

◎ 图1-54 信号设备平面布置图

2. 辨别图 1-54 中下行正线和上行正线,并在图 1-54 中标注。
3. 绘制一幅开右位的单开道岔结构图。

任务 2　识读信号设备和操作手信号

1. 阐述城市轨道交通常见轨旁信号设备的类型,并简述其作用,填写表 1-14。

轨旁信号设备类型　　　　　　　　　　　　　　表 1-14

轨旁信号设备名称	信号设备作用

2. 进行手信号显示实操鉴定,并互相评分,填写表 1-15。

手信号显示实操鉴定评分表　　　　　　　　　　表 1-15

序号	内容	分值(分)	评分标准	得分(分)
1	停车信号	16	信号旗或信号灯选用颜色正确(4分)	
			显示动作正确且标准(4分)	
			徒手动作正确且标准(4分)	
			显示时机、地点正确且标准(4分)	
2	紧急停车信号	16	信号旗或信号灯选用颜色正确(4分)	
			显示动作正确且标准(4分)	
			徒手动作正确且标准(4分)	
			显示时机、地点正确且标准(4分)	
3	减速信号	8	信号旗或信号灯选用颜色正确(4分)	
			显示动作正确且标准(4分)	
4	发车信号	12	信号旗或信号灯选用颜色正确(4分)	
			显示动作正确且标准(4分)	
			显示时机、地点正确且标准(4分)	
5	通过手信号	12	信号旗或信号灯选用颜色正确(4分)	
			显示动作正确且标准(4分)	
			显示时机、地点正确且标准(4分)	

续上表

序号	内容	分值(分)	评分标准	得分(分)
6	引导信号	12	信号旗或信号灯选用颜色正确(4分)	
			显示动作正确且标准(4分)	
			显示时机、地点正确且标准(4分)	
7	好了信号	12	信号旗或信号灯选用颜色正确(4分)	
			显示动作正确且标准(4分)	
			徒手动作正确且标准(4分)	
8	道岔开通信号	12	信号旗或信号灯选用颜色正确(4分)	
			显示动作正确且标准(4分)	
			显示时机、地点正确且标准(4分)	
共计得分(分)				
鉴定人签名				
测评结果(五级评分)				

任务3 辨识闭塞法类型

1.固定闭塞法、准移动闭塞法、移动闭塞法的作业特点是什么？请填写表1-16。

不同闭塞法的作业特点　　　　　　　　　表1-16

闭塞法名称	特点
固定闭塞法	
准移动闭塞法	
移动闭塞法	

2.查阅资料并列举当前城市轨道交通行车作业中应用的最新技术。

三、评价反馈

学生和教师对整个任务考核过程评价并填写表1-17。

评价反馈　　　　　　　　　表1-17

序号	评价标准	分值（分）	自评得分（分）(40%)	教师评分（分）(60%)
1	引导问题填写字迹美观清晰	20		
2	引导问题回答正确率90%以上	20		
3	道岔图绘制完整、认真且清晰	10		
4	手信号演练完整,动作规范正确,态度端正,展示完毕工具器摆放规范	30		
5	发散问题查找资料翔实,来源正规	10		
6	整个操作符合安全规章和操作要求	10		
	合计	100		

项目二
模拟正常情况下的列车运行组织作业

项目概述

城市轨道交通行车组织工作是行车各部门采取技术手段和组织方法保证列车运行系统专业设施设备合理运转,从而实现安全、舒适、快速、准时、便利地运送乘客,以满足乘客出行的需要。

正常情况下的列车运行组织作业主要是行车值班员等行车岗位根据行车指挥原则,分层级进行运营前准备、运营中和运营后行车组织工作,以保证各部门按照信号系统所提供的功能、运行条件、列车运行模式及运行计划开行列车,并组织列车正常运行。通过本项目的学习,学生应能理解不同闭塞法下接发车作业组织的基本要求,掌握中央控制(以下简称中控)和车站控制(以下简称站控)下的列车运行组织工作内容。

项目要求

知识点

1. 熟知行车指挥的基本原则、车站作业制度;
2. 掌握不同列车控制级别的原理;
3. 熟知不同驾驶模式的特点;
4. 掌握行车闭塞法的类型和作业特点;
5. 熟知中控下的车站作业内容;
6. 掌握车站行车设备的类型和使用要求;
7. 掌握车站报表填写要求;
8. 熟知站控下车站接发车作业流程。

技能点

1. 能绘制行车岗位层级图;
2. 能正确办理控制权转换操作;
3. 能正确使用车站行车设备;
4. 能正确填写行车日志等行车报表。

行业榜样

传承工匠精神,厚植青年担当

——行车值班员赵文琪,河南省三八红旗手、洛阳市五一巾帼标兵称号获得者

2023年,年仅24岁的赵文琪任洛阳地铁1号线应天门站行车值班员,如图2-1所示。作为一名95后新青年,她脚踏实地、锐意进取,扎根一线、甘于奉献,以优质服务温暖万千乘客。她先后获得2021年度洛阳市五一巾帼标兵、集团公司先进工作者、运营分公司年度十大杰出青年,2022年河南省三八红旗手、河南省技术能手等荣誉称号。

◎ 图2-1 洛阳地铁1号线行车值班员赵文琪

2020年9月,洛阳地铁1号线运营筹备期间,赵文琪作为首批一线职工进驻车站。两年半的时间里,她在平凡的岗位坚持站好每一班岗,见证了地铁1号线发展的同时,伴它共同成长。作为地铁1号线应天门站行车值班员,赵文琪主要负责车站行车安全、施工办理等相关业务。入职以来,她利用业余时间学习安全类规章制度200余册;定期组织开展车站内应急演练150余次;办理施工相关业务60余起;发现异常施工事件4起,发现车站设备设施故障30余起,均第一时间上报,妥善协调解决;协助处理车站突发事件9起,为乘客的出行安全提供了有力保障。2021年,业务成绩优异的赵文琪代表集团公司参加了"河南省校企杯铁路与城市轨道交通技能竞赛"职工组行车值班员技能竞赛,以优异的表现荣获了一等奖。

赵文琪凭借出色的业务能力和卓越的工作业绩收获了广泛认可,展现了青年的担当与责任。地铁工作人员应以其为榜样,汲取敬业乐业、一丝不苟、精益求精的工匠精神,足岗位强服务,在平凡的工作岗位中追求不平凡的职业理想。

(摘编自2023年洛阳轨道公司新闻板块)

任务一 探究行车工作的基本作业要求

任务引导

某城市轨道交通线路3号线按照Z3104号列车运行图组织运营,行车间隔高峰时期为4分30秒,平峰时期为5分50秒,信号级别CTC,压道车执行压道任务时,原则上采用SM-C驾驶模式,限速30km/h。会展中心站作为联锁区设备集中站,需要按照行车组织要求,在行车调度员的指挥下,组织本联锁区车站行车工作,

实现按列车运行图行车。城市轨道交通有哪些行车指挥原则呢？不同的行车闭塞法有哪些作业特点呢？

知识点

引导问题1 行车作业里有哪些基本的指挥原则？涉及哪些行车岗位？

行车组织是指利用城市轨道交通设备设施，根据列车运行计划组织列车运行的活动。

1.行车指挥基本原则

运营管理和行车组织工作，以安全运送乘客，满足设备维修养护的需要为目标，按运营时刻表的要求，实现安全、有序、高效运营，为乘客提供安全、准时、便捷、舒适的服务。

行车组织指挥工作，必须坚持安全第一、高效组织的生产方针，贯彻高度集中、统一指挥、逐级负责的原则；各单位、各部门必须紧密配合，协调动作，确保行车和客运安全，完成各项工作任务。

(1)列车运行图是行车组织工作的基础。

(2)凡与列车运行有关的各部门都必须根据列车运行图的要求组织开展本部门的工作。行车调度员应严格按照列车运行图指挥正线行车、调整运营等相关工作；行车有关人员应严格按照列车运行图开展工作，必须服从行车调度员指挥，执行行车调度员命令。

(3)行车时间以北京时间为准，从零时起计算，实行24小时制。行车日期划分以零时为界，零时以前办妥的行车手续，零时以后仍视为有效。

(4)正线及辅助线行车作业由行车调度员管理，车场线属车辆段调度员管理。

(5)车辆段内各类抢修、救援车辆，应处于整备待发状态，其工具备品应保持齐全整洁，作用良好。

(6)行车工作必须使用标准用语，数字发音标准见表2-1。

数字标准发音　　　　　　　　　　　　表2-1

数字	1	2	3	4	5	6	7	8	9	0
发音（拼音）	yao	liang	san	si	wu	liu	guai	ba	jiu	dong
发音（汉字）	幺	两	三	四	五	六	拐	八	九	洞

2.行车指挥层次

对于不同的运营公司，运营管理部门的组织架构大致相同，各个城市轨道交通公司的指挥层级的岗位设置大同小异，如青岛城市轨道交通某线路指挥层级如图2-2所示。

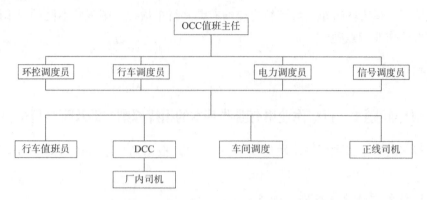

◎ 图 2-2 青岛城市轨道交通行车指挥层次

其中，OCC（Operating Control Center）是地铁运营控制中心，DCC（Depot Control Center）是地铁车辆段控制中心，而济南城市轨道交通某线路指挥层级如图 2-3 所示。

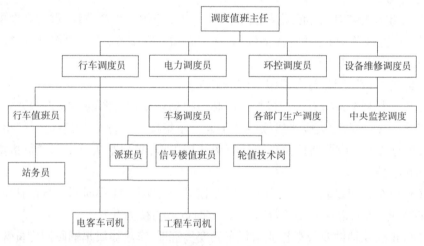

◎ 图 2-3 济南城市轨道交通行车指挥层级

运营调度指挥分为一级、二级两个指挥层级；二级服从一级指挥；各级指挥根据各自职责任务独立开展工作，并服从调度值班主任的总体协调和指挥。

一级指挥为：行车调度员、电力调度员、环控调度员、设备维修调度员（或信号调度员）。

二级指挥为：行车值班员、车场调度员、轮值技术岗（检修调度）、各部门生产调度、中央监控调度。

引导问题2　为了保证安全，城市轨道交通车站有什么行车作业制度？

1. 车站行车组织的基本要求

1）严格执行单一指挥制

正线行车工作由行车调度员统一指挥，转为车站控制时，联锁区域由设备集中站行车值班员统一指挥；车辆段由车辆段调度员统一指挥；电客车由司机负责指挥,工程车由车长负责监督指挥,工程车司机负责驾驶。

2)遵章守纪,确保按图行车

作业人员应认真执行行车规章制度,遵守各项劳动纪律,正确及时办理作业,严防错办、漏办,严禁违章作业,佩戴标志,按照列车运行图规定时刻接发列车,保证车站作业安全和乘客人身安全。

3)设备检查齐全、良好

班前认真检查有关行车设备,确保试验良好,班中保管好各种工具、备品,做好台账登记,认真办理交接班。

4)作业联系及时、准确

联系各种行车事宜时,必须程序正确、用语规范、内容完整、简明清楚,并认真进行核对,严防漏听、误听、误传和臆测。

5)正确及时地填写各种行车表报

行车报表包括各种行车凭证、行车日志和各种登记簿,行车凭证有路票和调度命令等,登记簿有"调度命令登记簿""检修施工登记簿""交接班登记簿"等,应按规定内容、格式认真填写各种行车表报,书写工整,保持表报完整、整洁。

2. 车站行车作业制度

为加强车站行车作业组织,必须建立和健全各项行车作业制度,做到行车作业制度化、程序化、标准化。车站行车作业制度主要有车站值班员岗位责任制度、交接班制度、检修施工登记制度、道岔擦拭制度、巡视检查制度和行车事故处理制度等。

1)车站值班员岗位责任制度

车站行车作业实行单一指挥制,车站行车值班员是车站行车作业的组织者和指挥者。根据行车作业的需要,车站还可设置助理车站值班员,但在采用ATC系统时一般不设。

车站行车值班员的岗位职责是:执行行车调度员的命令和指示,统一指挥车站的行车作业;监视行车控制台的进路开通方向、道岔位置及信号显示,监视列车运行状态和乘客乘降情况;在实行车站控制时,按列车运行图及行车调度员下达的列车运行计划办理闭塞、排列进路、开闭信号、接发列车;填写行车凭证和其他各种行车报表;办理设备检修施工登记;组织交接班工作等。

助理车站值班员的岗位职责是:接送列车、监护列车运行,交递调度命令及行车凭证,手信号发车,调车作业现场组织,进行站线巡视和协助乘客乘降组织。在不设助理车站值班员岗位时,上述职责由站台岗承担。

2)交接班制度

行车值班员交班时,应将列车运行、设备状态、上级指示命令及完成情况等填记在交接班登记簿上,并口头向接班行车值班员交代清楚。

行车值班员接班时,要了解列车运行情况,对行车设备、备品、报表进行检查后,签认接班。

交接班中的"五清"如下。

①设备、设施运行状态清。

②钥匙、备品是否齐全完好清。

③文件传达、重点工作、注意事项内容清。

④各类台账、备品情况清。

⑤运行计划、调度命令内容清。

交接班中"五不接"如下。

①未在规定交班地点交班不接。

②未按要求穿着工服佩戴工牌、衣装不整不接。

③命令接收中不接。

④备品不清,卫生不好不接。

⑤上一班突发事件处理过程不清不接。

3)检修施工登记制度

凡影响行车作业的临时设备抢修,行车值班员要在与行车调度员联系作业时间并获同意后,方可登记请点。检修施工作业结束后,行车设备经试验并确认技术状态良好后,方可签认销点。

4)道岔擦拭制度

道岔必须由专人负责定期擦拭。擦拭道岔必须与行车调度员联系,办理控制权下放手续。道岔擦拭时,车站控制室要有人监护,不准随意扳动道岔。擦拭道岔人员一律要穿绝缘鞋,携带防护用具,擦拭前施放木楔,如图2-4所示,无关人员不得擅自进入道岔区;如需转换道岔,室内监护人员与现场擦拭人员应进行联系,说明道岔号码及定、反位,现场擦拭人员要离开岔区。道岔擦拭完毕,要认真清理现场,清点工具,撤除木楔,并检查有无妨碍列车运行及道岔转换的物品;试验道岔及确认良好后,与行车调度员办理

◎ 图2-4 木楔

控制权上交手续,有关按钮由信号人员加封并做记录;填写道岔擦拭登记簿。

清扫道岔五部曲:"一查、二刮、三扫、四擦、五上油"。

5)巡视检查制度

送电前,值班站长应进行站线巡视,检查线路上有无影响列车运行的异物。对站内检修施工后的现场进行巡视检查,符合检修施工登记注销情况。检查行车控制台是否有异常情况。

6)行车事故处理制度

发生行车事故,应立即采取有效措施进行处理,同时向行车调度员及有关部门报告;认真记录事故发生的时间、地点、列车车次、车号、关系人员姓名及人员伤亡

和设备损坏情况;赶赴现场,查找人证与物证,并做好记录;清理现场,尽快开通线路;对责任行车事故,应认真找出原因,提出处理意见,制定防范措施。

引导问题3　为了列车安全运行,车站还需要准备哪些行车备品?

行车备品是指在行车组织过程使用的工器具或设备,主要用于行车人员相互联系、行车应急处置作业等。车站行车备品包括员工劳动保护用品和专用器具两大类。

1. 员工劳动保护用品

主要有:绝缘鞋、安全帽、绝缘手套、纱手套、安全带、荧光背心、手电筒、强力探照灯及其充电用具、臂章、过滤式防微粒口罩等,如图2-5所示。

a) 绝缘鞋　　　　b) 安全帽　　　　c) 纱手套

d) 安全带　　　　e) 荧光背心　　　f) 过滤式防微粒口罩

◎ 图2-5　部分劳保用品

2. 专用器具

主要有:对讲机、站间电话、红闪灯、钩锁器、手摇把、信号灯、信号旗、隔离带、封箱胶、站台门钥匙、扳手、下轨梯、拾物钳、车门故障纸、行车凭证等。

行车备品具有以下管理要求。

(1)须存放在固定设备柜或箱内,并做好台账记录;

(2)定期对备品状态、数量进行检查,状态不良的须及时报修并做好登记;

(3)交接班时,要进行行车备品的交接,检查数量、性能和摆放位置;

(4)备品在使用过程中须严格按照使用说明,避免损坏。

引导问题4　为了保证行车安全,列车控制级别有哪几种类型?

目前城市轨道交通信号系统提供三种列车控制等级:连续式列车控制、点式列车控制和联锁列车控制。

1. 连续式列车控制

列车监督一个来自连续通信系统的移动授权,列车闭塞区域不受轨道空闲检测系统的制约,列车可采用全自动驾驶模式、自动驾驶模式和ATP监督下的人工驾驶模式等运行。

2. 点式列车控制

列车监控一个来自固定和可变数据应答器的移动授权,司机必须按照轨旁信号机显示驾驶,作为连续列车控制级的后备模式。列车可采用自动驾驶模式、ATP监督下的人工驾驶模式等运行。

3. 联锁列车控制

列车不监督来自轨旁的移动授权,司机必须按照轨旁信号机显示驾驶,作为点式列车控制级的后备模式。列车只能采用限制人工驾驶模式和非限制人工驾驶模式运行。

引导问题5　不同控制系统下的列车驾驶模式都一样吗?他们之间如何进行转换?

不同信号控制系统下的列车驾驶模式是不同的,下面以常用的卡斯柯信号系统和西门子信号系统为例,认识不同信号系统驾驶模式的区别。

1. 某城轨线路卡斯柯信号系统电客车驾驶模式

(1) ATO—CBTC:CBTC模式下的自动驾驶模式。

(2) PM—CBTC:CBTC模式下的人工驾驶模式。

(3) ATO—BM:BM模式下的自动驾驶模式。

(4) PM—BM:BM模式下的人工驾驶模式。

(5) RMF模式:限制向前模式。

(6) RMR模式:限制后退模式。

(7) NRM模式:非限制人工驾驶模式。

2. 某城轨线路西门子信号系统列车驾驶模式

列车驾驶模式主要有以下5种:列车自动驾驶模式(AM模式)、列车自动折返模式(AR模式)、受ATP保护的人工驾驶模式(SM模式)、限制的人工驾驶模式(RM模式)和非限制的人工驾驶模式(URM模式)。

1)列车自动驾驶模式(AM模式)

(1)基本特征:AM模式是优先级最高的驾驶模式,通过ATC信号系统实现。该种模式下,两站间的列车自动运行,列车的运行不取决于司机。司机负责监督

ATP/ATO指示,列车状况,所要通过的轨道、道岔、信号的状态,必要时加以干预。

(2)基本运用:正线的正常运行(包括折返线和试车线)。

2)列车自动折返模式(AR模式)

(1)基本特征:AR模式包括列车的自动换向和有折返轨的自动折返。其中有折返轨的自动折返又可分为人工折返和无人折返。

(2)基本运用:在折返站和具有换向功能的轨道区段使用。

3)受ATP保护的人工驾驶模式(SM模式)

(1)基本特征:SM模式是次优先级的驾驶模式,正常情况下培训时采用,或当ATO设备故障,但车载和轨旁的ATP设备良好时采用。在SM模式下,司机必须根据显示屏显示的推荐速度驾驶列车,当实际速度在推荐速度-1km/h或者推荐速度+4km/h时,会有声音报警,当实际速度大于推荐速度4km/h时,ATP产生紧急制动;司机要负责监督列车状况以及所要通过的轨道、道岔、信号的状态。司机以SM模式驾驶时,要保持按下警惕按钮,否则会产生紧急制动。司机以SM模式驾驶列车进站,对标停车后,ATP给出门释放命令后,司机手动开门。

(2)基本运用:ATO故障时的降级运行;运行时轨道上发现有障碍物(如人);下雨时列车在地面站行驶等。

4)限制的人工驾驶模式(RM模式)

(1)基本特征:RM模式是较低级的驾驶模式,在该模式下,列车由司机驾驶,司机负责监督ATP/ATO指示显示,列车状况,所要通过的轨道、道岔、信号的状态;速度不能大于25km/h,ATP只提供25km/h的超速防护。

(2)基本运用:车辆段内运行;联锁、轨道电路、ATP轨旁设备发生故障后运行;列车紧急制动后启动运行。

5)非限制的人工驾驶模式(URM模式)

(1)基本特征:URM模式是故障级驾驶模式,在该模式下,列车的运行完全由司机负责,没有ATP的监控。国内部分城市轨道交通车辆采用URM模式时,列车前进最高速度可达80km/h,后退最高速度可达10km/h。

(2)基本运用:车载ATP设备故障;车辆部分设备检修和调试。

在正线上,司机可根据线路、设备状态及运营要求,以某一种驾驶模式驾驶列车运行。驾驶模式和信号控制模式关系见表2-2。

驾驶模式和信号控制模式关系　　　　表2-2

驾驶模式	适用的信号控制模式
AM、SM模式	只能在CTC、ITC模式下运用
RM模式	在CTC、ITC和IXLC模式下运用
URM模式	在任一列车控制级中可以由司机激活

3.驾驶模式的转换

在所请求的驾驶模式指示有效的情况下,线路上任何位置的驾驶模式切换都可以发生,司机可以在不停车的情况下由 RM 模式切换至 SM 模式或由 SM 模式切换至 AM 模式,反之亦然。但为了平稳地完成模式切换还需要注意以下问题。

(1)当切换至 RM 模式时,列车速度应低于 RM 模式的限制速度(一般为 25km/h 限速)。

(2)当由 SM 模式切换至 AM 模式时,牵引/制动手柄须在惰行位置。

(3)从 SM 模式切换到 AM 模式时,ATO 需要几秒的时间执行其 ATO 速度曲线。

(4)在列车驾驶模式中 AM 模式、SM 模式、RM 模式、URM 模式优先级依次降低,当进行降级转换时,驾驶模式可以越级切换,但进行升级转换时,则不可以越级切换。

如果上述情况满足,在正常的载客运行时,司机可以按照调度命令切换驾驶模式。模式的切换操作由司机完成,各驾驶模式间的转换情况如图 2-6 所示。

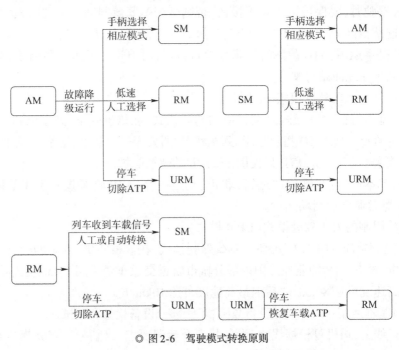

◎ 图 2-6 驾驶模式转换原则

引导问题6 在不同行车闭塞法下,行车作业要求都有什么特点?

一般来讲,城市轨道交通采用的基本行车闭塞法按照由高到低的优先级别分别为:移动闭塞法、进路闭塞法、区段闭塞法、电话闭塞法/电话联系法,值班主任根据信号系统所具备的模式决定采用何种行车闭塞法组织行车,原则上应优先采用高级别的行车闭塞法组织行车。改变行车闭塞法时,由行车调度员向各站(段)、司机发布调度命令执行。当信号系统具备 CBTC 模式时,采用移动闭塞法组织行车;当信号系统降级运行,具备后备模式时,采用进路闭塞法组织行车;当集中站发生计算机联锁(Computer Based Interlocking,CBI)、数据通信子系统(Date Communication Subsystem,DCS)故障(仅车地通信故障时除外)或全部计轴故障等情况时,故障区段采用电话闭塞法组织行车。

1. 移动闭塞法

移动闭塞是指列车之间的最小安全追踪间隔不预先设定,并随列车的移动、速度的变化而变化的闭塞方式。当信号系统具备 CBTC 模式时,采用移动闭塞法组织行车。

适用范围:信号系统移动闭塞控制级别功能正常时,根据移动闭塞信号系统原理自动控制列车运行。

运行模式:无人驾驶、自动驾驶或 ATP 监控下的人工驾驶。

闭塞区段:无固定的闭塞区段,列车运行闭塞区间的终端(移动授权)由前一列车在线路上的运行位置、运行状态等因素确定,随前列车位置变化而实时地发生改变,信号系统通过轨旁设备向后续列车发送移动授权信息,该移动授权点在运行线路上是连续的、实时变化的。

行车凭证:车载信号。

折返方式:列车自动折返;不能自动折返时,人工折返。

2. 进路闭塞法

进路闭塞法是指列车运行间隔为进路始端信号机至相邻下一架顺向信号机之间的闭塞方法。当信号系统降级时,信号系统提供推荐速度和列车超速防护功能,地面信号系统根据列车运行前方区间的占用情况、进路排列情况,自动控制后方信号机的关闭与开放,行车调度员负责监控列车的安全间隔和运行。

适用范围:移动闭塞信号系统由连续列车控制降为点式列车控制时。

运行模式:自动驾驶或 ATP 监控下的人工驾驶,具有防列车冒进红灯功能。

进路排列:系统自动排列进路;不能自动排列时,中央及时下放控制权,由车站排列。

闭塞区段:同方向两架相邻信号机间的区域。

行车凭证:地面信号及车载信号。

区段占用:一个闭塞区段只允许一列车占用。

折返方式:人工折返。

在有些城市轨道交通里也称为具备列车超速防护功能的固定闭塞。

3. 区段闭塞法

区段闭塞法是指列车运行间隔为相邻两座车站出站信号机之间的闭塞方法。

适用范围:信号系统轨旁 ATP 设备故障且切除车载 ATP 的列车或非装备列车(含工程车)运行时。

运行模式:非限制人工驾驶模式,信号系统只提供联锁基本功能,不提供列车超速防护。

进路排列:行车调度员关闭故障联锁区进路自排功能,并授权设备集中站排列进路,排列进路前须确认闭塞区段空闲。

闭塞区段:相邻两站出站信号机之间区域。

行车凭证:地面信号。

区段占用:一个闭塞区段只允许一列车占用。

折返方式:人工折返。

在有些城市轨道交通里也称为不具备列车超速防护功能的固定闭塞。

4. 电话闭塞法

电话闭塞是当基本闭塞不能使用时采用的代用闭塞法。通过发车站和接车站之间的电话联系,在证实区间空闲的前提下,接车站给出电话记录号,发车站行车值班员签发"路票"指令,并交予司机,列车司机根据路票的指令,允许该列车占用区间,运行至接车站;列车到达接车站后,司机将旧路票交还给接车站,领取新路票继续运行。这种闭塞方法,交接凭证和检查区间空闲状态,都是依靠人来完成。

适用范围:正线联锁区联锁设备故障时;中央及车站工作站一个或多个联锁区均无法对列车进行监控,且无法维持正常行车时;行车调度员认为有必要时。

控制权限:行车指挥权在车站(或车辆段);应急情况时由行车调度员指挥处理。

道岔锁定:道岔优先使用信号系统本地工作站锁定,当本地工作站无法锁定时,由车站(车辆段)人员现场确认进路正确后使用钩锁器锁定。

列车停站:每站均须停车,列车冲标时须退行对标。

闭塞车站:正线故障区域及相邻车站。

正线闭塞区段:发车站前方一个区间及一个站台。

区段占用:每个闭塞区段只允许一列车占用。

发车凭证:路票及发车手信号。

驾驶模式:电话闭塞区域内电客车采用非限制人工驾驶模式运行,列车进入第一个闭塞车站及离开最后一个闭塞车站,司机自行进行模式切换。

折返方式:折返方式由行车调度员指定,站后折返时按调车方式办理。车站人员、司机确认道岔位置正确及线路安全后,列车凭车站人员道岔开通信号折返,动车前鸣笛且限速运行。

报点规定:闭塞车站之间及车辆段接口站与车辆段之间互报列车到、发点,行车调度员指定的报点站须及时向行车调度员报列车到、发点。

任务二 模拟车站中控时的接发列车作业

任务引导

11月22日,某城轨设备集中站夜班行车值班员小王负责本站的行车组织工作,主要包括首末班车组织、开关站作业、运营前检查作业等,并将基本情况在行车日志中进行填写,如图2-7所示。11月23日8:00,与白班行车值班员办理交接班后,接班行车值班员主要负责车站接发列车作业等行车作业办理。正常情况下,小王和接班行车值班员等车站行车人员应该如何组织白班和夜班的行车作业呢?

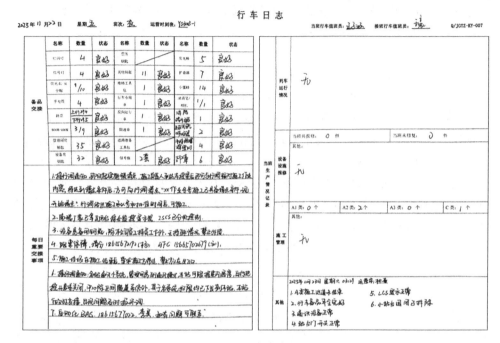

◎ 图2-7　行车日志

知识点

引导问题1　城轨行车控制权都有什么类型?他们之间如何进行转换?

1. 车站控制模式

ATC 系统应包括下列控制等级:控制中心自动控制模式、控制中心控制时的人工介入控制或利用 CTC 系统的人工控制模式、车站自动控制模式、车站人工控制模式。

控制等级应遵循的原则是:车站人工控制优先于控制中心人工控制,控制中心人工控制优先于控制中心自动控制或车站自动控制。

1) 控制中心自动控制模式(CA)

在控制中心自动控制模式下,列车进路命令由 ATS 进路自动设定系统发出,其信息来源是时刻表及列车运行自动调整系统,控制中心调度员可以对列车运行自动调整系统进行人工干预,使列车运行按调度员意图进行。

2) 控制中心自动控制时人工介入控制或利用 CTC 系统的人工控制模式(CM)

在控制中心自动控制时,控制中心调度员也可关闭某个联锁区或某个联锁区内部分信号机或某一指定列车的自动进路设定,直接在控制中心的工作站上对列车进路进行控制,在关闭联锁区自动进路设定时,控制中心调度员可发出命令,利用联锁设备自动进路控制功能,随着前行列车的运行,自动排列一条后续列车的固定进路,在自动进路功能出现故障的情况下,调度员可以人工设置进路。

在 CM 模式中,车站人工控制转到 ATS 系统,则由 ATS 系统启动控制而不由车站控制计算机启动控制,车站控制计算机继续接受表示,更新显示和采集数据。

3) 车站设备自动控制模式

在控制中心设备故障或通信线路故障时,控制中心将无法对联锁车站的远程控制终端进行控制,此时将自动进入列车自动监控后备模式,由列车上的车次号和发送系统发出的带列车去向的车次信息,通过远程控制终端自动产生进路命令,由联锁设备的自动功能来自动设定进路,即随着列车运行,自动排列一条固定进路。

4) 车站人工控制模式

当中心 ATS 因故不能设置进路(不论人工方式还是自动进路方式),或某种运营需要而不能由中心控制时,可改为现地控制模式,即车站自动控制和车站人工控制两种,也可合称车站控制(LC),当车站工作于 LC 模式时,不能由中心 ATS 系统启动控制,中心 ATS 系统将继续收到表示,更新显示和采集数据。

2. 控制模式间的转换

1) 中控转换至站控

只有当控制中心 ATS 已经发出相应的命令,才能转换到车站操作模式,因此,所有转换操作只能由车站操作员才能有效实施。当转换模式时,不用检查联锁条件,自动运行功能不受影响,即使转换至车站操作,联锁显示还应传输至控制中心 ATS。

2) 强制转换至站控

当中央设备出现故障或车站发现危及行车安全情况时,强制使用的一种方法,在没有收到控制中心 ATS 发出的命令时,也可以转换至车站操作,通过一个已经登记的转换操作可以转换至车站操作,联锁系统的所有操作仅能由车站操作员来执行。

3) 站控转换至中控

当特殊作业完成或设备恢复,需要将车站控制权上交控制中心,一般由车站行车值班员申请,当行车调度员同意后进行操作。

只有当车站操作已经发出释放的命令,才能转换到控制中心 ATS 操作,然后控制中心 ATS 确认它,所有转换操作只有由控制中心操作员同意才能有效实施。随着转换至控制中心 ATS 操作,控制中心 ATS 可以执行所有允许的操作。当站控转换到中控时,设备和工作处于正常状态,有的设备还要求进路已经取消,道岔处于解锁状态。

注:从逻辑角度,正常情况下,车站控制权的转换可由车站提出,也可由控制中心提出,但必须得到另一方的同意才能执行,但在特殊情况下,可以进行"强行站控"或"紧急站控"。

引导问题2 在行车自动化情况下,车站的作业内容是什么?

由于城市轨道交通系统采用了 ATC 系统,列车以规定速度进站,车站不显示接车信号,车站原则上不办理接发列车作业,值班站长/行车值班员根据列车所处状态播放录音广播,做好乘客服务,监视站台乘客候车秩序,确保站台安全。

遇特殊情况须接发列车时,车站接发列车人员应严格执行接发列车作业程序。

1. 运营前准备作业

原则上在"列车运行图"的第一列电客车出场前 30min,各车站必须完成运营前检查或准备工作,并向 OCC 行车调度员报告,同时,在车站运营前检查工作流程表上如实记录检查时间和检查情况。

运营前检查的工具及钥匙有强光灯、PSL 操作盘的钥匙、400M 对讲机等。主要的运营前检查的项目如下。

(1)施工结束、线路出清情况,运营线路是否空闲,接触网、低压供电及环控系统运作情况。
(2)行车备品是否齐全完好。
(3)信号机、道岔功能正常,站台无异物侵入限界,屏蔽门功能正常。
(4)人员到岗情况。

具体作业流程见表2-3。

运营前检查作业流程   表 2-3

序号	作业流程	时间
1	值班站长与行车值班员根据车站施工登记簿共同确认所有 A 类施工已结束且线路出清	
2	值班站长携带无线手持台、照明设备沿屏蔽门观察线路内情况,分别查看上、下行区间内可视范围的线路,确认线路出清且无异物侵限,端门、应急门锁闭正常	
3	值班站长查看站台设备区通道、轨行区有无异物侵限	
4	值班站长通过 PSL 分别开关上、下行站台屏蔽门 2 次,确认屏蔽门开关正常、门头灯及 PSL 灯显示正常	
5	行车值班员利用 IBP 盘进行屏蔽门开关测试,并确认屏蔽门开关情况与 IBP 盘及综合监控显示相符	
6	行车值班员确认 IBP 盘上的各模块状态灯正常,钥匙开关处于正常位置	
7	行车值班员按行车调度员命令进行转换道岔与排列进路检查(有岔站填写)	

续上表

序号	作业流程	时间
8	行车值班员通过综合监控界面确认屏蔽门、环控模式、照明模式、水系统、扶梯状态是否正常,值班站长做好确认	
9	值班站长检查人员到岗情况	
10	行车值班员与行车调度员核对运营时刻表与时间	
11	行车值班员检查行车备品是否齐全完好,广播、CCTV、PIS 状态是否正常	
12	行车值班员通过 SC 与值班站长现场共同确认所有 AFC 设备状态正常	
13	值班站长确认电、扶梯状态正常,查看站厅、站台地面积水情况,并及时处理	
当班行车值班员签名:		
当班值班站长签名:		

常见问题及注意事项如下。

(1)确保 PSL 操作允许位置是处于 OFF 位置。

(2)确保接触网上无异物,目测正常。

(3)确保车站公共区的照明和通风正常,特别是晚上有倒闸作业的施工。

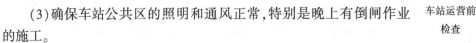

车站运营前检查

2.运营中作业

1)首班车组织

开行首班车前,车站各岗位工作人员要准时开门、开启电扶梯及照明、唤醒车站 AFC 设备、巡视车站等。行车值班员于首班客车发车前的规定时间开始向乘客广播首班车的到达时间及注意事项,行车调度员监控首班车运行情况。

2)开站作业

开站作业流程见表 2-4。

开站作业流程　　　　　　　　　　　　　　表 2-4

序号	时间	内容	执行人	责任人
1	首班载客列车到站前 30min	完成运营前检查并报行车调度员;确认环控系统开启并检查运行情况(主要是在 ISCS 上检查各个风机、风阀的运作情况,通过颜色显示来辨别其工作状态),发现异常报告环控调度员	行车值班员	值班站长
2	首班载客列车到站前 30min	完成 TVM 补币补票工作,完成票亭配票工作,确认钱、票账实相符,并确认 TVM 投入正常服务	客运值班员、值班站长	
3	首班载客列车到站前 15min	领齐对讲机、PSL 操作盘钥匙、LCB 钥匙、端门机械锁钥匙、信号灯、扩音器等备品到岗,标准着装,到站台接车	站台岗	
4	首班载客列车到站前 15min	领齐客服中心门钥匙、边门钥匙、票盒、对讲机等备品到岗,开启 BOM,开窗服务	客服中心岗	

续上表

序号	时间	内容	执行人	责任人
5	首班载客列车到站前15min	确认公共区照明开启,(通过在车站控制室SC上查看TVM、BOM、闸机等工作状态)确认开启AFC设备	行车值班员	值班站长
6	首班载客列车到站前10min	完成电扶梯、出入口卷帘门开启,检查PIS状态,巡视全站	站务人员 值班站长	
7	首班载客列车到站前10min	开启进站闸机,播放开站广播	行车值班员	

注意事项如下。

(1)各岗位做好相互监督,相互提醒,按照时间表来完成以上任务。

(2)各岗位相互做好衔接,不得出现客服中心和安检人员还未到岗位,出入口卷帘门就提前打开的情况。

城市轨道交通案例

2015年1月7日,市民宋先生向服务热线投诉某城轨线路车站在1月6日和1月7日未按时开启A出入口,如图2-8所示,导致自己错过首班车。该站应于6:28之前完成所有出入口开启工作,经调查,这两日值班站长因故都是通知保安开启出入口的,保安由于操作不熟练以及没听清要求,1月6日A口开启时间为6:36,迟开8min;1月7日A口开启时间为6:47,迟开19min,A口外有多名乘客等待进站,其中两名乘客进站后投诉车站连续两天未按时开启出入

◎ 图2-8 某车站A出入口

口,导致自己错过首班车,工作人员与乘客沟通,乘客不接受解释。

事情的发生是由于值班站长的工作指导不到位、工作主次分不清、违章作业且缺乏服务意识,是导致服务投诉的重要原因之一。同时,值班站长对员工、乘客提出的疑问不敏感,没有反思工作失误可能导致出现投诉等问题,事件发生后也未及时主动解决,存在不敢面对乘客解决问题的可能,耽误了处理的最佳时机、扩大了事件影响,是导致投诉的另一重要原因。

事后城市轨道交通企业提出了加强政治和业务学习的整改措施,并对这两日的值班站长和站长进行了处罚。

3）交接班作业

值班站长在组织交接班会议后，监督客运值班员、行车值班员办理交接，监督的内容包括台账的交接、备品的交接、钥匙的交接以及重要事情和未完成事情的交接。

交接班

(1) 交接班会议流程。

①车站交接班会召开地点为车站交接班室，早晚交班会一般为每日 8:30 和 19:00，会议时间控制在 20min 内，最长不得超过 30min；由接班值班站长主持会议，交班、接班员工必须参会（交班行车值班员、站台岗、客服中心岗除外）。

②交接班会开始前，接班人员在车站站厅车控室玻璃窗前列队，由接班值班站长进行点名，检查着装是否规范，仪容仪表是否符合标准。

③会议结束后，要求所有参会人员在"车站会议记录本"上签名。员工在岗对口交接对讲机、钥匙等物品。

④特殊情况下无法参加交接班会的人员，应及时传阅交接班会议记录，并在"车站会议记录本"上签名。

⑤交接班会议结束后，由值班站长监督行车值班员交接、客运值班员办理交接。

(2) 交接班会议内容。

①传达部门、站区交班会会议精神。

②安全预想、重要文件、通知的学习及业务抽问。

③运营信息的传达。

④本班工作安排。

行车值班员和值班站长交接的具体内容见表 2-5。

交接班内容　　　　　　　　　　　　　　　　　　表 2-5

行车值班员交接内容	值班站长交接内容
行车备品情况，钥匙借还情况	填写签阅"车站会议记录本"
上级命令、指示、文件和通知，当日的施工计划	行车备品情况，钥匙借还情况，人员岗位情况
查阅上一班的"车站施工登记簿""设备故障报修登记簿""车站调度命令登记簿""行车日志"等车站控制室台账，了解清楚上一班设备故障、施工计划和调度命令发布、行车异常等情况	检查"车站物品借出登记簿""车站施工登记簿""车站巡视检查记录表""车站每日防火巡查本""车站调度命令登记簿""行车日志""设备故障报修登记簿"等台账
交接安全注意事项和工作重点	检查文件、通知，核实交班值班站长完成或未完成的工作
账号登录 HMI	查询安全注意事项和工作重点
—	其他一些有必要作口头说明的事项

(3) 常见问题及注意事项。

①上一班组的突发事件未处理完，不得办理交班。

②值班站长要认真监督行车值班员、客运值班员交接的情况,对交接的质量进行把控,对存在的问题及时指出。

③接班的值班站长等所有岗位办理完交接后,在"值班站长交接班本"上签字,签字后,代表签字后,发生的事情由接班的班组来处理和负责。

④因交接不清楚,导致的钥匙丢失、备品损坏、备品缺失等,由接班人进行负责。

4)站台接发车作业

站台岗在站台无车时主要负责巡视检查和疏导乘客,负责来回巡视站台,重点检查屏蔽门及端门状态、消防器材状态、电扶梯运营情况、轨行区情况(有无异物等),发现屏蔽门异常动作等危及行车安全的情况时,立即按压紧停按钮并上报;引导乘客在安全区域按箭头方向排队候车;主动疏导聚集在一端的乘客到较空的地方候车;关注乘客动态,提醒乘客不要倚靠屏蔽门;若有屏蔽门故障,组织乘客到其他屏蔽门对应的安全区域处排队候车。

在列车进站时,站务员原则上应站在站台扶梯口靠近紧急停车按钮处,随时注意列车运行情况及站台乘客动态,防止乘客在列车关门时抢上抢下被夹伤,同时负责维护站台秩序,监督司机按规范动作关门。

列车进出车站时站台岗接车"六部曲"作业如下。

(1)当站台 PIS 屏显示"列车即将进站"时,站台岗在紧急停车按钮附近面对屏蔽门立岗接车。

(2)见到车头灯时向车头灯方向旋转90°立岗。

(3)列车越过接车地点(立岗位置)时旋转90°面向屏蔽门站立。

(4)列车停稳后移动至楼梯口组织乘客上、下车。

(5)列车关门时背对屏蔽门平举右手(与身体成90°),手掌伸开。

(6)车门关闭后移动至紧停附近,立岗送车,不须转体,目送列车出清本站站台后收岗。

当发生紧急情况需要停车时,站务员可按下紧急停车按钮实施紧急停车。一旦实施紧急停车,司机不得动车,只能由车站控制室取消急停并授权才能动车。发车时,站务员(或司机)发现站台或屏蔽门异常,应通知司机并及时处理。当乘客上下车完毕,确认车门关闭状态良好,列车具备了发车条件后,方可向司机显示好了信号。

城市轨道交通案例

3月17日16:10,深圳一名男子在3号线布吉站翻转多道护栏,经火车东站与布吉站连接走廊顶棚进入轨行区后被列车挤压,致列车运行受影响,地铁3号线和5号线运营受影响。经120现场检查,姚某已无生命体征。17:55,现场处置完毕,地铁恢复正常运行。

> 各站日常巡站时要加强对车站出入口、风亭、冷却塔、小站台、连接走廊、连接通道等风险点排查，发现可疑人员立即制止，防止人员误入轨行区。站台岗做好站台范围巡视，半高站台门、高架站须更加警惕，避免此类事件的发生。

5) 车站行车设备的监控及操作

联锁站行车值班员通过微机联锁区车站 ATS 工作站、ISCS、IBP 监视列车运行情况。行车值班员通过闭路监控系统(Closed-circuit Television，CCTV)观察站台情况，向站务员发布相关命令。

行车值班员通过环控监控设备监控站台环境情况，随时调整环境湿度和温度，当调整内容不在站控范围内时应与 OCC 中的环控调度员联系，由环控调度员控制。当出现紧急情况需紧急停车时(如车门夹人或物)，行车值班员可通过车站控制室的紧急停车按钮实施紧急停车。爆发大客流时，行车值班员可操作相关设备开放站台所有闸机，疏导出闸客流。

3. 运营结束时和结束后的作业

车站在尾班列车开出前应在规定时间开始广播，通知停止售票和进站检票工作，检查确付费区内乘客均已上车，关站作业流程见表 2-6。

关站作业流程　　　　　　　　　　　　　　　　　　　表 2-6

序号	时间	内容	执行人	责任人
1	本站线网末班车前 1h	按照本站各线路最早"本站末班车时间"提前 1h 将末班车告示摆放于进站闸机前，供乘客查询各线路末班车时间	客运值班员	
2	本站线网末班车前 1h	检查客运值班员是否按照本站各线路最早"本站末班车时间"提前 1h 将末班车告示摆放于进站闸机前，供乘客查询各线路末班车时间	值班站长	
3	单向末二班载客列车开出后	播放单向末班车提示广播(值班站长确认)	行车值班员	
4	单向末班车开出前 5min	播放单向服务终止广播	行车值班员	值班站长
5	本站末班车开出前 5min	在 SC 上关闭所有 TVM，关闭进站闸机，提醒站厅工作人员停止售票和进站检票工作，阻止乘客进站。播放双方向服务终止的广播。(值班站长确认)	行车值班员	
6	末班车开出前	检查，确认站台乘客均已上车，无异常情况	站台岗	
7	末班车开出后	(1)巡视站台，清客，确认无乘客滞留； (2)确认 AFC 设备关闭，关闭出入口、电扶梯	站台岗、值班站长	
8	末班车开出后	确认全部乘客出站后，收拾钱、票，注销 BOM，回票务室结账。与客运值班员结算	客服中心岗	

续上表

序号	时间	内容	执行人	责任人
9	运营结束后	确认车站开启停运照明模式,关闭PIS,按要求关闭部分环控设备	行车值班员	值班站长

引导问题3　城市轨道交通车站有哪些行车设备,他们的使用要求是什么?

1. 车站级ATS工作站

联锁站的车站级ATS工作站如图2-9所示,能对本联锁区内的车站线路、道岔、信号机及列车状态进行监控。当中央级ATS失效时,由行车调度员授权设备集中站行车值班员在车站级ATS工作站上排列进路,组织列车运行。

2. 车站综合后备盘

车站综合后备盘(Integrated Backup Panel,IBP,以下简称IBP盘)放置在轨道交通的车站控制室内,如图2-10所示。IBP盘上设置紧急控制按钮、状态指示灯等,对重要设备进行应急监控。其控制级别高于各系统操作站。在电脑自动控制失效下,才启动IBP盘。IBP盘的任何操作和启用都必须要听从调度的命令,得到调度命令后才能操作,车站不能随意操作,日常唯一可以操作的按钮是一个试灯按钮,定期按压,测试IBP盘的各个指示灯显示是否正常。

车控室IBP盘介绍

◎ 图2-9　车站级ATS工作站　　　　◎ 图2-10　IBP盘

每个城市轨道交通的IBP盘的功能模块不同,现以某城市轨道交通线路车站为例说明IBP盘所包括的功能模块和使用方法。

1)信号系统备用控制区(图2-11)

操作紧急停车步骤:

(1)按下对应的【紧停】按钮,蜂鸣器响,指示灯亮。

(2)取消时,按下对应的【复位】按钮,蜂鸣器响,指示灯灭。

需要关闭蜂鸣器报警时,按下对应的【报警消音】按钮。

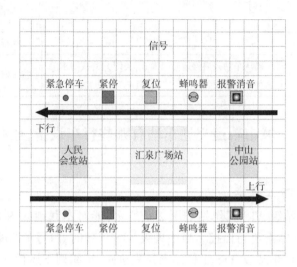

◎ 图2-11　信号系统备用控制区

作用范围：

CBTC模式时，岛式站台为该按钮所属站台侧站台线路；侧式站台为该站两侧站台线路。区域内行驶的CTC列车将紧急制动；区域外的CTC列车将制动停车。

非CBTC模式时，该侧站台的出站信号机(含反向出站信号机)及所有通向该站台进路(含反向进路)的始端信号机将关闭，不能开放；站台区域内行驶的列车不受影响。

紧停激活后，ATS工作站上对应站台侧出现红色菱形。

2)站台门备用控制区(图2-12)

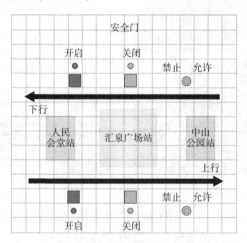

◎ 图2-12　站台门备用控制区

手动开关门操作：

(1)打至"允许"位。

(2)按下对应的【开启】按钮，开启指示灯亮。

(3)关闭时，按下对应的【关闭】按钮，关闭指示灯亮。

(4)操作完成后打至"禁止"位。

注意事项：

(1)运营前检查测试站台门时,先测试 IBP 盘(上下行各 2 次),再测试 PSL(上下行各 2 次)。

(2)使用时机：整列站台门无法联动开/关,PSL 也无法操作开/关时,须测试 IBP 盘开/关门。

(3)操作前须确保站台安全；操作时通过 CCTV 监视现场情况,同时通过 CCTV、综合监控观察开/关门情况。

3)自动售检票备用控制区(图 2-13)

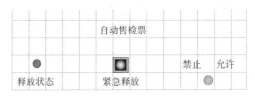

◎ 图 2-13　自动售检票备用控制区

操作闸机紧急释放步骤：

(1)打至"允许"位。

(2)按下【紧急释放】按钮,指示灯亮。

(3)复位时,再按下【紧急释放】按钮,指示灯灭。

(4)操作完成后打至"禁止"位。

注意事项：

操作后"释放状态"灯亮并不能代表现场设备状态为释放状态,必须通过 CCTV 或进行现场确认。

4)门禁备用控制区(图 2-14)

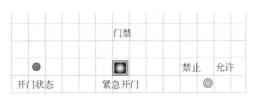

◎ 图 2-14　门禁备用控制区

手动操作门禁全开步骤：

(1)打至"允许"位。

(2)按下【紧急开门】按钮,指示灯亮。

(3)恢复时,再按下【紧急开门】按钮,指示灯灭。

(4)操作完成后打至"禁止"位。

注意事项：

(1)操作后"释放状态"灯亮并不能代表现场设备状态为释放状态,必须通过门禁工作站或进行现场确认。

(2)严禁使用该按钮进行日常的开关门禁操作。

5)牵引供电备用控制区(图2-15)

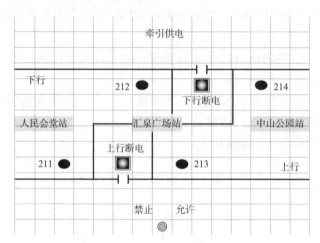

图2-15 牵引供电备用控制区

操作上/下行轨断电步骤：

(1)打至"允许"位。

(2)按下【上/下行断电】按钮,指示灯亮。

(3)恢复供电时要再按下【上/下行断电】按钮,指示灯灭。

(4)操作完成后打至"禁止"位。

注意事项：

(1)每个车站断电按钮对应范围不同,各站需掌握本站所能控制的供电分区范围。

(2)带电时,按钮指示灯灭,圆形指示灯亮；断电时,按钮指示灯亮,圆形指示灯灭。

(3)需恢复供电时,车站先复位相应断电按钮,机电调度员再对相应区域送电(IBP盘按钮不恢复的话,机电调度员无法送电)。

6)设备区应急照明备用控制区(图2-16)

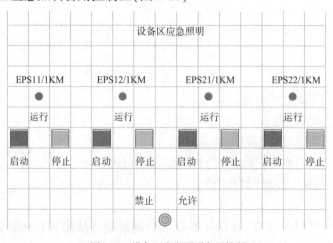

图2-16 设备区应急照明备用控制区

手动开启设备区应急照明步骤：

(1)打至"允许"位。

(2)按下对应的【启动】按钮，对应指示灯亮。

(3)关闭时，按下对应【停止】按钮，对应指示灯灭。

(4)操作完成后打至"禁止"位。

注意事项：

(1)编号 EPS ××，其中××第一位数字1代表站厅，2代表站台；第二位数字1代表 A 端，2代表 B 端。例：EPS21，表示站台 A 端应急照明。

(2)应急照明与火灾模式联动，若火灾时对应区域应急照明未联动启动，则需手动在 IBP 盘启动。

7)环境与设备监控系统备用控制区

(1)车站环控备用控制区(图2-17)。

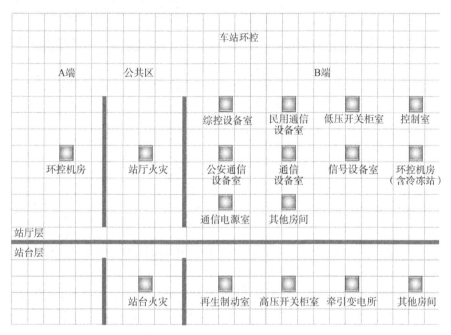

◎ 图2-17 车站环控备用控制区

手动开启站厅/站台层火灾模式下的环控步骤：

①打至"允许"位。

②按下对应的启动按钮。

③关闭火灾模式时，按下【复位】按钮。

④操作完成后打至"禁止"位。

注意事项：

①该区域按钮常亮代表模式启动成功，快闪代表模式启动中，慢闪代表模式启动失败。

②模式启动失败后,行车值班员可在综合监控工作站中"模式"模块进行查看,确认模式启动失败原因,汇报环控调度员。

(2)隧道通风备用控制区(图2-18)。

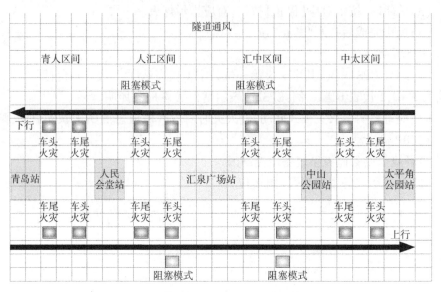

◎ 图2-18 隧道通风备用控制区

操作隧道火灾模式、阻塞模式下的通风控制步骤:
①打至"允许"位。
②按下对应的启动按钮。
③关闭时,按下复位按钮。
④操作完成后打至"禁止"位。

注意事项:
①该区域按钮常亮代表模式启动成功,快闪代表模式启动中,慢闪代表模式启动失败。
②模式启动失败后,行车值班员可在综合监控工作站中"模式"模块进行查看,确认模式启动失败原因,汇报环控调度员。
③区间火灾时,须启动相邻四站三区间隧道通风(具体由环控调度员通知执行)。

8)专用排烟风机备用控制区(图2-19)

手动开启专用排烟风机步骤:
(1)打至"允许"位。
(2)按下对应的【启动】按钮,运行指示灯亮。
(3)需要关闭时,按下对应的【停止】按钮,运行指示灯灭。
(4)操作完成后打至"禁止"位。

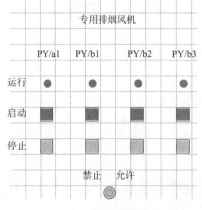

◎ 图2-19 专用排烟风机备用控制区

注意事项：

(1) 专用排烟风机用于设备区走廊的排烟，风机装在风机房。

(2) 设备区火灾模式启动时会联动专用排烟风机。

9) 消防水泵备用控制区（图 2-20）

手动开启消防水泵步骤：

(1) 打至"允许"位。

(2) 按下【启动】按钮，运行指示灯亮。

(3) 关闭时，按下【停止】按钮，运行指示灯灭。

(4) 操作完成后打至"禁止"位。

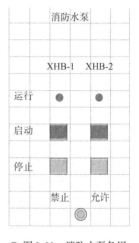

◎ 图 2-20　消防水泵备用控制区

注意事项：

(1) 两个消防水泵分别对应消防泵房内两个水泵。

(2) 消防水泵不参与消防联动，需启动消防水泵时，须在 IBP 盘上按压启动按钮，或在消防泵房就地控制柜上启动。

(3) 消防水泵位于远程控制时 IBP 盘操作才有效，处于就地位时，只能到消防泵房操作。

10) 加压送风机备用控制区（图 2-21）

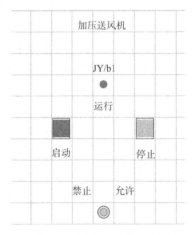

◎ 图 2-21　加压送风机备用控制区

手动开启加压送风机步骤：

(1) 打至"允许"位。

(2) 按下【启动】按钮，运行指示灯亮。

(3) 关闭时，按下【停止】按钮，运行指示灯灭。

(4) 操作完成后打至"禁止"位。

注意事项：

加压送风机位置位于车站控制室或疏散楼梯间，作用是在火灾时给车站控制室或疏散楼梯间内加压，防止烟雾进入车站控制室或疏散楼梯间。

11)气体灭火备用控制区(图2-22)

在气体喷洒延时阶段,手动停喷步骤:

(1)打至"允许"位。

(2)按下【停喷】按钮。

(3)现场恢复完成后,要再次按下【停喷】按钮,恢复停喷功能。

(4)操作完成后打至"禁止"位。

注意事项:

(1)当气灭系统处于延时30s喷放阶段时,可使用此按钮停止气体喷放。

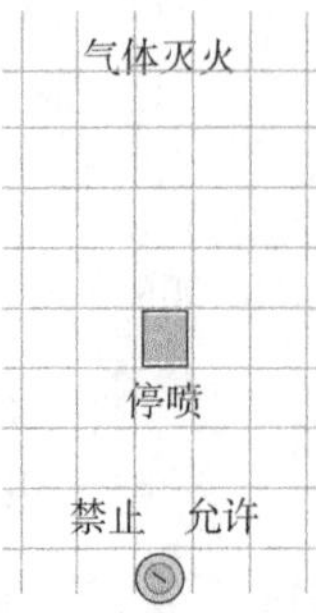

◎ 图2-22 气体灭火备用控制区

(2)按钮复位之前,现场无法手动启动气灭系统。现场确认火情后,如需启动气灭系统,须先将IBP盘按钮复位,再在现场手动启动。

12)自动扶梯备用控制区(图2-23)

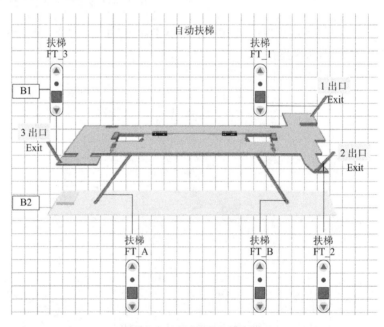

◎ 图2-23 自动扶梯备用控制区

扶梯紧急关停步骤:

按下扶梯对应的【停止】按钮(持续2~3s)。

注意事项:

IBP盘上扶梯模块"只监不控",禁止操作IBP盘上紧停按钮。

3. CCTV(图2-24)

车站控制室配备1套CCTV,CCTV可提供本车站站台、站厅、电扶梯、设备房等区域的实时监控画面,有助于车站行车值班员对列车运行、客流、现场设备等情况的掌握。

a) 车控室内CCTV b) CCTV界面

◎ 图 2-24　车站 CCTV

4. 车站调度电话

车站控制室配备有线调度电话分机、无线固定台和手持台实现与行车调度员、相邻车站等行车岗位进行通话的功能，如图 2-25 所示。

a) 有线调度台　　　　　b) 无线固定台　　　　　c) 手持台

◎ 图 2-25　车站调度电话

1）行车调度台的使用

行车调度台的功能和使用方法见表 2-7。

行车调度台的功能和使用方法　　表 2-7

设备	功能模块	操作方式
行车调度台	登录	通过登录界面输入用户名，密码及选择相应的专业组登录调度台
		仅当用户输入用户名后，工作组列表中才会列出该用户可以登录的组
	站间通话	点击"X 号线全线"，选择需通话的车站
		在话机或虚拟拨号盘上拨通需通话车站号码
	OCC 通话	点击"OCC"，选择需通话的调度
		在话机或虚拟拨号盘上拨通需通话调度号码
	会议通话	点击"会议"
		点击"新建"
		输入会议名称

续上表

设备	功能模块	操作方式
行车调度台	会议通话	点击"邀请",选择需参加会议的调度或车站
		点击"确定"
		点击"开始会议"
	快速会议	点击"快速会议"
		选择需参加会议的调度或车站
		点击"开始会议"
	话务日志	默认显示最近24小时内发生的话务记录。用户可以输入相应的查询条件查看相关话务
	来话区	普通来电:即拨打本专业组的普通组号码的来电,普通电话缺省用黄色表示
		紧急来电:即拨打本专业组的紧急组号码的来电,紧急电话缺省用红色表示
		VIP来电:即某个电话号码已经在DC定义成VIP电话号码,有电话用该电话号码呼入或呼出。VIP电话用紫色表示
		同一类型或同一级别的来电按来电到达先后时间顺序排列,优先级来电和加急电话会排列在所有普通电话之前
	保持区	将当前话机上正在通话的话务,保持到保持区,这样使当前话机空闲,可以处理别的话务
		若挂断当前话务,则系统将自动接通被保持的话务
	信息区	信息区显示调度台登录信息以及操作时的系统提示信息
		其中红色表示严重的故障信息
		黄色表示操作失败信息
		白色表示一般性的提示信息

2)无线固定台的使用

无线固定台的功能和使用方法见表2-8。

无线固定台的功能和使用方法 表2-8

设备	功能键	操作方式
固定电台	菜单键	在空闲状态下,按下"菜单键"进入菜单
		子菜单前面的"V"符号表示当前菜单已经被选中
		可以通过上下页键(或者选项前的对应数字键)选择菜单里面个各个功能
		按确认键进入该子菜单

续上表

设备	功能键	操作方式
固定电台	菜单键	按取消键退出
		如果在一段时间内没有任何按键操作,固定电台将自动退出菜单界面
	车站键	在空闲状态下,按下"车站"键,固定电台将进入站管区呼叫操作界面
		选择"1 开始站管区呼叫"按确认键,固定电台将发送站管区呼叫请求信息给中心。调度中心将会把车站内所有的列车派接在一起,并向车站发送建立站管区呼叫成功信息,如果固定台接收到成功消息(在提示信息显示区显示),就可以按下PTT和当前站管区组里面的所有成员通话
		通话结束后,选择"2 结束站管区呼叫"按确认键,固定电台将发送站管区呼叫结束请求给中心,调度中心结束当前建立的站管区呼叫
		如果未发送结束站管区呼叫信息,在一定时间后,系统将自动结束掉站管区呼叫
		站管区呼叫受时间限制,最长为3min,如果通话超时,系统将会自动结束站管区呼叫
	F1键(行调)	在空闲状态下直呼行车调度员
	F2键(回放)	在空闲状态下,按下"回放"键,将听取上一次通话的录音
	F3键(校时)	在空闲状态下,按下"F3"键,固定台将发送较时信息给调度,调度会把当前系统时间发送给固定台,固定台自动更新时间,以完成和调度时间同步
	F4键(车次号呼叫)	在空闲状态下,按下"F4"键,固定电台将进入车次号呼叫操作界面
		选择"1 开始车次号呼叫"按确认键,然后输入要呼叫的车次号码,按确认键,选择发送,固定电台将发送你输入的车次号码信息给调度中心。调度中心将会把呼叫车次的列车派接在一起,并向车站发送建立车次号呼叫成功信息,此时就可以按下PTT和你所要呼叫车次的列车进行通话
		通话结束后,选择"2 结束车次号呼叫"按确认键,固定电台将发送结束车次号呼叫请求给中心,调度中心结束当前建立的车次号呼叫
		如果未发送结束车次号呼叫信息,在一定时间后,系统将自动结束掉车次号呼叫
		车次号呼叫受时间限制,最长为3min,如果通话超时,系统将会自动结束车次号呼叫
	模式键	固定台工作模式分为集群模式和直通模式
		固定台的呼叫模式分为:通话组模式(组呼模式)、个呼模式、电话模式
		这里"模式键"指的是固定台的呼叫模式,用来实现呼叫模式之间的切换

续上表

设备	功能键	操作方式
固定电台	紧急键	无论在任何呼叫模式下,在空闲界面下,按住"紧急"键3s,固定台进入紧急模式,会看到紧急模式的图标以及紧急模式的界面,此时可以按下PTT直接和调度进行通话
		通话结束后,需要按住"取消"键3s,固定台退出紧急模式,会看到紧急模式的图标不显示以及集群模式的界面

3)手持台

手持台的功能和使用方法见表2-9。

手持台的功能和使用方法   表2-9

功能模块		含义及操作方式
手持台LED状态指示灯说明		绿色保持亮着:正在使用
		闪烁的绿灯:在系统覆盖范围内
		红灯保持亮着:不在系统覆盖范围内
		闪烁的红灯:对讲机在开机时正在连接网络/进入DOM
		闪烁橙色:有呼叫正在呼入
		没有指示灯显示:关机
手持台开机、关机		按下并按住手持台右边的红色的"电源开关/结束/返回键",可进行开机、关机
手持台功能		收/发短信息、扫描、组呼、私密呼叫、紧急呼叫、直通模式呼叫(DMO)
手持台组呼	用户与自己选择的通话组中的其他成员之间的实时通信	在待机屏幕中,按下"选项"
		选择文件夹选项
		选择所需要的文件夹,然后按下"选择",选择好所需的通话组后,按下并按住PTT键进行通话
手持台私密呼叫	也称为点对点呼叫或个呼,这是一种仅通信双方能听到的一对一通信方式	在待机屏幕拨号
		按下然后松开PTT键,手持台将发出铃声,等待对方接听呼叫
		要结束通话,请按下开关/结束/返回键
手持台紧急呼叫		它是一种具有最高排队优先级的组呼,紧急呼叫可被选择立即启动,可抢占正在进行中的最低优先级别的呼叫
		发起紧急呼叫,只要长按紧急呼叫按钮3s,手持台就会发送紧急呼叫报警消息
		按下PTT键,开始通话

续上表

功能模块	含义及操作方式
手持台紧急呼叫	要退出紧急呼叫模式,按下并按住退出程序键手持台将切换回初始模式
手持台使用注意事项	严禁擅自更改手持台参数
	手持台 PTT 按键属于易磨损部件,请按压 PTT 时注意力度适中
	正常情况下,严禁擅自使用私密呼叫和直通模式(DMO)进行通信,擅自使用而造成的后果由使用者承担
	手持台不能进行长时间电池充电,在确认电池充满的情况下,请及时断开充电器,以确保电池的寿命

5. 车站广播

车站控制室里配备 1 台车站广播系统具备对车站进行广播的功能,通告城市轨道交通列车运行、安全、导向等服务信息,向工作人员发布作业通知等,如图 2-26 所示。在发生紧急情况时,对车站内的乘客进行疏散向导广播。车站值班员可以对本站所有选区、多个选区或单个选区进行广播,并设有自动、手动和紧急广播三种模式。

◎ 图 2-26　车站广播

引导问题 4　城市轨道交通车站主要有哪些行车报表?我们该如何填写?

行车报表是指在列车运行及设备保养等活动中,行车人员及相关人员根据现场实际情况而记录下来的原始资料。

行车报表主要有以下种类。

(1)车站行车日志。

(2)调度命令登记簿和调度命令。

(3)车站设备、设施故障登记簿。

(4)运营前安全检查登记表。

(5)车站消防类记录本。

(6)物品借出登记簿。

1. 行车报表共同要求

(1)行车值班员应认真及时填写各类行车簿册,做到填记正确,无缺漏,无缩减。

(2)填记字迹清晰,不得随意涂改。若确需修改,在错误处画一横线并加盖当班行车值班员印章(红色印泥)以示更改,并填记正确的内容,不得用修正液。

(3)所有需签名的地方均用钢笔或圆珠笔填写,不得使用印章。

(4)交接班图章加盖清晰(蓝色印泥),在图章内相应空白填好交接班行车值班员姓名、日期。图章与填记内容、图章与图章之间不得有空格。

2. 车站行车日志

行车日志是记录列车到发时刻等行车内容的台账,可以分为车站使用的行车日志和车辆段使用的行车日志,见表2-10和表2-11。车站行车日志首先要填写日期、班次和所使用的运行图,分为上行列车和下行列车两部分。车辆段使用的行车日志也分为到达和出发两大部分,以到达为例,包括到达的车次、车组号,是否洗车、进入车辆段内的接车股道名称、相关到达的时分和电话记录号的时分,以及备注情况。

1)填写标准

为贯彻"安全第一"原则,规范车站"行车日志"的填写,以准确反映值班员作业及列车运营的情况。

2)车站行车日志具体填写内容

(1)车次栏:非正点运行列车及总调度所发布调令临时加开列车、救援列车、施工车的车次号。

(2)电话记录号码及收发时间栏:采用电话闭塞法行车时填写相邻车站及本站收发电话记录号码及承认/解除闭塞时分。

(3)邻站出发栏:邻站行车值班员所报开车时间。

(4)本站到达栏:列车到达本站时间。

(5)附注栏:用来记录本车次列车的特殊期情况,比如压道车、首列车、末班车、反向运行、最后一趟电话闭塞法组织的列车即取消闭塞、变更计划、晚点、加开列车及其他相关非正常情况等。

(6)交接班注意事项:填写本班作业安全情况,凡需提醒接班值班员注意的其他有关行车安全注意事项。

(7)设备备品交接事项:填写本站行车设备备品的使用及交接情况。

(8)其他:填写上级有关指示,通知及传达落实文件、卫生等事项。

车站行车日志

2024年1月1日　　班次：C2　　交班：张三　　接班：李四　　正线时刻表：Z3001　　表2-10

车次	上行 到达				上行 出发				附注	车次	下行 到达				下行 出发				附注
	电话记录号码	同意闭塞时间	后方站出发	本站到达	电话记录号码	同意闭塞时间	本站出发↑↓	前方站出发			电话记录号码	同意闭塞时间	后方站出发	本站到达	电话记录号码	同意闭塞时间	本站出发↑↓	前方站出发	
2018	1902	20:02	20:06	20:10	2002	20:08	20:13	20:20	首列	1022	1901	20:03	20:07	20:11	1801	20:09	20:14	20:21	首列
2019	1904	20:12	20:16	20:20	2004	20:18	20:23	20:30	反向运行	1023	1903	20:13	20:17	20:21	1803	20:19	20:14	20:21	
2020	1906	20:22	/	/	/	/	/	/	取消闭塞	1024	1905	20:23	20:27	20:31	1805	20:29	/	/	取消闭塞

车辆段行车日志

表2-11

日期：2024年1月13日　　班别：白班/夜班　　车厂值班员：×××

车次	车组号	是否洗车	接车股道	到达			电话记录号			备注
				同意进场时分	邻站开车时分	到达车场时分	承认闭塞	列车到达	取消闭塞	
（例）备车	M0312	否	L-XA/B/C	排列好接车进路的时间	电话闭塞法填青北给的时间	电话司机报停稳的时间	承认闭塞的电话记录号码		电话闭塞法填"√"	上级通知变更进路，临时接车等突发情况
（例）501	N/2+1轨	否	L-12A	21:30	21:32	21:37	2302	/	/	
			L-47	23:30	23:31	23:38	2304	/	/	

车次	车组号	发车股道	出发			电话记录号			备注
			同意出场时分	车场开车时分	到达邻站时分	承认闭塞	列车到达	取消闭塞	

续上表

车次	车组号	发车股道	出发						备注
			同意出场时分	车场开车时分	到达邻站时分	承认闭塞	电话记录号 列车到达	取消闭塞	
车次	车组号	L-XA/B/C	排列好发车进路的时间	通过监控观察到列车的动车时间	电话闭塞法青北填给的时间	承认的闭塞电话记录号码	电话闭塞法填"/"	电话闭塞法填"/"	上级通知变更进路,临时加开等突发情况
(例)011011	M0302	L-8A	05:20	05:22	05:30	2201	/	/	
(例)502	1轨+N/3	L-47	22:58	23:00	23:08	2203	/	/	

车次	车组号	是否洗车	接车股道	到达						备注
				同意进场时分	邻站开车时分	到达车场时分	承认闭塞	电话记录号 列车到达	取消闭塞	

移动闭塞下运行的列车,车站可以不填写行车日志,如果填写,只填写本站到达和发车时间。某城市轨道交通行车日志如图2-27所示,对于邻站到达出发时间和电话记录号等信息,不用记录;填写行车备品情况,主要是路票、钥匙、手台等备品的数量和性能情况;填写本班行车工作情况,如施工防护情况、轨行区出入情况、运营前检查情况、车站巡视情况等。

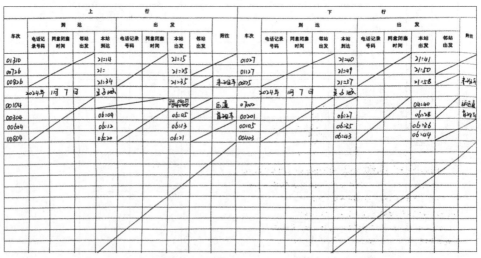

a) 填写样例（1）

b) 填写样例（2）

◎ 图2-27 移动闭塞下行车日志填写样例

在点式ATP固定闭塞法和联锁固定闭塞法下,行车日志需要记录列车在本站的到发时间以及后方站的发出时间,固定闭塞法下行车日志填写样例见表2-12。

项目二 | 模拟正常情况下的列车运行组织作业

本站是人民广场站，电话记录号码为06001~06999

四白指四班的白班

2024 年 1 月 2 日 四白班 天气 晴   列车运行图 TL1105 行车日志   编号：YYZL/GL-09-001-L2

表2-12

车次	到达				上行 出发				取消闭塞		附注
	请求闭塞时间	同意闭塞时间	电话记录号码	邻站出发时间	本站到达时间	请求闭塞时间	同意闭塞时间	电话记录号码	本站出发时间	邻站出发时间	取消闭塞时间	电话记录号码	
20202	6:12:22	6:12:33	06001	6:15:18	6:18:46	6:19:22	6:19:55	07001	6:21:18	6:26:46	6:21:00	06002	
办理电话闭塞法的填写说明	本站接到杭发厂站请求20202次列车的闭塞时间	本站同意杭发厂站请求20202次列车的闭塞时间	本站给杭发厂站发出的电话记录号码	杭发厂站报给本站的20202次列车的发点	20202次列车到达本站的停稳时间	本站向建设一路站请求20202次列车的闭塞时间	建设一路站同意本站20202次列车的闭塞时间	建设一路站给本站的电话记录号码	20202次列车在本站的发点	建设一路站报给本站20202次列车的发点	按照《行规》取消闭塞相关规定办理		人民广场站提出的取消一路站闭塞的电话记录号码；如果路站提出取消闭塞，建设人民广场站给记录号码。
20405				7:15:18	7:18:46				7:15:18				
点式ATP固定闭塞法和联锁固定闭塞法的填写格式				杭发厂站报给本站的20405次列车的发点	20405列车到达本站的停稳时间				20405次列车在本站的动车时间				

续上表

车次	到达				出发				取消闭塞		附注
	请求闭塞时间	同意闭塞时间	电话记录号码	邻站出发时间	本站到达时间	请求闭塞时间	同意闭塞时间	电话记录号码	本站出发时间	邻站出发时间	取消闭塞时间	电话记录号码	

上行

车次	请求闭塞时间	同意闭塞时间	电话记录号码	邻站出发时间	本站到达时间	请求闭塞时间	同意闭塞时间	电话记录号码	本站出发时间	邻站出发时间	取消闭塞时间	电话记录号码	附注
20406					7:24:46				7:25:18				
CBTC 正常模式运行的列车可以不填写行车日志,如果填写,只填写本站到达和发车时间					20406次列车到达本站的停稳时间				20406次列车在本站的动车时间				

交班人从___日___时___分至___日___时___分
交班人：___   接班人：___

上行记事：

交班人（签章）　张某某　接班人（签章）　李某某

在电话闭塞法下,故障联锁区各站要向行车调度员报点,行车日志里的每一项信息都要填写。

3)车站行车日志填写要求及其他说明

(1)行车日志用于记录列车运行情况。

(2)行车日志填写时,上行线的列车须填写在上行栏,下行线的列车须填写在下行栏,如遇列车反向,则在附注内备注填写"反向运行"。

(3)列车运行时,以下情况需记入运行情况。

①压道车及加开、晚点等未按运营时刻表行驶的列车。

②电话闭塞法办理的列车。

③首末三班载客列车。

(4)对于通过列车,在行车日志上的"本站到达"栏内填"/","本站出发"栏填列车通过本站的时间,备注栏填写"通过"。

(5)在夜班的日志填记中,当上下行跨零点之后应在上下行栏车次后加盖次日日期戳,以示区分。

(6)行车日志填写不得随意涂改,若有填写错误的必须采用划线更正法进行更正(整行划去)。

(7)行车值班员接班后,须另起一页填写行车日志。

车站台账填写作业

3. 调度命令登记簿

调度命令是行车调度员在调度指挥工作中对行车有关人员发出的要求其配合完成某些行动的指令。行车调度员发布有命令号码的命令,受令车站须在调度命令登记簿上填记。调度命令登记簿见表2-13。

调度命令登记簿　　　　　　　　　　　　　表2-13

年　　月

日期	命令				复诵人姓名	接受命令人姓名	行车调度员姓名	签名
	发令时间	号码	受令处所	内容				

调度命令登记簿包含如下要素:日期、发令时间、命令号码、受令处所、命令内容、受令人、复诵人、调度代码等,某城市轨道交通车站调度命令登记簿的实际填写情况见表2-14。

某城市轨道交通车站调度命令登记簿实例 表2-14

月/日	发令时间	调令性质	命令号码	受令处所	调令内容	受令人	复诵人	调度代码
5/12	00:21	书面☑口头☐	448	近江站、城星路站、市民中心站、江锦路站、钱江路站、景芳站、新塘站、新风站、火车东站站、彭埠站、彭埠站交601次司机	(1)自发令时起,七堡停车场出入场线至近江站上下行正线及辅助线(不含钱江路2、4号线联络线)线路封锁。(2)准601次(04028车)进封锁区域进行调试作业。(3)601次在封锁区域内凭调试负责人指令动车	3803	3803	066
5/12	01:42	书面☑口头☐	449	近江站、城星路站、市民中心站、江锦路站、钱江路站、景芳站、新塘站、新风站、火车东站站、彭埠站、彭埠站交601次司机	自发令时起,前发448号令取消,七堡停车场出入场线至近江路站上下行正线及辅助线(不含钱江路2、4号线联络线),封锁解除,线路开通	3803	3803	016

交部人从12日07时10分至12日08时06
交班人：引豫   接班人：沈冲

4.车站设备设施故障登记簿

车站设备设施故障登记簿由车站行车值班员负责填写,以某城市轨道交通为例,主要分为保修和修复两部分,见表2-15。主要包括日期时间、故障现象、保修部门、报修人签字、修复完成日期和修复完成时间、设备修复状态和维修人签字、值班员签字以及备注情况等。

车站设施设备故障报修登记表 表2-15

编号：YYZL/GL-09-012-L2

序号	报修				修复					备注
	月/日时间	故障现象	报修部门	报修人签名	月/日	维修人到达时间	修复时间	设备修复状态	维修人员签名	值班员签名	
1	1/2 12:30	A出入口卷帘门故障,有不能关闭和打开现象发生	维调	王佳佳	1/2	13:24	19:55	不正常	海明威	李思思	故障未解决

对于填写的故障必须严格追踪跟进，如在当班时间未完成，则在交接班时重点交接，持续跟进，直到处理完毕。

5. 运营前安全检查登记表

每天早上施工结束后，压道车上线前，各车站需要进行运营前检查并填写运营前检查登记簿。以某城市轨道交通为例，运营前检查登记簿主要包括屏蔽门状态、线路出清情况、电扶梯状态、导向标识状态、联锁站道岔功能测试、行车备品、重要设备状态和车站卫生等八个模块，检查设备运作情况，并根据情况在检查情况一栏内打"√"，如设备异常，需要在处理情况一栏对故障处理进行说明，如未修复或者已修复。某城市轨道交通运营前安全检查登记表见表2-16。

车站运营前安全检查登记表　　　　　　表2-16

2024 年 1 月 5 日　四白班　天气阴　　　编号：YYZL/GL-09-007-L2

序号	检查项目	运营前检查流程及标准	检查情况	处理情况	检查人
1	屏蔽门状态	(1)检查就地控制盘(PSL)，标准：使用钥匙开关屏蔽门，整侧屏蔽门正常开启和关闭，关闭时PSL上关门指示灯正常，无故障报警	□正常 ☑异常 □未启用	已修复	张勇
		(2)检查滑动门状态，标准：滑动门开启、关闭后门头灯正常显示，无故障报警	□正常 ☑异常 □未启用	未修复	
		(3)检查应急门状态，标准：锁闭，门锁插销正常落位，相邻滑动门的门头灯不亮	☑正常 □异常 □未启用	—	
		(4)检查端门状态，标准：锁闭，门锁插销正常落位	☑正常 □异常 □未启用	—	
		(5)检查车控室ISCS/IBP盘上屏蔽门状态，标准：故障指示灯未亮灯	☑正常 □异常 □未启用	—	
2	运营线路巡视	(1)目测接触网无异物	☑正常 □异常 □未启用	—	
		(2)检查站台无异物侵入限界	☑正常 □异常 □未启用	—	
3	电梯、扶梯	(1)电梯、自动扶梯运行正常，无异响	☑正常 □异常 □未启用	—	
4	联锁站道岔功能测试	(1)检查ATS/LCW机操作状态，标准：能正常登录，各项指令可正常操作	☑正常 □异常 □未启用		魏晨
		(2)检查道岔状态，标准：道岔转换后道岔位置显示正确，无异常现象	☑正常 □异常 □未启用	—	

续上表

序号	检查项目	运营前检查流程及标准	检查情况	处理情况	检查人
4	联锁站道岔功能测试	(3)检查进路状态,标准:排列进路后整条进路显示连续绿色光带	☑正常 □异常 □未启用	—	魏晨
5	重要设备状态	(1)检查低压供电状态,标准:车站工作照明及各项设备供电正常	☑正常 □异常 □未启用	—	魏晨
5	重要设备状态	(2)检查环控系统状态,标准:冷水机组和风机运作正常,BAS上无红色、黄色报警显示,车站、区间水泵无高水位报警	☑正常 □异常 □未启用	—	魏晨
6	行车备品	(1)行车备品数量,标准:行车台账、行车备品齐全	☑正常 □异常 □未启用	—	孙俊
6	行车备品	(2)行车备品状态,标准:行车备品功能可正常使用	☑正常 □异常 □未启用	—	孙俊
7	导向标识	(1)导向标识准确性,标准:无错误指引	☑正常 □异常 □未启用	—	孙俊
7	导向标识	(2)导向标识安装,标准:安装牢固,无脱落、掉色	☑正常 □异常 □未启用	—	孙俊
8	车站卫生	(1)保洁作业,标准:作业完成	☑正常 □异常 □未启用	—	孙俊
8	车站卫生	(2)作业质量,标准:公共区地面整洁,设备设施清洁	☑正常 □异常 □未启用	—	孙俊
检查日期:2024年1月5日		检查时间:5:00	行车值班员签名:张文		
			值班站长签名:李莉		
我站已完成运营前安全检查,确认2号线 人民广场 站具备运营条件					

填写说明:1. 日期要求填写当天,避免填写"次日";

2. 此表空格内填写完成时间,无此项检查的画"—",由车站值班员(行车)统一记录,值班站长在每完成一项相关的检查内容后及时报车控室车站值班员(行车)确认并记录,要求双方如实汇报、确认和记录,最后当班值班站长和车站值班员(行车)双人签名确认,并对检查结果负责。

6. 车站消防类记录本

车站消防属于安全防护的重要内容,以某城市轨道交通为例,主要有车站消防/综合安全巡查记录表和车站消防控制室值班记录表等台账需要填写,见表2-17和表2-18。

车站消防/综合安全巡查记录表

表 2-17

2024 年 1 月 2 日　四白班　天气　晴　　　　编号：YYZL/GL-09-006-L2

巡查项目		巡查时间	6:00/8:00	8:00/10:00	10:00/12:00	12:00/14:00	14:00/16:00	16:00/18:00	巡查情况
消防安全巡查内容	1	疏散通道、安全出口是否畅通	√	√	√	√	√	√	正常
	2	消防设施、器材和消防安全标志是否在位、完整	√	√	√	√	√	√	正常
	3	安全疏散标志、应急照明是否完好	√	√	√	×	×	×	15:00 站厅层 A 口，疏散标志破损
	4	常闭式防火门是否处于关闭状态	√	√	√	√	√	√	正常
	5	防火卷帘门下方是否堆放物品影响使用	√	√	√	√	√	√	正常
	6	用火、用电有无违章情况	√	√	√	√	√	√	正常
	7	消防重点部位安全情况	√	√	√	√	√	√	正常
	8	站内施工消防安全防护情况	√	√	√	√	√	√	正常
	9	其他消防安全情况	√	√	√	√	√	√	正常
综合安全巡查内容	1	扶梯、广告、服务指引及其他设备是否完好齐全，是否在位、完整	√	√	√	√	√	√	正常
	2	防盗门以及正常的门禁是否关闭	√	×	√	√	√	√	正常
	3	无门禁权限进入车站设备区登记、检查情况	√	√	√	√	√	√	正常
	4	其他情况	√	√	√	√	√	√	正常
设备区公共区域巡视情况			√	√	√	√	√	√	正常
巡查人签名			张启	张启	张启	张启	张启	张启	
主管人签名			陈磊	陈磊	陈磊	陈磊	陈磊	陈磊	

车站消防/综合安全巡查记录表包括消防安全巡查内容、综合安全巡查和设备区公共区巡查情况等三部分，由当班人员填写。对于每一项需要检查项目的情况，正常情况打"√"，存在问题打"×"，并在巡查情况栏中写明存在问题，巡查人和主管人要进行签字，其中主管人是值班站长以上职位的人员。

记笔习学

表 2-18 消防控制室值班记录表

日期：1月12日

火灾报警控制器运行情况							控制室内及其他消防系统运行情况				值班情况		
火灾报警控制器型号	火警			故障报警	监管报警	误报	报警、故障部位原因及处理情况	消防系统及其相关设备名称	控制状态	运行状态	报警、故障部位原因及处理情况	值班员	时段
	正常	火警	误报						自动	手动	正常	故障		值班员	时段
FAS主机	√							PvTk	√		√			值班员 汗炕	时段 8:00~22:00	时间记录
	√							PvTk	√		√					8:03
	√							PvTk	√		√					10:07
	√							PvTk	√		√					12:06
	√							PvTk	√		√					14:03
																16:01
																18:06

日检查记录

检查内容	自检	消音	复位	主电源	备用电源	检查时间	检查人	故障及处理情况
火灾报警控制器	√	√	√	√	√	08:03	洋旭	无

注：1. 对发现的问题应及时处理，当场不能处置的要填报"建筑消防设施故障维修记录"，将处理记录表序号填入"故障及处理情况"栏。
2. 交接班时，接班人员对火灾报警控制器进行日检查后，如实填写火灾报警控制器日检查情况记录：值班期间按规定时限（2小时）异常情况出现时如实填写运行情况，存在问题或者故障时，在报警、故障部位、原因及处理情况栏中填写详细信息；栏内相应内容，填写时，在对应项目栏中打"√"。

消防安全管理人或消防安全员（签字）：

对于车站公共区的巡视，必须每两小时一次；对于设备区的巡视，每班至少巡视两次；巡查人员应及时纠正违章情况，妥善处理安全隐患，无法当场处理的应及时报告并采取有效措施。

车站消防控制室值班记录表包括火灾报警控制器运行情况、报警故障部位原因及处理情况、控制室内及其他消防系统运行情况、值班情况、火灾报警控制器日检查记录、消防安全管理人员签字等。

7. 物品借出登记表

物品借出登记表主要是用来记录备品的借出和归还情况，以某城市轨道交通物品借用登记表为例，主要包括物品借用的部门、时间、名称、数量、借用人以及归还时间等内容，见表2-19。

物品借用登记表　　　　表2-19

编号：YYZL/GL-09-014-L2

序号	借用							归还		备注
	月/日时分	借用单位/部门	借用人		房间/物品名称	数量	值班员签认	月/日时分	值班员签认	
			姓名	联系电话						
1	1/2 12:30	设施保障二部	李波波	13445677654	手持台	2	成佳佳	1/2 12:30	成佳佳	完好
2	1/2 19:30	设施保障一部	赵新兵	13556756543	空调房钥匙	1	王函授	1/2 20:30	王函授	完好
3	1/2 19:30	设施保障一部	赵新兵	13556756543	低压配电房钥匙	1	王函授	1/2 20:30	王函授	完好
4	1/2 19:30	设施保障一部	赵新兵	13556756543	器灭房钥匙	1	王函授	1/2 20:30	王函授	完好

任务三　模拟车站站控时的接发列车作业

任务引导

站控是指中央ATS设备故障时，控制权下放给车站。在该情况下，行车调度员只能监督现场设备和列车运行状态，不能直接控制现场列车运行，因控制权下放，行车值班员使用车站信联闭设备接发列车,那么具体的接发车作业过程和要求是怎样的呢?

知识点

引导问题1　什么情况下会下放控制权给车站?

ATS设备故障可分为本地ATS故障和中心ATS故障,具体故障情况和处置方法如下。

1. 本地ATS设备故障

当一个集中站一套ATS设备出现故障时,可由另一备用ATS设备接替管理,不影响使用。当一个集中站双套ATS设备出现故障时,OCC失去该集中站车站的站场显示,并显示"CATS服务器与LATS服务器连接断开",该集中站联锁功能仍正常,可自动转为紧急站控模式,该站时刻表功能不可用。故障发生后具体处理措施如下。

(1)行车调度员与故障集中站相互通报与确认故障,故障集中站进路由行车值班员设置为自动通过进路、自动折返进路或者由行车值班员人工排列有关进路。

(2)OCC及时通报维修部门进行处理。

(3)在CBTC模式下,在本集中站范围内,已采用ATO模式驾驶的列车仍然可以继续运行到下一站台,出站时ATO模式将无法使用,行车调度员与司机相互通报与确认故障,要求司机采用ATP防护下的人工驾驶模式。

(4)原则上行车调度员无须铺画列车运行图,各站无须报点,但故障区域及相邻车站应记录各次列车的到发时刻并及时填记行车日志。

2. 中心ATS设备故障

当一套ATS设备出现故障时,可由另一备用ATS设备接替管理,不影响使用。当中心双套ATS设备出现故障时,OCC失去所有车站的站场显示,在所有集中站显示"LATS与中心连接断开",所有集中站可自动转为站控模式,车站时刻表功能可用,进路可自动办理。故障发生后具体处理措施如下。

(1)行车调度员与集中站相互通报与确认故障,要求各集中站确认是否处在站控状态,监督与控制好本集中站管辖范围内进路排列与列车运行情况,发现异常情况及时汇报行车调度员处理。

(2)OCC及时通报维修部门进行处理。

(3)在CBTC模式下,在全线范围内,已采用ATO模式驾驶的列车仍然可以继续运行到下一站台,出站时ATO模式将无法使用,行车调度员与司机相互通报与确认故障,要求司机采用ATP防护下的人工驾驶模式。

(4)原则上中心ATS故障初期(30min内)行车调度员无须铺画列车运行图,各站无须报点,但各站应记录各次列车的到发时刻并及时填记行车日志;故障发生30min后,各集中站须向行车调度员报点,行车调度员铺画运行图以掌握和控制列车运行间隔。

引导问题2 在车站站控情况下,车站如何办理接发车作业?

1. 站控时行车作业要求

(1)在站控时,集中站对其管辖内列车运行情况进行监控。

(2)在站控时,遇地面信号设备故障,值班员须将故障情况及列车运行情况及时报告行车调度员,按有关规定及行车调度员要求组织行车,必要时各车站相互间要通报发车车次及发车时刻,并按规定填写行车日志。

(3)在操作车站ATS工作站过程中,操作人员必须确认进路要素是以正确的方式显示,否则必须立即停止操作。

(4)站遥控转换对进路的影响。

①中控转站控:从中控向站控的转换过程中或转换后,未经人工介入各进路的原自动控制模式不变。

②中控转紧急站控:切换到紧急站控后,所有进路控制方式都是人工控。

③站控转中控:人工控进路会自动转成自动控。

④在站控或中控时,人工取消进路后,该进路将转为人工控。

(5)办理进路的规定。

①当能在信号工作站上排列进路时,由车站按照计划排列列车进路,司机凭地面信号和车站指令动车。

②当不能在信号工作站上排列进路,而道岔可以在信号工作站上操作"转换道岔"命令,并执行"单独锁定"命令,办理站确认进路上的所有道岔位置正确后,向司机发出进路准备好及动车的指令。

③当只能人工现场准备进路时,车站按照行车计划,人工办理进路并钩锁道岔,办理人员确认进路上的所有道岔位置正确后,向司机发出道岔开通手信号的动车指令。

2. 接发列车作业程序(以西门子系统为例)

(1)布置与准备进路。

①进路的布置。在站控模式下,接发列车的关键是正确及时地准备好列车进路,行车值班员必须亲自布置和确认进路是否准备妥当。布置准备进路时,一定要确定车次和列车占用线路情况。如果车站一端有两个及以上方向或双线反方向行车时,还应确定方向。

②准备进路。进路可自动排列,也可使LOW工作站人工排列进路。

在LOW上,要排列一条基本进路,只要用鼠标的左键点击LOW主窗口上要排列进路的始端信号机,再用鼠标的右键点击要排列进路的终端信号机,此时所选始端信号机和终端信号机都会被打上灰色底色,然后在对话窗口中的命令显示栏,用鼠标的左键点击"排列进路"的命令,最后用鼠标的左键点击对话窗口中的"执行"按钮,始端信号机就自动开放。

(2)行车凭证。

列车行车凭证是信号机的进行信号。在站间区间空闲,发车进路准备妥当时,信号机显示进行信号,列车凭进行信号出发进入区间。

(3)报点。向行车调度员报告列车到达、通过、出发时刻。

(4)中央 ATS 故障会造成车站的旅客导向信息无法显示,站务应及时对旅客广播,组织引导旅客有序乘车。

(5)在站控时,OCC 行车调度员应通过通信系统与司机保持联系,通过调度电话联系值班员,随时了解列车运行情况。

3. 联锁站的接发车作业程序及用语

联锁站的接车作业程序及用语见表 2-20。

联锁站的接车作业程序及用语 表 2-20

作业程序	作业程序及用语		
	值班站长	LOW 操作员(行车值班员)	站台站务人员
听取报告	根据行车日志和 LOW 工作站显示,确认接车线路空闲	—	携带相关备品到指定位置待命
	听取发车站报告"××次预告"并复诵,填写行车日志	—	—
准备进路,开放信号	通知 LOW 操作员:"排列××次接车进路",并听取复诵	复诵:"排列××次接车进路"	
	确认接车进路防护信号开放正确后,复诵:"进路防护信号好了"	在 LOW 工作站上排列接车进路,确认进路防护信号开放后口呼:"进路防护信号好了"	—
接车	听取发车站报点并复诵"××次××点××分开",填写行车日志	—	—
	通知站台站务人员:"××次开过来了,准备接车",并听取复诵	—	复诵"××次开过来了,准备接车",立岗接车
	监视列车到达,"××次到达"	监视列车到达	监视列车到达,并注意站台乘客安全,"××次到达"
报点	向发车站报点"××次××站××点××分××秒到",并填写行车日志	—	—

联锁站的发车作业程序及用语见表2-21。

联锁站的发车作业程序及用语　　　　　　表2-21

作业程序	作业程序及用语		
	值班站长	LOW 操作员(行车值班员)	站台站务人员
发车预告	根据行车日志和LOW工作站显示,确认接车线路空闲,向前方车站预告:"××次预告",听取复诵,并填写行车日志	—	携带相关备品到指定位置待命
准备进路,开放信号	听取前一发车站报点"××次××站××点××分××秒开"并复诵,客车进站后排列发车进路	—	—
	通知 LOW 操作员:"排列××次发车进路",并听取复诵	复诵:"排列××次发车进路"	—
	确认发车进路防护信号开放正确后,复诵:"进路防护信号好了"	在 LOW 工作站上排列发车进路,确认信号开放后口呼:"信号好了"	—
发车	通知站台站务人员:"××次发车进路好了,准备发车",并听取复诵	—	复诵:"××次发车进路好了,准备发车"
	—	—	确认车门关闭后,向司机显示"好了"的手信号
	监视列车出站,复诵"××次出站"	监视列车出站(直至列车出清联锁区)	监视列车出站,并注意站台乘客安全,"××次出站"
报点	向接车站报点:"××次××站××点××分××秒开",并填写行车日志	—	—
	向行车调度员报点:"××次××站××点××分××秒开"	—	—

任务实施

一、知识考查

1. 填空题

(1) 移动闭塞的行车凭证是_____。

(2) 进路闭塞法的闭塞区段是_____。

(3) 当紧急情况处理完毕,乘客上下车完毕,确认车门关闭状态良好,列车具备了发车条件后,方可向司机显示_____手信号。

(4) 在列车进站时,站务员原则上应站在站台扶梯口靠近_____处立岗接车。

(5) 站台屏显示"列车即将进站"的 PIS 屏的中文全称是_____。

2. 选择题

(1) 以下不属于城市轨道交通信号系统提供的列车控制等级的是(　　)。
 A. 连续列车控制　　B. 点式列车控制　　C. 联锁列车控制　　D. 移动列车控制

(2) 以下属于点式列车控制级别特点的是(　　)。
 A. 列车监督一个来自连续通信系统的移动授权
 B. 司机必须按照轨旁信号机显示驾驶
 C. 列车闭塞区域不受轨道空闲检测系统的制约
 D. 列车可采用全自动驾驶模式、自动驾驶模式和 ATP 监督下的人工驾驶模式

(3) 以下(　　)是 URM 模式的特点。
 A. 通过 ATC 信号系统实现
 B. 两站间的列车自动运行,列车的运行不取决于司机
 C. 正线的正常运行(包括折返线和试车线)
 D. 没有 ATP 的监控

(4) 不受 ATP 防护的驾驶模式是(　　)。
 A. AM　　　　B. SM　　　　C. URM　　　　D. RM

(5) 当信号系统具备 CBTC 模式时,采用(　　)组织行车。
 A. 移动闭塞法　　B. 固定闭塞法　　C. 进路闭塞法　　D. 电话闭塞法

(6) 行车报表填记的时候要求(　　)。
 A. 行车值班员应认真及时填写各类行车簿册,做到填记正确,无缺漏,无缩减
 B. 填记字迹清晰,若填写错误,在错误出画一横线即可
 C. 所有需签名的地方均用钢笔或圆珠笔填写,也可以使用印章
 D. 交接班图章加盖清晰(蓝色印泥),在图章内相应空白处填好交接班行车值班员姓名、日期;图章与填记内容、图章与图章之间需留空格

(7) 调度命令登记簿不包含(　　)要素。

A. 日期、发令时间 B. 命令号码、受令处所
C. 电话记录号 D. 命令内容、受令人

(8) 以下选项中属于运营调度指挥中二级指挥的是( )。
　　A. 信号楼值班员　B. 行车调度员　C. 行车值班员　D. 站台岗

(9) 地铁运营控制中心的英文简称为( )。
　　A. OCC　　B. ACC　　C. DCC　　D. ACD

(10) ( )是行车组织工作的基础。
　　A. OCC　　B. 客流计划　　C. 列车运行图　　D. 全日行车计划

(11) 交接班中的"五清"不包括( )。
　　A. 列车运行到站时刻清
　　B. 设备、设施运行状态清
　　C. 文件传达、重点工作、注意事项内容清
　　D. 各类台账、备品情况清

(12) 以下不属于车站行车值班员岗位职责的是( )。
　　A. 执行行车调度员的命令和指示
　　B. 统一指挥车站的行车作业
　　C. 监视车辆段行车控制台的进路开通方向、道岔位置及信号显示
　　D. 监视列车运行状态和乘客乘降情况

(13) 以下( )选项属于行车凭证。
　　A. 路票　　B. 行车日志　　C. 电话记录号　　D. 交接班登记簿

(14) 以下( )不属于行车备品中的专用器具。
　　A. 红闪灯　　B. 手持台　　C. 手摇把　　D. 绝缘手套

(15) 控制模式间的转换不包括以下哪个选项( )。
　　A. 中控转换至站控　　　　B. 强制站控至站控
　　C. 站控转换至中控　　　　D. 中控转换至强制站控

(16) 开站作业前,行车值班员确认环控系统开启并检查运行情况,发现异常报告( )。
　　A. 环控调度员　B. 机电调度员　C. 行车调度员　D. 信号调度员

(17) 关于交接班,说法正确的是( )。
　　A. 接班的值班站长等所有岗位办理完交接后,在"值班站长交接班本"上签字,签字后,发生的事情由交班的班组来处理和负责
　　B. 因交接不清楚,导致的钥匙丢失、备品损坏、备品缺失等,由交班人进行负责
　　C. 值班站长要认真监督行车值班员、客运值班员交接的情况,对交接的质量进行把控,对存在的问题及时指出
　　D. 交接班图章加盖清晰,在图章内相应空白处填好交接班车站站务员姓名、日期

3. 判断题

(1) 连续式列车控制下,司机必须按照轨旁信号机显示驾驶。　　　　(　　)

(2) 列车紧急制动后运行采用的驾驶模式是 RM 模式。　　　　　　(　　)

(3) 车载 ATP 设备故障后采用的是 RM 模式。　　　　　　　　　(　　)

(4) 区段闭塞法下,行车信号系统只提供联锁基本功能,提供列车超速防护。

(　　)

(5) 行车工作由行车调度统一指挥。　　　　　　　　　　　　　(　　)

(6) 凡与列车运行有关的各部门都必须根据列车运行图的要求组织开展本部门的工作。行车调度员应严格按照列车运行图指挥正线行车、调整运营等相关工作。　　　　　　　　　　　　　　　　　　　　　　　　(　　)

(7) 行车时间以北京时间为准,从零时起计算,实行 12 小时制。　　(　　)

(8) 清扫道岔五部曲:"一查、二刮、三扫、四擦、五上油"。　　　(　　)

(9) 行车备品是指在行车组织过程使用的工器具或设备,主要用来行车相关人员相互联系、行车应急处置等。　　　　　　　　　　　　　　(　　)

(10) 控制等级应遵循的原则是:车站人工控制优先于控制中心人工控制,控制中心人工控制优先于控制中心自动控制或车站自动控制。　　　　(　　)

(11) 客服中心岗在末班车开出后要巡视站台,清客,确认无乘客滞留;确认 AFC 设备关闭,关闭出入口、电扶梯。　　　　　　　　　　　(　　)

(12) 上一班组的突发事件未处理完,不得办理交接班。　　　　　(　　)

(13) 值班站长在完成每一项检查内容后及时报车站控制室行车值班员确认并记录,最后当班值班站长和行车值班员双人签字确认。　　　　(　　)

(14) 在运营前检查作业流程中,行车值班员确认电、扶梯状态正常,查看站厅、站台地面积水情况,并及时处理。　　　　　　　　　　　　(　　)

(15) 厅巡岗负责站台列车接发、乘客乘车安全监督工作,解答乘客问题。

(　　)

二、实训检验

任务1　辨识行车闭塞法的作业特点

阐述移动闭塞法、进路闭塞法、区段闭塞法的作业特点,并填在表2-22中。

不同行车闭塞法的作业特点表　　　　　　　　表2-22

行车闭塞法名称	闭塞作业特点

任务2 模拟中控下的车站行车组织作业

1. 小组演练运营前检查作业

按照运营前检查工作表利用实训设备,分小组(值班站长和行车值班员岗位)模拟完成运营前检查作业并填写表2-23。填写要求如下。

(1)运营前检查工作流程表用于车站运营前检查工作情况,由行车值班员填写。

(2)表格空格内如实填写各项检查完成时间,无此检查项的画"−"。

(3)值班站长在完成每一项检查内容后及时报车站控制室行车值班员确认并记录,最后当班值班站长和行车值班员双人签字确认。

运营前检查工作流程表　　　　　　　　　　　表2-23

序号	运营前检查流程	时间
1	值班站长与行车值班员根据车站施工登记簿共同确认所有A类施工已结束且线路出清	
2	值班站长携带无线手持台、照明设备沿屏蔽门观察线路内情况,分别查看上、下行区间内可视范围的线路,确认线路出清且无异物侵限,端门、应急门锁闭正常	
3	值班站长查看站台设备区通道、轨行区有无异物侵限	
4	值班站长通过PSL分别开关上、下行站台屏蔽门2次,确认屏蔽门开关正常、门头灯及PSL灯显示正常	
5	行车值班员利用IBP盘进行屏蔽门开关测试,并确认屏蔽门开关情况与IBP盘及综合监控显示相符	
6	行车值班员确认IBP盘上的各模块状态灯正常,钥匙开关处于正常位置	
7	行车值班员按行车调度员命令进行转换道岔与排列进路检查(有岔站填写)	
8	行车值班员通过综合监控界面确认屏蔽门、环控模式、照明模式、水系统、扶梯状态是否正常,值班站长做好确认	
9	值班站长检查人员到岗情况	
10	行车值班员与行车调度员核对运营时刻表与时间	
11	行车值班员检查行车备品是否齐全完好、广播、CCTV、PIS状态是否正常	
12	行车值班员通过SC与值班站长现场共同确认所有AFC设备状态正常	
13	值班站长确认电、扶梯状态正常,查看站厅、站台地面积水情况,并及时处理	
当班行车值班员签名:		
当班值班站长签名:		

2. 熟悉车站行车设备

(1)指出车控室实训室中行车设备的名称,填写表2-24。

行车设备名称表　　　　　　　表 2-24

行车设备序号	行车设备名称
1	
2	
3	
4	
5	
6	
7	

（2）练习车站手持台操作，互评考核评分填写表 2-25。

车站手持台操作评分表　　　　　　　表 2-25

序号	内容	分值（分）	评分标准	得分（分）
1	手持台 LED 状态指示灯说明	30	绿色保持亮着：正在使用(5 分)	
			闪烁的绿灯：在系统覆盖范围内(5 分)	
			红灯保持亮着：不在系统覆盖范围内(5 分)	
			闪烁的红灯：对讲机在开机时正在连接网络/进入 DOM(5 分)	
			闪烁橙色：有呼叫正在呼入(5 分)	
			没有指示灯显示：关机(5 分)	
2	手持台开机、关机	6	按下并按住手持台右边的红色的"电源开关/结束/返回键"，可进行开机、关机(6 分)	
3	手持台功能	6	收/发短信息、扫描、组呼、私密呼叫、紧急呼叫、直通模式呼叫(DMO)(6 分)	
4	手持台组呼　用户与自己选择的通话组中的其他成员之间的实时通信	9	在待机屏幕中，按下"选项"(3 分)	
			选择文件夹选项(3 分)	
			选择所需要的文件夹，然后按下"选择"，选择好所需的通话组后，按下并按住 PTT 键进行通话(3 分)	
5	手持台私密呼叫　也称为点对点呼叫或个呼，这是一种仅通信双方能听到的一对一通信方式	9	在待机屏幕拨号(3 分)	
			按下然后松开 PTT 键，手持台将发出铃声，等待对方接听呼叫(3 分)	
			要结束通话，请按下开关/结束/返回键(3 分)	

续上表

序号	内容	分值(分)	评分标准	得分(分)
6	手持台紧急呼叫	20	它是一种具有最高排队优先级的组呼。紧急呼叫可被选择立即启动,可抢占正在进行中的最低优先级别的呼叫(5分)	
			发起紧急呼叫,只要长按紧急呼叫按钮3s,手持台就会发送紧急呼叫报警消息(5分)	
			按下PTT键,开始通话(5分)	
			要退出紧急呼叫模式,按下并按住退出程序键。手持台将切换回初始模式(5分)	
7	手持台使用注意事项	20	严禁擅自更改手持台参数(5分)	
			手持台PTT按键属于易磨损部件,请按压PTT时注意力度适中(5分)	
			正常情况下,严禁擅自使用私密呼叫和直通模式(DMO)进行通信,擅自使用而造成的后果由使用者承担(5分)	
			手持台不能进行长时间电池充电,在确认电池充满的情况下,请及时断开充电器,以确保电池的寿命(5分)	
	共计得分(分)			
	鉴定人签名			
	测评结果(合格/不合格)			

3. 办理站台接发列车作业

练习车站站台接发车作业操作,互评考核评分填写表2-26。

车站站台接发车作业操作评分表　　表2-26

序号	内容		分值(分)	评分标准	得分(分)
1	车站接车	列车从邻站出发,行车值班员通知接发车人员:Ⅰ/Ⅱ道列车开过来了准备接车	6	行车值班员查看HMI(3分)	
				行车值班员告知站台临站列车出发(3分)	
		接发车人员收到行车值班员通知后回复:Ⅰ/Ⅱ道列车开过来了准备接车站台收到	9	收到信息后及时复诵(3分)	
				复诵正确(3分)	
				接车备品携带齐全(3分)	
		接发车人员站在紧停附近,面朝来车方向	3	接车所在位置正确(3分)	

续上表

序号	内容		分值(分)	评分标准	得分(分)
1	车站接车	看到列车前头灯时,用手台告知行车值班员:Ⅰ/Ⅱ道列车进站	6	报点时机正确(3分)	
				报点信息正确(3分)	
		行车值班员收到接发车人员的列车进站信息后,复诵:Ⅰ/Ⅱ道列车进站,行车值班员收到	9	行车值班员监控CCTV(3分)	
				收到信息后复诵(3分)	
				复诵正确(3分)	
		当列车车头通过接车人员时,接发车人员面朝列车方向,并引导乘客在空闲处上车	6	接车姿势正确(3分)	
				正确引导乘客上车位置(3分)	
2	列车到达	列车从邻站到达本站站台,列车停稳,当司机打开车门及站台门时,接发车人员告知行车值班员:Ⅰ/Ⅱ道列车到达,车站站台门打开	6	待列车停稳且开启车门站台门后汇报车值班员(3分)	
				准确地知行车值班员信息(3分)	
		行车值班员收到接发车人员列车到达信息后,复诵:Ⅰ/Ⅱ道列车到达,车门站台门打开,行车值班员收到	6	行车值班员收到信息后复诵(3分)	
				复诵内容正确(3分)	
		听到"叮咚声"时,接发车人员背对列车方向,将手臂伸直,做阻挡手势,防止并告知乘客请勿上车	12	待乘客上下车完毕,等到关门声音(4分)	
				准确的阻拦手势(4分)	
				积极主动地拦截乘客(4分)	
		当乘客上下车完毕,车门与站台门关闭后,接发车人员应关注站台门灯是否黄闪,端门门头灯是否熄灭。站台门黄闪,先看有无异物,若无打成手动关;如无效端门处打互锁解除让车发出(有问题必须优先告知行车值班员)	16	车门关闭,主动查看车门门头灯(4分)	
				主动查看端门门头灯(4分)	
				发现问题及时汇报行车值班员(4分)	
				遇突发情况能够灵活地处理(4分)	
3	列车出发	列车从本站出发,当列车开始动车时,接发车人员应告知行车值班员:Ⅰ/Ⅱ道列车出发	9	汇报列车出发时机(3分)	
				准确回报列车出发信息(3分)	
				行车值班员收到信息收复诵(3分)	

续上表

序号	内容		分值(分)	评分标准	得分(分)
3	列车出发	行车值班员收到接发车人员的列车出发信息后,复诵:Ⅰ/Ⅱ道列车出发	6	复诵正确(3分)	
				行车值班员通过HMI监控列车运行状态(3分)	
		接发车人员应密切关注列车动态,当列车驶离本站站台后,方可结束本次接发车作业	6	站台主动观察列车状态(3分)	
				结束发车时机(3分)	
共计得分(分)					
鉴定人签名					
测评结果(合格/不合格)					

任务3 站控下接发列车作业

请根据表2-20和表2-21,小组(值班站长、行车值班员、站台岗)协同配合完成接发车作业,小组互评(每步操作一分)并填写表2-27。

站控下接发列车作业评分表　　　　　　　　　　　表2-27

步骤	各岗位得分(分)		
	值班站长	行车值班员	站台岗
听取报告			
准备进路,开放信号			
接车			
报点			
发车预告			
准备进路,开放信号			
发车			
报点			
共计得分(分)			
鉴定人签名			
测评结果(合格/不合格)			

三、评价反馈

学生和教师对整个任务考核过程评价并填写表2-28。

评价反馈   表2-28

序号	评价标准	分值（分）	自评得分（分）(40%)	教师评分（分）(60%)
1	引导问题填写字迹美观清晰	10		
2	引导问题回答正确率90%以上	10		
3	实训演练运营前检查程序完整、配合有序、口齿清晰，态度端正，展示完毕工具器摆放规范	15		
4	手持台操作项目完整，动作规范正确，态度端正，展示完毕工具器摆放规范	15		
5	实训演练车站站台接发车作业程序完整、动作规范，态度端正，展示完毕工具器摆放规范	15		
6	实训演练站控下接发列车作业作业程序完整、动作规范，态度端正，展示完毕工具器摆放规范	20		
7	整个操作符合安全规章和操作要求	15		
	合计	100		

项目三
模拟非正常情况下的列车运行组织作业

项目概述

随着 CBTC 的发展和全自动运行系统的出现,城市轨道交通系统自动化程度越来越高,正常情况下行车人员的职责主要是监督列车按图行车。然而一旦出现设备故障(如信号设备故障等)、突发事件或运行秩序紊乱等非正常情况时,要求行车人员能准确判断故障原因并及时做出应急处理,降低故障对运营的影响。

因此,城市轨道交通系统对运营人员在非正常情况下的行车组织和应急处理的能力要求较高,学生在学习过程中需加强对非正常情况下行车组织应急处理能力的训练。通过本项目的学习,学生应能了解常见的非正常情况的类型和现象,包括道岔故障、计轴故障、信号机故障、联锁故障、门故障等,理解车站在非正常情况下的行车组织作业流程,掌握非正常情况下接发车作业的基本技能。

项目要求

知识点

1. 熟知道岔、信号机故障类型;
2. 掌握道岔故障处置原则和流程;
3. 掌握计轴故障和信号机故障处置流程;
4. 掌握 ATC 设备故障处置方法;
5. 掌握电话闭塞法的适用范围、组织原则;
6. 熟知站台门故障类型;
7. 掌握站台门故障处置流程。

技能点

1. 能够在 ATS 上操作处理道岔、信号机故障和计轴故障;
2. 能够按照要求正确人工办理进路;
3. 能够处理 ATC 设备故障;
4. 能够使用电话闭塞法组织列车运行;
5. 能够处置站台门开关门故障和夹人夹物故障。

拓展阅读

岗位协同,双人确认

——地铁挤岔事故

2019年4月9日5点11分,0303次(03车)报车站下行出站300m处线路上有一玻璃板,影响行车,如图3-1所示。

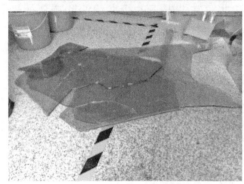

◎ 图3-1 声屏障破碎现场及处置后图

5点20分,OCC向机电部下发抢修令,并通知车站安排人员至现场处置。5点37分,车站现场人员报,异物已经处理完毕。5点46分,车站下行出站300m处1201次(03车)司机报列车无推荐速度,行车调度员组织司机确认安全以RM模式动车。5点51分行车调度员发现P0606道岔处在ATS显示NCO,如图3-2所示,行车调度员通知立即停车,同时ATS报警显示P0606道岔受扰,经行车调度员与司机确认后发现P0606道岔出现挤岔。

受此影响,列车抽线51列次,下线1列次,加开28列次,终到晚点26列次,其中5min以上晚点26列次。在这起事件中,行车调度员未严格与司机核对命令内容是否正确、未明确指出运行目的地、安全提醒不到位。在无进路排列时,组织03车以RM模式动车,未提前将前方道岔单操至正确位置并预留,并且班组配合不够紧密。在应急处置时行车人员要提高安全意识,严格执行双人确认制度,班组岗位间要密切配合,做好互控、互查,协同处置。

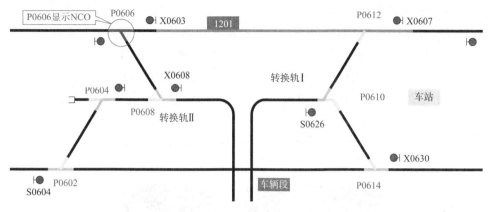

◎ 图 3-2　车站挤岔道岔 P0606 线路图

任务一　办理道岔故障下的行车作业

任务引导

2020 年 4 月 3 日 20 时 32 分,某城轨 OCC 行车调度员通过中央 ATS 发现车站 P1406 道岔失表,如图 3-3 所示,单操测试往返两次后左右位均失表,OCC 组织车站下线路钩锁道岔,经抢修后道岔临时恢复。该事件造成 5～15min 晚点 3 列次,2～5min 晚点 2 列次。作为行车值班员,当发生道岔故障应如何进行处置?

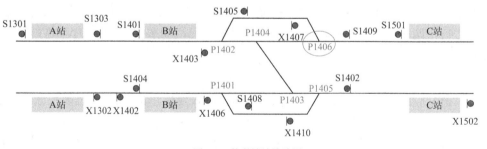

◎ 图 3-3　某联锁站线路图

知识点

引导问题 1　发生道岔故障后,处理的原则和流程是什么?

1. 道岔的操作

(1)正常情况下的操作:遥控操纵、电气锁闭。

(2)故障情况下的操作:现场手摇、人工锁闭。

2. 道岔故障类型

道岔故障是指道岔操纵不到位、无表示等故障导致相关进路无法排列。不同信号系统,道岔故障现象和类型有所不同。如西门子信号系统中,分为短闪(转不到位故障)、长闪(挤岔故障)、道岔灰显(道岔状态无显示故障)、道岔编号闪(路的道岔有储存的kick-off控制故障)、道岔区段红光带(物理占用)等故障。卡斯柯信号系统中道岔故障为挤岔报警,挤岔故障现象如图3-4a)所示,红色闪烁。北京通号信号系统中为道岔无表示故障,道岔无表示故障现象如图3-4b)所示。

a) 卡斯柯道岔挤岔故障　　　　b) 北京通号道岔无表示故障

◎ 图3-4　道岔故障类型

3. 道岔故障处理的原则

从确保安全、减少操纵步骤、缩短操纵时间的角度出发,道岔故障处置原则如下。

(1)能排进路不单独操纵道岔,能单独操纵道岔不人工转换道岔,尽量利用道岔可利用位置变更进路。

(2)优先考虑现场道岔既有位置,减少人工转换道岔工作量及进路准备时间。

(3)折返进路道岔,尽量考虑减少人工转换道岔工作量。

人工办理进路过程中行车调度员应根据现场线路实际情况,通知相关列车司机适当降低运行速度,加强瞭望,确保轨行区作业人员安全;人工办理进路后,车站报告行车调度员进路办理好,由行车调度员通知司机动车,并要求经过故障道岔时对道岔位置再次确认。

4. 道岔故障处置的流程

道岔故障处置流程如图3-5所示,当道岔故障发生在正线时,处置流程如下。

(1)行车调度员接到报告或通过ATS工作站发现道岔故障后,立即对相关列车进行扣车,通知车场调度员备用车及时到位;做好全线列车的运行间隔调整;通知值班主任、维修调度员。

(2)行车调度员(或车站)确认道岔区段无列车占用,确保安全前提下通过ATS工作站将道岔进行定反位单扳操作,并通知生产调度。

(3)道岔故障影响行车时,优先考虑变更进路组织行车,无变更进路时将道岔锁闭在正确位置后,才能组织行车。

①道岔不能被进路锁闭时,应优先采用道岔单锁的方式锁定在正确位置。

②道岔不能以单锁方式锁闭在正确位置时,由车站负责现场人工排列进路,人

工转换道岔至正确位置并确认尖轨密贴后,按规定加钩锁器锁闭。

③通过已加锁故障道岔首列车须限速 25km/h 运行,司机须加强线路监控,如发现异常及时采取措施并报行车调度员处理,如未发现其他异常,后续列车按驾驶模式要求速度运行。

④列车停在故障道岔上,需现场人员确认道岔安全后,列车限速 5km/h 离开岔区。待列车离开后,现场人员再次确认道岔位置正确尖轨密贴后,对该道岔加钩锁器。

(4)行车调度员在故障处理过程中,及时调整列车运行方案,与相关车站确认客运组织情况,关注全线各站的客流变化,必要时组织列车小交路运行,做好全线列车的运行间隔调整。具体的处置流程如图 3-5 所示。

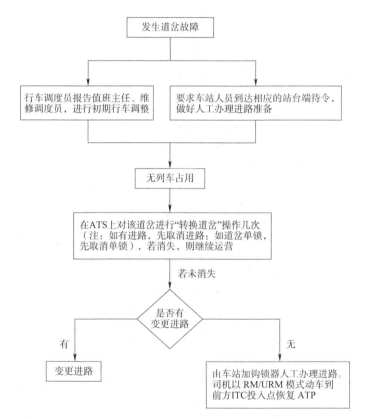

◎ 图 3-5 道岔故障处置流程

引导问题 2　道岔故障下,行车调度员(或车站)在 ATS 上如何操作?

当道岔故障时,行车调度员或者车站可以通过 ATS 对道岔进行定反位单扳操作,查看道岔是否能恢复正常。现以卡斯柯信号系统道岔挤岔故障处置为例,某联锁站线路图如图 3-6 所示,在站控模式下,行车值班员发现 D0303 号道岔挤岔报警,现场无列车占用。

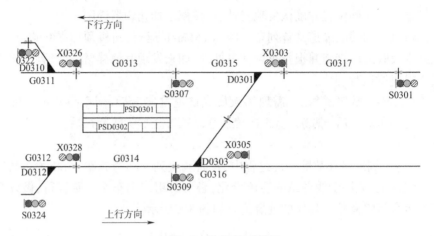

◎ 图3-6 某联锁站线路图

行车值班员在 ATS 上处置程序见表3-1。

道岔故障 ATS 处置流程　　　　　　　　　　　　　表3-1

序号	作业程序	作业内容	注意事项
1	故障判断及汇报	(1) 鼠标指：D0303（或 D0301）道岔。 (2) 口呼：3号（1号或3/1号或1/3号）道岔挤岔报警。 (3) 接通电话：值班员按下"行调"按键，接通电话。 (4) 行车值班员汇报行车调度员：会展中心站3号（1号或3/1号或1/3号）道岔挤岔报警，请求单扳试验。（至少单扳一个来回） (5) 行车调度员回复：同意。 (6) 结束通话：行车值班员挂断电话	鼠标指标准： 在故障现象完全呈现（D0303/D0301道岔出现红色闪烁，控制台弹出报警提示框）之后进行鼠标指
2	办理单扳道岔操作	(1) 行车值班员鼠标指：D0303（或 D0301）道岔。 (2) 口呼：单扳3号（或1号）道岔反位。 (3) 操作：右键点击 D0303（或 D0301）道岔，选择"反操"，点击"确认"。 (4) 鼠标指：D0303（或 D0301）道岔。 (5) 口呼：3号（1号或3/1号或1/3号）道岔反位显示挤岔。 (6) 口呼：单扳3号（或1号）道岔定位。 (7) 操作：右键点击 D0303 道岔，选择"定操"，点击"确认"。 (8) 鼠标指：D0303（或 D0301）道岔区段。 (9) 口呼：3号（1号或3/1号或1/3号）道岔定位显示正常	鼠标指标准： 鼠标指到道岔编号并出现虚线框 注意事项： 道岔单扳前需确认道岔未锁闭、未占用； 有单锁先取消单锁再执行反操； 有进路锁闭先取消进路再执行反操； 有车占用此道岔不得执行反操； 有区段故障锁闭先执行区故解再执行反操； 有侧防锁闭此道岔先取消进路解锁侧防再执行反操

续上表

序号	作业程序	作业内容	注意事项
3	信息汇报	(1)接通电话:值班员按下"行调"按键,接通电话。 (2)行车值班员汇报行车调度员:会展中心站3号道岔定位显示正常。 (3)行车调度员回复:收到。 (4)结束通话:行车值班员挂断电话	—

引导问题3 道岔故障下,现场人工转换道岔作业的流程是什么?

当道岔故障,行车调度员(或车站)在 ATS 来回转动后故障未消失时,需要现场人工转换道岔办理进路。

1. 人工转换道岔操作人员

值班站长与胜任人员各一名,胜任人员由值班站长指定。

2. 人工转换道岔携带的备品

人工转换道岔工具包括走行线路图、手摇把、断电钥匙、钩锁器、信号灯、对讲机(400MHz/800MHz)、红闪灯、扳手、钩锁器挂锁及钥匙、劳保用品(安全帽、荧光衣、绝缘鞋等),此外根据地下站特点或地上夜间情况还需要考虑携带手电照明,部分备品的图片如图3-7 所示。

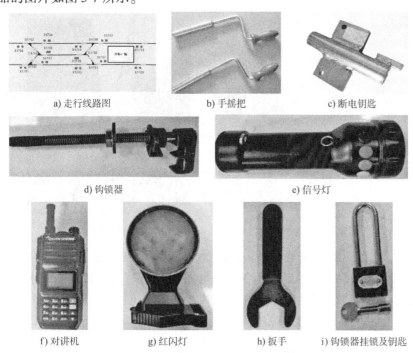

a) 走行线路图 b) 手摇把 c) 断电钥匙
d) 钩锁器 e) 信号灯
f) 对讲机 g) 红闪灯 h) 扳手 i) 钩锁器挂锁及钥匙

◎ 图3-7 人工转换道岔工具

3. 人工转换道岔作业流程

1）设置防护

现场作业人员携带相关工具及备品按照安全走行线路图赶至作业地点,第一时间在来车方向 5m 处设置一盏红闪灯防护,具体红闪灯设置如图 3-8 所示。

2）人工转换道岔六步曲

防护设置完毕后按照人工转换道岔六步曲完成对道岔的操作。

（1）一看：看道岔开通位置是否正确,是否需要改变位置,是否有钩锁器,尖轨空隙是否有异物（如有异物,用人工转换把进行拨除）,尖轨与基本轨是否密贴,如图 3-9 所示。如道岔位置正确无需改变位置,直接进行"五加锁",无需断电。

◎ 图 3-8 设置红闪灯

◎ 图 3-9 看道岔开通位置

（2）二开：断开转辙机电源,如图 3-10 所示;打开钩锁器的挂锁,拆下钩锁器,如图 3-11 所示;打开人工转换孔盖孔板。

◎ 图 3-10 断电操作

◎ 图 3-11 拆除钩锁器

（3）三摇：将道岔摇动转向所需的位置,在听到"咔嚓"的落槽声后停止。

（4）四确认：共同确认道岔开通位置正确,尖轨密贴（有些地铁要求手指口呼时应低岗在前,高岗在后）,如图 3-12 所示。

（5）五加锁：在确认道岔位置开通正确后,用钩锁器锁定道岔尖轨,如图 3-13 所示（钩锁位置为尖轨后第二、三枕木之间）。

（6）六汇报：向车站控制室汇报道岔钩锁完毕,如图 3-14 所示。

◎ 图 3-12 确认道岔开通位置

◎ 图 3-13 用钩锁器锁定道岔

4. 人工转换道岔注意事项

（1）人工转换道岔时接触轨可不停电（与带电接触轨距离必须大于 700mm），两人必须穿着绝缘靴，按制定的行走路线行走。

（2）人工转换道岔过程中如发现转辙机长时间听不到"咔嚓"声，应停止摇动，并查看尖轨与基本轨之间是否夹有异物，如有异物，应反向摇动后将异物取出；如无异物，应

◎ 图 3-14 向车站控制室汇报

及时往反方向摇动一定位置（尖轨与基本轨分离）后再次尝试摇到位。如尝试两次后仍无落槽声，立即报车站控制室，按车站控制室要求执行。

（3）基本轨和尖轨密贴的依据是：听到"咔嚓"声，尖轨头端 4cm 处空隙不超过 2mm。

（4）操作双转辙机的时候，应尽量保持同步。

引导问题 4 人工办理进路作业的标准是什么？有哪些作业要求？

发生道岔故障后，车站要根据行车调度员命令及时下线路人工办理进路。

1. 人工办理进路作业标准

人工办理进路的具体作业标准见表 3-2。

人工办理进路作业

人工办理进路作业标准 表 3-2

程序	作业标准		
	行车值班员	值班站长	办理人员
前期准备	（1）接行车调度员有关命令后，通知值班站长："××站值班站长，请至车站控制室，准备人工办理进路"	（2）接行车值班员通知，回车站控制室，准备好备品，与行车值班员确认所办理的路径，指定一名有资质人员共同下线路	（3）接值班站长通知，到车站控制室准备备品

续上表

程序	作业标准		
	行车值班员	值班站长	办理人员
前期准备	(5)接到值班站长通知后,报行车调度员:"下线路人员已到达头/尾端门处待令,是否可以下轨行区?" (6)接行车调度员命令可以下线路后,通知值班站长进入轨行区	(4)穿好荧光衣、绝缘靴,携带相关行车备品,到达相应端墙落轨梯处,报行车值班员:"下线路人员已到达头/尾端门处待令" (7)接行车值班员通知后,按照安全走行路线到达现场	
防护设置	—	(8)在来车方向5m处设置一盏红闪灯(常亮)	
一看	—	(10)再次确认,面向尖轨手指口呼:"××号道岔开通左/右位,位置(不)正确,尖轨密贴,无(有)异物,未(已)加锁"	(9)面向尖轨手指口呼:"××号道岔开通左/右位,位置(不)正确,尖轨密贴,无(有)异物,未(已)加锁"
二开	—	(12)断开A机电源,口呼:"A机已断电",如有钩锁器,确认站务员将钩锁器拆除后,打开手摇孔盖孔板	(11)断开B机电源,口呼"B机已断电",如有钩锁器,拆除钩锁器,口呼:"钩锁器已拆除";打开手摇孔盖孔板
三摇	—	(13)两人协作将道岔摇至需求位置,听到"咔嚓"落槽声后,及时口呼"A机听到落槽声"并停止摇动	(13)两人协作将道岔摇至需求位置,听到"咔嚓"落槽声后,及时口呼"B机听到落槽声"并停止摇动
四确认	—	(15)再次确认,面向尖轨手指口呼:"××号道岔开通×位,尖轨密贴,无异物,未加锁"	(14)面向尖轨手指口呼:"××号道岔开通×位,尖轨密贴,无异物,未加锁"
五加锁	—	(16)确认道岔位置开通正确,以尖轨头端轨枕为起点,在第2、3块轨枕之间适当位置用钩锁器锁定道岔尖轨与基本轨	

续上表

程序	作业标准		
	行车值班员	值班站长	办理人员
六汇报	(19)复诵:"××号道岔开通左(右)位,已加锁,人员、工器具已出清。"在道岔人工办理进路表(图3-15)上对相应道岔打钩确认	(18)值班站长确认红闪灯撤除、加锁完毕、工器具出清后,在安全位置向车站控制室汇报:"××号道岔开通左(右)位,已加锁,人员、工器具已出清。"	(17)撤除红闪灯,确认现场工器具出清
	(21)复诵:"进路准备完毕,线路出清,人员已至安全位置"	(20)进路上所有道岔摇动到正确位置,人员撤离到安全位置后向车站控制室汇报:"进路准备完毕,线路出清,人员已至安全位置"	

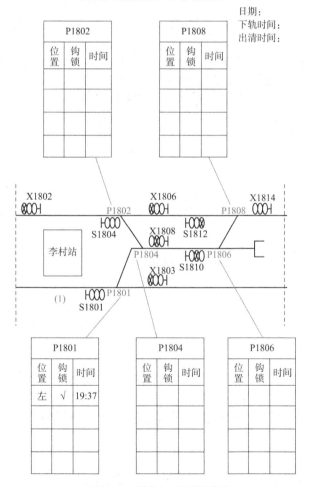

◎ 图3-15 道岔人工办理进路表

2. 人工办理进路注意事项

（1）必须两人进入，操作时一人操作一人监护。

（2）轨行区行走过程中要时刻注意地面情况防止跌倒，不能行走在轨面叉心上；两人分前后行走，如遇危险要及时求救。

（3）进路由多副道岔组成时，以列车为参照物"由远及近"准备进路。

（4）行车值班员接到某线路进路准备妥当、线路出清的汇报后，立即报告行车调度员，做好相应线路的接车或发车工作。

（5）确保进路中的所有道岔位置正确，值班站长向司机显示道岔开通手信号。

（6）折返站上需要来回转动的道岔，钩锁器只挂不锁。

任务二　办理计轴故障下的行车作业

任务引导

某车站线路图如图 3-16 所示，X0326-S0320 进路建立信号开放，下行列车出清轨道区段 G0308 后，G0308 出现区段故障锁闭状态，作为车站行车值班员应如何处置？

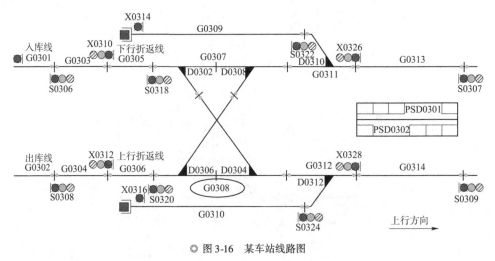

◎ 图 3-16　某车站线路图

知识点

引导问题 1　发生计轴受扰故障，处理的要求是什么？ATS 操作有哪些？

计轴区段两端计轴器计数不一致造成无法确定计轴区段的占用情况，并在监控界面上对异常区段的故障进行突出显示，称为计轴受扰，即当计轴发生故障而产生错误的计轴占用状态,任何列车均不能正常通过计轴受扰区段。计轴受扰区段的突出显示是 ATS 对应的区段出现棕光带(或红光带)。当一个区段受扰时,行车调度员或者车站可以预复位区段,为线路清扫做准备。具体的处置流程见表3-3。

计轴受扰处置流程　　　　　　　表3-3

序号	异常/故障现象	处理流程
1	无车占用时,非道岔区段棕光带	(1)行车调度员指挥车站进行预复位。 (2)若下一趟列车为 CTC 模式,则组织列车正常通过故障区段;若下一趟列车非 CTC 模式,行车调度员组织此列车以 NRM 模式越红灯通过该区段(此时信号系统不提供任何安全防护)
2	无车占用时,非道岔区段红光带	(1)行车调度员指挥车站进行预复位。 (2)组织下一趟列车以 NRM 模式通过该区段
3	无车占用时,道岔区段棕光带	(1)不转换道岔时。 ①行车调度员指挥车站进行预复位。 ②若后续列车为 CTC 模式,则组织列车正常通过故障区段;若下一趟列车为非 CTC 列车,行车调度员组织此列车以 NRM 模式越红灯通过该区段(此时信号系统不提供任何安全防护)。 (2)须转换道岔时。 ①行车调度员指挥车站进行预复位。 ②人工准备进路,组织列车通过该区段
4	无车占用时,道岔区段红光带	(1)不转换道岔时。 ①行车调度员指挥车站进行预复位。 ②行车调度员组织下一趟列车以 NRM 模式越红灯通过该区段(此时信号系统不提供任何安全防护) (2)须转换道岔时。 ①行车调度员指挥车站进行预复位。 ②人工准备进路,组织列车通过该区段

如预复位命令失败,行车值班员根据 OCC 命令,对接近列车开放引导信号,并按 OCC 命令配合做好运营调整作业,如列车晚点,及时播放晚点广播。

知识拓展

不同信号系统计轴受扰现象和处置方法有所区别,如某城市轨道交通计轴受扰为紫色光带,处置流程如下。

(1)行车值班员发现现地工作站出现紫色光带,立即汇报行车调度员和值班站长。

> （2）非道岔区段出现紫色光带或道岔区段出现紫色光带但无须转换道岔组织行车时，由行车调度员会同相关车站共同确认该区段空闲后，车站进行预复位操作。行车调度员再组织列车通过该区段，如紫色光带仍未消除，按计轴故障处理。

部分城市轨道交通线路道岔区段受扰出现紫色光带且需转换道岔组织行车时，由行车调度员会同相关车站共同确认该区段空闲后，行车调度员指令车站进行预复位操作并组织人工划轴。划轴后，如紫色光带转移到非道岔区段，按非道岔区段出现紫色光带处理；如紫色光带未转移，组织人工准备进路后，车站再进行预复位操作，行车调度员再组织列车通过该区段，如紫色光带仍未消除，按道岔故障进行处理。

1）人工划轴的规定

有信号人员值守车站的划轴工作由信号值守人员负责，车站人员协助，由车站通知信号值守人员划轴；无信号人员值守车站的划轴工作由车站负责。车站人员进入轨行区进行划轴或协助信号值守人员划轴时，须携带人工准备进路的必备工具。

2）人工划轴程序

人工划轴"三步骤"：一预复位、二划入、三划出，通过人工划轴"三步骤"可将紫色光带区段转移到相邻区段。

（1）"预复位"：指行车值班员在现地工作站上操作计轴复位后，按压 IBP 盘上总复位按钮，现地工作站二次确认后，继续按压 IBP 盘上总复位按钮 3s 以上后方可松开。

（2）"划入"：指站在计轴受扰区段的其中一个计轴点，向进入该区段的方向划轴。

（3）"划出"：指站在原地点或者受扰区段的另一个计轴点处，以离开该区段的方向划轴。

引导问题 2　发生区段故障锁闭故障，处理的要求是什么？ATS 操作有哪些？

区段故障锁闭故障是指当轨道空闲检测设备受到干扰时，系统给出轨道区段占用表示，操作人员确认系统故障后，通知维修人员。区段故障锁闭的突出显示是 ATS 对应的区段出现白光带（或绿光带）。当区段故障锁闭时，行车调度员或者车站可以通过 ATS 对区段进行区故解操作，为线路清扫做准备。以任务中 G0308 出现白光带为例，故障锁闭的处置流程见表 3-4。

区故解作业流程　　　　　　　　　　　　　　　　表 3-4

序号	作业程序	作业内容
1	故障判断及汇报	（1）行车值班员鼠标指：G0308 区段。 （2）行车值班员口呼：轨道 0308 白光带。 （3）接通电话：值班员按下"行调"按键，接通电话。

续上表

序号	作业程序	作业内容
1	故障判断及汇报	(4)行车值班员汇报行车调度员:列车已全列到达会展中心站上行折返线,轨道0308出现白光带。 (5)行车调度员回复:收到。 (6)结束通话:行车值班员挂断电话
2	办理区故解操作	(1)行车值班员鼠标指:G0308区段。 (2)行车值班员口呼:轨道0308区故解。 (3)行车值班员操作。 ①右键点击G0308区段。 ②选择"区故解"。 ③点击"确认"。 ④二次确认"区故解设备",在倒计时30s结束前确认并选择G0308区段并确认
3	信息汇报	(1)接通电话:行车值班员按下"行调"按键,接通电话。 (2)行车值班员汇报行车调度员:会展中心站轨道0308区段白光带已解锁。 (3)行车调度员回复:收到。 (4)结束通话:行车值班员挂断电话

任务三　办理信号机故障下的行车作业

任务引导

某车站线路图如图3-17所示,控制权下放至车站,X0326-S0320进路建立后,X0326信号机开放。下行列车未占用X0326-S0320进路前,X0326信号机因道岔D0310瞬间故障又瞬间恢复而关闭,造成下行列车无法正常运行。作为行车值班员应如何进行处置?

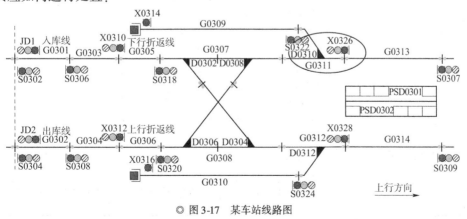

◎ 图3-17　某车站线路图

知识点

引导问题 1　发生信号机故障，处理的要求是什么？ATS 操作有哪些？

信号机故障有信号机灭灯和信号机连接中断等故障类型，而进路的始端信号机和终端信号机故障对列车运行的影响是不一样的。如某城市轨道交通西门子信号系统信号机灰显(信号机连接中断故障)时的处置方法如下。

(1) 若为 CTC 模式，列车不受影响，按正常组织列车运行。

(2) 若为 ITC 模式，OCC 把控制权下放至车站，同时通知维修调度，维修调度通知信号相关维修人员进行处理。

OCC 指令车站排列进路，如果始端信号机故障，进路能建立，但信号不开放，列车根据行车调度员命令以 RM 或 URM 模式通过该信号机至前方 ITC 投入点，恢复正常驾驶模式；如果是终端信号机灰显，信号只能达到引导层，车站在 LATS 上确认列车到达接近区段后，开放引导信号，列车凭引导信号以 RM 或 URM 模式通过该信号机至前方正常区段恢复正常驾驶模式。

如果进路始端信号机因为某些故障关闭，故障恢复后，可以利用 ATS 系统"信号重开"命令，重新点亮进路始端信号机。任务中是因道岔故障而造成的信号关闭，其处置流程见表 3-5。

办理信号重开作业流程　　　　　　　　　　　　　表 3-5

序号	作业程序	作业内容
1	发现故障汇报	(1) 发现道岔故障报警。 ①鼠标指：道岔挤岔报警提示框及 X0326 信号机。 ②口呼：10 号道岔挤岔报警，下 0326 信号机关闭。 (2) 值班员将 X0326 关闭情况上报行车调度员。 ①接通电话：行车值班员按下"行调"按键，接通电话。 ②行车值班员汇报行车调度员：会展中心站 10 号道岔挤岔报警，现已恢复，会展中心站下 0326 信号机关闭。 ③行车调度员回复：收到。 ④结束通话：行车值班员挂断电话
2	信号重开操作	(1) 鼠标指：X0326 信号机及进路。 (2) 口呼：重新开放下 0326 信号机。 (3) 操作： ①右键点击 X0326 信号机； ②选择"信号重开"； ③点击"确定"。 (4) 鼠标指：X0326 信号机。 (5) 口呼：下 0326 信号机已开放

续上表

序号	作业程序	作业内容
3	信息汇报	(1)接通电话:行车值班员按下"行调"按键,接通电话。 (2)行车值班员汇报行车调度员:会展中心站下 0326 信号机已开放。 (3)行车调度员回复:收到。 (4)结束通话:行车值班员挂断电话

任务四 办理联锁故障下的行车作业

任务引导

2011 年 9 月 27 日 14 时 10 分,上海地铁 10 号线新天地站设备故障,交通大学至南京东路上下行采用电话闭塞方式,列车限速运行。14 时 51 分在豫园至老西门下行区间,两列车不慎发生追尾,故障区段如图 3-18 所示。

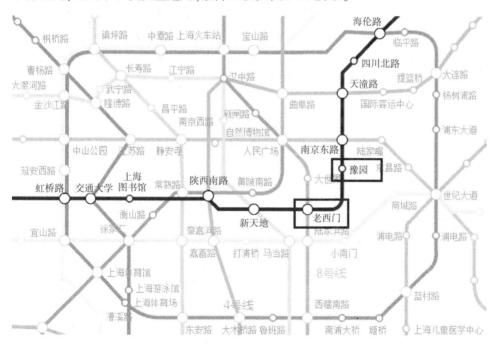

◎ 图 3-18 上海地铁 10 号线故障区段

经事故调查组查明,电工在进行地铁 10 号线新天地车站电缆孔洞封堵作业时,造成供电缺失,导致 10 号线新天地集中站信号失电,造成中央调度列车自动监控红光带、区间线路区域内车站列车自动监控面板黑屏。地铁运营由自动系统向人工控制系统转换。

14:00,1016号列车在豫园站至老西门站区间遇红灯停车,行车调度员命令停车待命。

14:01,行车调度员开始进行列车定位。14:08,行车调度员未严格执行调度规定,违规发布调度命令。

14:35,1005号列车从豫园站发车。

14:37,1005号列车以54km/h的速度行进到豫园站至老西门站区间弯道时,发现前方有列车(1016号)停留,随即采取制动措施,但由于惯性仍以35km/h的速度与1016号列车发生追尾碰撞。

当发生联锁故障,行车调度员发布"自发令时起,上下行采用电话闭塞法组织行车"的调度命令后,作为车站行车值班员应如何组织电话闭塞法作业呢?

知识点

引导问题1　为什么要有电话闭塞法?都有什么作业原则?

联锁主机等联锁核心设备故障将导致联锁区的全部或者大部分行车信号设备无法使用,造成HMI和信号系统大屏灰显或显示异常、联锁区内的全部或者部分进路无法排列、相邻联锁区向故障联锁区进路无法排列、列车在故障联锁区产生紧制等情况,各车站可在OCC的指令下视情况组织电话闭塞法行车。各城轨企业采用电话闭塞法办理接发车作业的流程和要求略有不同,以青岛地铁某线路规章为例,介绍一下电话闭塞法组织的相关内容。

1. 电话闭塞法的定义

电话闭塞法是车辆基地与车站间或相邻车站间通过电话联系,以电话记录号作为确认闭塞区间空闲的凭证,以路票作为列车占用区间的凭证,以车站发车手信号作为发车凭证的一种行车方法。

> **知识拓展**
>
> 部分城轨企业在联锁故障等情况下,会采用电话联系法组织列车出入段作业。
>
> 电话联系法是车场与车站间或相邻车站间通过电话联系,以电话记录号作为确认闭塞区间空闲的凭证,以车站发车手信号作为列车占用区间和发车凭证的一种行车方法。

2. 电话闭塞法适用范围

(1)正线联锁区联锁设备故障时。

(2)中央及车站工作站一个或多个联锁区均无法对列车进行监控,且无法维持正常行车时。

(3)行车调度员认为有必要时。

3. 电话闭塞法的基本原则

电话闭塞法
准备作业

(1)一般地,正线车站之间使用电话闭塞法,车辆基地与车站之间使用电话联系法。

(2)闭塞车站:正线故障区域及相邻车站(车辆基地)。

(3)正线闭塞区段:一站一区间(发车站前方一个区间及一个站台)、一站两区间、两站两区间等形式。列车停在车站下行站台,一站一区间的闭塞区段,如图3-19下行方向所示。

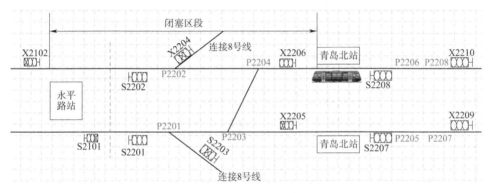

◎ 图3-19 闭塞区段示意图

(4)区段占用:每个闭塞区段内只允许一列车占用。

(5)电话闭塞法发车凭证:路票及发车手信号(路票交接、发车信号显示须由同一人办理)。

(6)电话联系法发车凭证:发车手信号。

(7)驾驶模式:电话闭塞区域内电客车采用非限制人工驾驶模式运行。

(8)道岔锁定:道岔优先使用信号系统本地工作站锁定,本地工作站无法锁定时,由车站人员现场确认进路正确后使用钩锁器锁定。

(9)正线限速。

①各站发出的首列车限速25km/h运行,后续列车限速45km/h运行。

②不同线路限速要求可能不同,具体限速要求会在各线行车组织细则中有明确要求。

(10)折返方式:折返方式由行车调度员指定,可进行站前折返的车站,优先使用站前折返;站后折返时按调车方式办理,列车凭车站人员道岔开通信号折返。

(11)报点规定:

①闭塞车站之间互报列车发点。

②发车站先向前方站报列车发点,再向后方站报列车发点。

③车辆基地接口站与车辆基地之间互报列车到、发点。

④行车调度员指定的报点站在完成站间报点后,须及时向行车调度员报列车

到、发点。

引导问题 2　电话闭塞法作业前需要做什么准备工作？什么时候开始？

电话闭塞法分为启动前准备、正线接发列车和取消三个阶段，在启动电话闭塞法之前需完成的工作如图 3-20 所示。

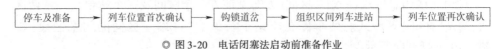

◎ 图 3-20　电话闭塞法启动前准备作业

1. 停车及准备

行车调度员指令故障区域内所有列车停车（包括非限制人工驾驶模式的列车），并做好正常区域运营调整。

行车调度员向相关车站发布"因信号故障，做好电话闭塞法准备"，车站接到指令，立即做好现场办理进路的准备，并加强站台行车监控。

行车调度员向相关司机发布"因信号故障，做好电话闭塞法准备"，令列车到规定位置，司机接到后，立即确认列车位置。

2. 列车位置首次确认

(1)在下列位置的列车报行车调度员。

①站台对准的列车开门待令。

②存车线、折返线、转换轨的列车待令。

(2)列车未在规定位置的，自行采用限制人工驾驶模式（切除 ATP 的列车采用非限制人工驾驶模式限速）运行；司机须确认现场安全，沿途加强瞭望，有异常情况立即停车；列车进站前，司机控制速度并确认站台空闲；若列车停在未钩锁的道岔上，司机确认通过前道岔位置正确且前方线路安全后，限速 5km/h 通过该岔区；具体按下列要求执行，列车到达指定位置停车报行车调度员。

①冲标列车退行按照各线行车组织细则执行。

②至前方站有道岔的列车运行至第一个道岔前 20m 处。

③至前方站台无道岔的列车运行进站对标。

④未出清站台的及进出辅助线的列车待令报行车调度员，后续根据行车调度员指令退行或继续运行。

行车调度员记录司机汇报的停车地点、车次及车组号，确认所有列车数量正确，完成初次列车定位。

3. 钩锁道岔

行车调度员通知故障区域有岔站（及道岔办理相关车站）下轨行区钩锁道岔，优先组织办理岔前列车进站进路，行车调度员向车站明确须优先钩锁的道岔编号及折返站的折返方式。

车站人员根据行车调度员要求，优先完成相关道岔钩锁后及时避让，并报行车调度员。

4.组织区间列车进站

行车调度员接到车站报列车运行路径上人员出清并避让至安全位置后,组织相关列车运行至前方站台,列车动车前鸣笛。

5.列车位置再次确认

故障区域所有列车在站台停妥,行车调度员确定列车数量,并与相关车站共同核实列车最终位置与车次后,向车站和司机发布列车位置和车次信息。

当道岔钩锁完毕、列车到达站台且位置核对完毕、站务人员到达安全位置后,行车调度员向相关车站和司机发布"自发令时起,在 X 站至 Y 站上/下行采用电话闭塞法组织行车"的调度命令。

引导问题3　两个中间站之间是如何开展电话闭塞法的?

两个中间站采用电话闭塞法组织行车分为确认区间空闲、办理闭塞手续、办理发车作业、办理接车作业四个阶段,具体作业程序及标准用语见表3-6。

电话闭塞法作业

电话闭塞接发车作业程序及标准用语表(相邻车站)　表3-6

项目	发车站			接车站	
	行车值班员	路票交接人员	司机	行车值班员	站台岗
确认区间空闲	(1)首趟车根据行车调度员公布的列车位置等确认闭塞区段空闲,后续列车根据前方站报点记录(发点)等确认闭塞区段空闲	—	—	—	—
	—	—	—	(2)与值班站长确认车站站台空闲	—
办理闭塞手续	(3)向前方站请求闭塞:"××站上(下)行××次请求闭塞"	—	—	(4)复诵"××站上(下)行××次请求闭塞,收到",确认达到同意闭塞条件后,通知发车站:"电话记录号××,××点××分同意上(下)行××次闭塞",填写行车日志	—

续上表

项目	发车站			接车站	
	行车值班员	路票交接人员	司机	行车值班员	站台岗
办理闭塞手续	(5)接车站同意闭塞后,复诵:"电话记录号××,××点××分同意上(下)行××次闭塞",填写行车日志,根据行车日志填写路票。通知路票交接人员领取路票并核对	(6)至车站控制室拿取路票并与行车值班员核对:"上(下)行,限速25km/h(45km/h),电话记录号××,车次××次,××站至××站,值班员××,日期××年××月××日,行车专用章已盖"	—	—	—
办理发车作业	—	(7)至站台先收取司机手中后方站路票,并打"×"回收,与司机核对并交付本站路票	(8)司机在立岗处先交付旧路票,再接收新路票,由司机对新路票内容进行复诵"上(下)行,限速25km/h(45km/h),电话记录号××、车次××次、××站至××站、值班员××、日期××年××月××日,行车专用章已盖"	—	—
办理发车作业	(13)接站台岗报发点后,复诵"上(下)行列车出清",填写行车日志。分别向前、后方站报:"上(下)行××次××点××分发"。行车调度员指定报点站还需向行车调度员报点:"××站报点,上(下)行××次××点××分到,××点××分发"	(10)确认列车车门、站台门关闭,站台安全后,在列车运行方向第1节车厢第2个车门处显示发车信号 (12)列车动车后收回发车信号	(9)待车站人员核对路票内容正确、乘客上下车完毕后关闭车门、站台门 (11)司机确认发车信号后返回司机室,关司机室侧门动车	—	—

续上表

项目	发车站			接车站	
	行车值班员	路票交接人员	司机	行车值班员	站台岗
办理接车作业	—	—	—	(14)听取发车站的发车报点,复诵:"上(下)行××次××点××分发",填写行车日志,通知站台接车	(15)复诵:"上(下)行准备接车",列车到站停稳后报行车值班员"上(下)行列车到"
	—	—	—	(16)接站台报告后,复诵"上(下)行列车到",填写行车日志	—

两个站办理闭塞时,发车站请求闭塞条件如下。

(1)行车调度员已发布采用电话(联系)闭塞法的调度命令。

(2)待办理的闭塞区段空闲。

①首趟车根据行车调度员公布的列车位置等确认闭塞区段空闲。

②后续列车根据前方站报点记录(发点)等确认闭塞区段空闲。

(3)列车发车进路准备完毕,进路包含道岔已钩锁在正确位置。

(4)该区间(列车运行路径所在区间)内现场办理进路人员已出清该区间及本侧站台线路(折返站除外)。

电话闭塞下的车站行车组织作业

接车站同意闭塞条件如下。

(1)行车调度员已发布采用电话(联系)闭塞法的调度命令。

(2)待办理的闭塞区段空闲。

①首趟车根据行车调度员公布的列车位置等确认闭塞区段空闲。

②后续列车根据本站列车出清站台等确认闭塞区段空闲。

(3)列车接车进路准备完毕,进路包含道岔已钩锁在正确位置。

(4)该区间(列车运行路径所在区间)内现场办理进路人员已出清该区间及本侧站台线路(折返站除外)。

引导问题4 站后折返站是如何组织折返作业的?

在电话闭塞法中,站后折返按调车方式办理,折返站按调车方式办理折返作业要求如下。

(1)行车调度员发布"采用电话闭塞法组织行车,××站站后折返按照调车方式办理"的调度命令后,方可办理站后调车折返作业。

(2) 列车尾部越过道岔开通手信号显示地点后，值班站长开始准备后续列车进路。

(3) 非折返道岔在第一次进路办理钩锁完成后，再次办理该进路时无须再次确认钩锁。

(4) 若发生故障时列车正在站后折返过程中，则后续根据行车调度员指令退行或继续运行。

按调车方式办理站后折返作业流程见表3-7。

按调车方式办理站后折返作业流程　　　　表3-7

程序	作业标准			
	行车值班员(车站控制室)	站务员(站台)	值班站长(轨行区)	司机
准备进折返线进路	(1)通知值班站长准备下轨行区办理进路："准备上(下)行站台经折返××道至上(下)行站台的进路，××号道岔开通左(右)位"	—	(2)值班站长复诵确认："准备上(下)行站台经折返××道至上(下)行站台的进路，××号道岔开通左(右)位"	—
	(4)接值班站长报告后，复诵："××号道岔开通左(右)位，已加锁，人员、工器具已出清"。在进路办理表上对相应道岔打钩确认	—	(3)以列车为参照物由远及近准备进路，将进路上的道岔开通正确位置并加锁(人工钩锁)，每个道岔确认开通位置正确，红闪灯撤除、加锁完毕、工器具出清后，在安全位置向车站控制室汇报："××号道岔开通左(右)位，已加锁，人员、工器具已出清"	—
	(6)接值班站长报告后，复诵："上(下)行站台至折返××道进路准备完毕，线路出清"	—	(5)确认进路办理完毕，线路出清、人员撤离到安全位置后向车站控制室报告："上(下)行站台至折返××道进路准备完毕，线路出清"	—
列车进折返线	—	(7)回收司机手中路票，清客完毕后，向司机打好了手信号，在司机鸣笛或口头回示后收回	—	(8)司机关门后，无线电联系值站："××站值站，上(下)行站台××车请求至折返进路"

模拟非正常情况下的列车运行组织作业 | 项目三

续上表

程序	作业标准			
	行车值班员(车站控制室)	站务员(站台)	值班站长(轨行区)	司机
列车进折返线	—	—	(9)值班站长确认进路办理完毕后,通知司机:"上(下)行站台至折返××道进路准备完毕,凭发车人员手信号动车。"并听取司机复诵	(10)司机回复:"上(下)行站台至折返××道进路准备完毕,凭发车人员手信号动车。司机××"
	—	—	(11)值班站长于安全位置处向司机打"道岔开通"手信号,列车头部越过信号显示地点后收回	—
	(13)接站台报告后,复诵:"上(下)行列车发"。允许办理后方站闭塞请求	(12)列车出清站台后向车站控制室报:"上(下)行列车发"	—	—
准备出折返进路	—	—	—	(14)列车至折返线对标停稳并换端后,向现场人员报:"××站值班站,折返××道××车停稳,换端完毕"
	—	—	(15)接司机报告后,复诵:"折返××道××车停稳,换端完毕"	—
	(17)接值班站长汇报后,确认对应站台空闲后报值站:"上(下)行站台空闲,可以接车。"通知站台岗:"上(下)行准备接车。"	(18)复诵:"上(下)行准备接车"。监视列车进站	(16)值班站长报行车值班员:"折返××道列车停稳,上(下)行站台是否空闲?"	—
	—	—	(19)确认接车站台空闲后,办理列车出折返线进路:以列车为参照物由远及近准备进路,将进路上的道岔开通正确位置并加锁(折返道岔不挂不锁),每个道岔确认开通位置正确	—

续上表

程序	作业标准			
	行车值班员(车站控制室)	站务员(站台)	值班站长(轨行区)	司机
准备出折返进路	—	—	(20)确认进路办理完毕,线路出清、人员撤离到安全位置后,无线电联系司机:"折返××道××车,折返××道至上(下)行站台进路准备完毕,凭发车人员手信号动车",并听取司机复诵	(21)司机回复:"折返××道××车,折返××道至上(下)行站台进路准备完毕,凭发车人员手信号动车,司机××"
列车出折返线	(24)接站台报告后,复诵:"上(下)行列车到"。	(23)列车对标停稳后,向车站控制室报:"上(下)行列车到"	(22)在道岔附近的安全位置向司机显示道岔开通手信号,待列车头部越过信号显示地点后收回	—

引导问题5 电话闭塞法取消阶段有什么要求?

电话闭塞法取消分为两种情况,一种是故障恢复后整体取消,另一种是因故单次取消,具体要求如下。

1. 故障恢复后整体取消

(1)车站接到取消命令后,停止办理闭塞,若已给出发车信号,司机凭路票继续运行至前方站,前方站将司机手中路票收回并沿对角线打"×",司机恢复正常行车。

(2)若车站未给出发车信号,车站人员立即收回路票并沿对角线打"×"在右上方写"取消",通知司机恢复正常行车,行车日志相应车次栏的"附注"中填写:"取消闭塞"。

(3)除折返道岔外,其他道岔钩锁器原则上运营结束后拆除。

(4)取消电话闭塞法后联锁区再次故障时,须重新办理闭塞。

2. 闭塞办理后单次取消

(1)闭塞办理完成后因故需取消闭塞时,需由同意闭塞方(接车站)给出电话记录号取消,用语为:"××点××分取消上(下)行×××次闭塞,电话记录号××××"。取消的电话记录号为该方向顺延的电话记录号,再次办理的闭塞电话记录号向后再次顺延,例如:双山站已同意清江路站上行列车闭塞请求,电话记录号为1304,则如果该次闭塞取消,则由双山站给出电话记录号为1306,再次同意为1308。

(2)取消后收回路票并沿对角线打"×"在右上方写"取消",行车日志相应车次栏的"附注"中填写:"××××(电话记录号),取消闭塞"。

(3)再次办理闭塞时需重新请求闭塞。

引导问题6　电话闭塞法在填写路票和行车日志的时候有什么要求?

1.路票相关规定

(1)电话闭塞法取消后收回路票并沿对角线打"×"在右上方写"取消",行车日志相应车次栏的"附注"中填写:"××××(电话记录号),取消闭塞"。

(2)路票(图3-21)填写内容包括:上/下行、限速、电话记录号、车次、发车站和到达站、行车值班员姓名、日期,并加盖行车专用章。城市轨道交通企业会用路票颜色区分上下行路票,某地铁上行路票是蓝底,下行路票是黄底,首列车路票是白底。

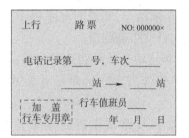
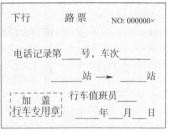
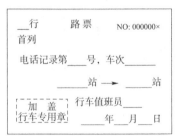

◎ 图3-21　路票样式

(3)首趟车路票在"首列"后填写"25km/h"(具体根据首列车限速)字样,后续列车路票在"上(下)行"下方填写"45km/h"(具体根据本列车限速)字样。

(4)列车运行进路涉及转线(进路同时经过上下行线)时,路票使用以列车发车时所在线路为准。

(5)列车运行进路包含站前折返时,需在路票到达站后注明"上行(下行)站台"。

(6)行车值班员与接送路票人员在车站控制室进行路票交接时,由接送路票人员进行口呼确认,行车值班员进行核对确认;司机与站务人员在司机立岗处进行路票交接时,由司机进行口呼确认,车站人员进行核对确认。

(7)列车在正线时,路票由车站人员在司机立岗处回收及给出。

(8)列车站后折返时,列车到站不回收路票,列车折返至出发站台后,一并回收、交接路票。

(9)列车站前折返时,终点站交接路票人员于站台发车端办理路票收发,接车司机须用"到达路票"换取"发车路票"。最后一列电话闭塞列车的路票由交接路票人员向司机收取。

(10)交接路票人员及时从司机处回收路票并沿对角线打"×",待下次至车站控制室拿取路票时上交。

(11)车站回收路票时无须再次与司机核对旧路票内容。

(12)路票填记错误或列车未携带(丢失)路票的处理如下。

①路票写错时,须及时沿对角线打"×",并在右上角注明"作废"字样(或盖作废章),写错路票处理样式如图3-22所示,另取一张重新填写。

②遇路票填写错误且已交给司机时。

a.如列车未动车,则及时显示停车手信号收回错误的路票,补交正确路票。

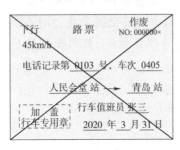

◎ 图3-22 写错路票处理样式

b.如列车已动车且未到达前方站,车站及时报行车调度和接车站,并配合行车调度做好应急处理。

c.如列车已安全到达前方站,接车站回收路票发现路票填写错误,及时汇报。

③司机取得路票并确认正确后,遇在途中丢失时,可继续运行至接车站,将情况报告接车站接车人员后,正常办理接车程序,接车站接车人员将情况报行车值班员,行车值班员在行车日志上注明,在备注栏备注"路票丢失"。

(13)反向运行时,在上行线发车的列车须使用上行路票(或首列上行);在下行线发车的列车须使用下行路票(或首列下行)。路票在"上(下)行"后填写"反向运行"字样。

(14)车站控制室应至少保存未使用的上下行及首列车路票各300张并加盖行车专用章,行车值班员对车站控制室盖章路票编号记录并交接。

2.行车日志填写规定

(1)行车日志填写时,上行线的列车须填写在上行栏,下行线的列车须填写在下行栏,如遇列车反向,则在附注内备注填写"反向运行"。

(2)当上下行跨零点之后应在上下行栏加盖次日日期章,以示区分。

(3)电话闭塞首列车需在附注内填写"首列"。

某城市轨道交通行车日志填写样例见表3-8。

表 3-8

行车日志

2024年1月1日　　班次:C2　　交班:张三　　接班:李四　　正线时刻表:Z3001

车次	上行 到达 电话记录号码	同意闭塞时间	后方站出发	本站到达	上行 出发 电话记录号码	同意闭塞时间	本站出发 ↑↓	前方站出发	附注	车次	下行 到达 电话记录号码	同意闭塞时间	后方站出发	本站到达	下行 出发 电话记录号码	同意闭塞时间	本站出发 ↑↓	前方站出发	附注
2018	1902	20:02	20:06	20:10	2002	20:08	20:13	20:20	首列	1022	1901	20:03	20:07	20:11	1001	20:09	20:14	20:21	首列
2019	1904	20:12	20:16	20:20	2004	20:18	20:23	20:30	反向运行	1023	1903	20:13	20:17	20:21	1003	20:19	20:14	20:21	
2020	1906	20:22							1908,取消闭塞	1024	1905	20:23	20:27	20:31	1005	20:29			1907,取消闭塞

任务五　办理 ATC 故障下的行车作业

🞂 任务引导

2020 年 8 月 15 日 11:39,某城轨 C 车站行车值班员发现 ATS 黑屏报行车调度员,行车调度员通知该车站 OC 区 ATS 蓝显,故障区域内列车紧制,下行 1059 次列车头部(约半截车厢)越过该站尾端端门停车,如图 3-23 所示。A 站上行站台停靠 2052 次,上行 2051 次在 D 站外紧制。后续行车调度员发令 A 站至 E 站采用电话闭塞法组织行车。车站按照要求的流程办理接发车,进行客运组织工作。

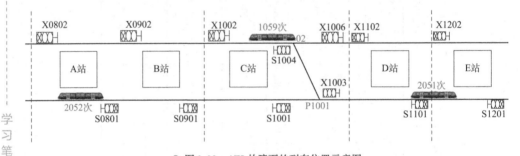

◎ 图 3-23　ATS 故障下的列车位置示意图

当发生 ATC 信号系统故障时,该如何处置呢?

🞂 知识点

引导问题 1　ATS 故障现象有哪些?如何处置?

ATS 系统的主要功能是控制和监督列车运行。ATS 系统按列车计划运行图指挥列车运行,办理列车进路,控制发车时刻,及时收集和记录列车运行信息,跟踪列车位置、车次,绘制列车运行图,并在控制中心的模拟盘上显示列车信息及线路情况。ATS 故障现象和处置方式见表 3-9。

ATS 故障现象和处置方式　　表 3-9

序号	异常/故障现象	处置方式	备注
1	中心 ATS 工作站故障,不能操作联锁命令或轨道图没有更新显示	强行站控,并要求车站人员及时向 OCC 汇报列车情况	(1)相关车站加强对列车运行的监控。 (2)列车司机严格按照 OCC 指令做好行车
2	中心及车站 ATS 工作站均不可用	OCC 组织电话闭塞行车	列车司机严格按照 OCC 指令做好行车

续上表

序号	异常/故障现象	处理流程	备注
3	列车占用接近区段后,异常情况下取消前方已开放/锁闭的进路	OCC要求列车司机停车,鼠标右键点击进路始端信号机,在出现的菜单中选择"进路取消",该进路会延时解锁	根据安全要求,列车占用接近区段后取消进路需要延时,解锁时间从30～185s不等,具体时间参见联锁表
4	DTI未按时刻表正常显示	列车司机按时刻表正常发车	—
5	DTI显示999	列车司机通过查看时刻表,检查是否早发车超过999s(约16min40s)	若早点超过999s,该现象属于正常现象
6	列车由CTC降级至ITC,或AM降为SM后,存在轨道区段遗留白光带的情况	手动排列进路取消(接近区段无车占用时)或是故障解锁该区段	(1)区段故障解锁区段对该物理区段的每一个逻辑区段依次进行解锁,为提高效率,可连续操作。(2)故障解锁命令下达成功后,区段锁闭状态解除,区段颜色由白色变为灰色
7	平移计划车后,部分车次无法自排、换端后无法自动添加车次号	手动排列进路,手动修改车次号	—
8	车次号不能自动赋予、不能添加、不能修改	(1)不能自动赋予,可手动添加、修改。(2)不能添加、修改车次号,手动绘图并记录车次号	—
9	运营时刻表无法自动加载	(1)手动加载时刻表。(2)如不成功按照时刻表人工组织行车并记录	—
10	列车在运行中车次丢失	手动添加车次	—

引导问题2　ATP/ATO设备故障现象有哪些？如何处置？

1. ATP设备故障时的行车组织

ATP系统是确保列车运行安全的关键设备,由轨旁地面设备和车载设备组成。

列车通过地面 ATP 设备接收运行于该区段的目标速度,保证列车在不超过此目标速度情况下运行,从而也保证了后续列车与先行列车之间的安全间隔距离。对联锁车站,ATP 系统确保只有一条进路有效。ATP 系统同时还监督列车车门和车站站台屏蔽门的开启和关闭,保证操作安全。

ATP 系统设备分别安装在列车上和地面上,安装在列车上的设备称为车载设备;安装在地面上的设备称为地面设备。

列车在区间运行发生紧急制动,若司机明确发生紧急制动原因时,在确认前方列车进路安全的情况下,首先转换 RM 驾驶模式(限速 25km/h)驾驶运行,再向行车调度员报告;当 RM 模式运行未能在规定的范围内恢复 ATP 监控下的人工驾驶模式或 ATO 模式时,应继续以 RM 模式运行到前方车站。若不明白列车发生紧急制动的原因,司机应立即向行车调度员报告,按行车调度员指示要求执行。

1) ATP 地面设备故障

当 ATP 地面设备发生故障时,则 ATO 车载设备接收不到限速命令,无法按自动闭塞法行车,司机向行车调度员报告无法接收 ATP 限速命令。此时的行车组织方法如下。

(1) 若是小范围的设备故障,可由行车调度员确认故障区间空闲后,除通知设备维修调度员及时组织抢修外,还命令司机在故障区间以 RM 模式驾驶运行,通过故障地点后,在车载 ATC 系统的允许下恢复 SM/ATO 模式运行。如果在出清故障区段经过两个轨道电路还未恢复 ATO 模式时,司机应报告行车调度员,行车调度员指挥司机以 RM 模式驾驶至终点站。在故障没有排除前行车调度员还要加强对行车间隔的监控,保证列车按规定的间隔运行。

(2) 如是大范围的设备故障,由于列车以 RM 模式 25km/h 运行,较大的一段区域通过能力受限,因此,行车调度员需对全线列车进行多停或折返,减缓全线列车的运行速度,必要时行车调度员还可以停止使用自动闭塞法,改为车站控制,按电话闭塞法组织行车。

2) ATP 车载设备故障

ATP 车载设备发生故障时,因故障列车无法接收 ATP 限速命令,所以列车运行完全不受 ATP 保护,此时主要解决列车的驾驶模式问题,司机应以 URM 模式驾驶。列车运行组织如下。

当列车突发车载 ATP 系统故障时,列车会产生紧急制动,行车调度员在确认故障暂时无法排除后,指示故障车司机将 ATP 切除后,以 NRM 模式运行至前方站;列车到达前方站(或在车站发生故障)仍不能修复时,由行车调度员命令司机和车站,并由车站派人员上驾驶室添乘,沿途协助司机瞭望、监控速度表,提醒司机控制速度,必要时立即按压"紧急停车"按钮。司机以 URM 模式继续驾驶列车至前方终点站退出服务。在有屏蔽门的车站,须协助司机开关屏蔽门。此时行车调度员应随时注意 ATP 车载设备发生故障的列车运行情况,严格控制速度以确保列车与列车之间的最小间隔在一个区间及以上,遇到两列车进入同一个区间时,应采取紧急措施扣停后面的列车。

2. ATO 故障时的行车组织

ATO 子系统的主要功能是站间运行控制、保证列车按时刻表的时间并最大可能地以节能原则自动调整实际运行时分和在站内的停留时间、在车站的定位停车控制、车门控制及站台屏蔽门的开启等。

(1)列车 ATO 故障时,司机立即报行车调度员,经行车调度员同意后,切换相应的降级模式 ATP 监控下的人工驾驶模式运行。

(2)若有备用车,行车调度员则安排 ATO 故障列车运行至终点站退出运营服务,备用车替换运行。

车载 ATO 发生故障,车门与屏蔽门不能联动时,必要时,行车调度员通知下一车站派站务人员上驾驶室,协助司机开关屏蔽门。

任务六　办理站台门故障下的行车作业

任务引导

2017 年 3 月 14 日 22:12,某地铁车站行车值班员通过 CCTV 监控发现站台下行列车 1156 次无动车迹象,查看 ISCS 屏蔽门状态显示正常,IBP 盘显示正常,但 ATS 显示下行站台屏蔽门打开状态,如图 3-24 所示。站台岗发现列车长时间未动车,询问车控室下行是否有扣车命令。(列车关门后,ATS 屏蔽门显示有延时。另外,司机需要确认灯带与行车条件,故每次列车关门后均有延时后发车。)

安全门故障下的接发车作业(1)

行车值班员报行车调度员,下行 1156 次列车关门后,ISCS 显示关门,IBP 盘显示关门,但 ATS 显示屏蔽门开门,列车无法发车。行车调度员指示使用互锁解除发车,后续 1157 次、1158 次打互锁接发车。

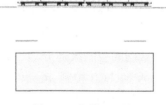

◎ 图3-24　车站 ATS 界面显示

此次下行站台屏蔽门显示错误导致无法发车的故障,导致车站下行 1156 次发车时间超出计划时间,1157 与 1158 车门与屏蔽门未联动。因车站主动做好客运服务与行车工作,至 14 日运营结束时,尚未接到乘客投诉意向与投诉,有门故障后如何组织车站接发车作业?

知识点

引导问题1　城市轨道交通为什么要有屏蔽门？他们有哪些开关门的操作方法？

根据《城市轨道交通站台屏蔽门》（CJ/T 236—2022），设置在车站站台边缘，将乘客候车区与轨行区相互隔离，并与列车客室门相对应、可多级控制开启与关闭滑动门的连续屏障，简称屏蔽门（Platform Screen Door，PSD）。

1. 屏蔽门的分类

屏蔽门按结构形式可分为全高封闭式屏蔽门、全高非封闭式屏蔽门和半高屏蔽门。

1）全高封闭式屏蔽门

全高封闭式屏蔽门是一道自上而下的玻璃隔墙和滑动门，门体结构超过人体的高度，沿着车站站台边缘和两头设置，把站台乘客候车区与列车进站停靠区域分隔开。

2）全高非封闭式屏蔽门

全高非封闭式屏蔽门是一道上不封顶的玻璃隔墙和滑动门，仅在近天花板处留一道缝隙。虽把站台乘客候车区与列车进站停靠区域分开，但是可以允许之间有空气对流的通道。

3）半高屏蔽门

半高屏蔽门是一道上不封顶的玻璃墙和滑动门或不锈钢篱笆门，门体结构不超过人体高度，其安装位置与全高式屏蔽门基本相同，但造价比全高屏蔽门要低，半高式屏蔽门主要安装于城市轨道交通地面站或高架车站。

2. 屏蔽门门体的组成

屏蔽门门体由滑动门、固定门、应急门和端门组成。

3. 屏蔽门的控制方式

屏蔽门的控制级别分为5级，优先级从低到高依次为系统自动控制、PSL控制、IBP控制、LCB控制、滑动门手动控制。

1）系统自动控制

列车进站且停在允许的误差范围内时，屏蔽门系统接收信号系统发来的"开门"指令。

屏蔽门开启指令有效→屏蔽门开始启动→屏蔽门开门到位→站台屏蔽门黄色信号灯亮/监控界面显示系统一切正常。

2）站台门就地控制盘（Platform Screen Doors Local Control Panel，PSL）控制

PSL控制盘如图3-25所示，PSL控制适用范围是当门控系统联动功能发生故障或联动功能未实现时，由司机或授权人员操作，具体操作内容见表3-10。

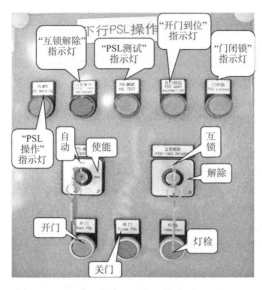

◎ 图 3-25　PSL 控制盘

PSL 门控操作过程　　　　　　　　　　　　　　　　　　　　　　　表 3-10

操作步骤	操作过程	注意事项
打开滑动门	适用范围：需要整侧打开屏蔽门。 （1）用专用操作钥匙插入"PSL 操作"钥匙开关，原始位置是"自动"； （2）将钥匙开关转到"使能"位置； （3）此时 PSL 操作箱上的黄色"PSL 操作"指示灯常亮； （4）按下绿色的"开门"按钮，滑动门开始打开，此时绿色的"门闭锁"指示灯熄灭，当全部滑动门开门到位后，黄色的"开门到位"指示灯亮，在打开过程中各滑动门状态指示灯闪烁，门完全打开后各滑动门状态指示灯常亮	—
关闭滑动门	适用范围：需要整侧关闭屏蔽门。 （1）用专用操作钥匙插入"PSL 操作"钥匙开关，原始位置是"自动"； （2）将钥匙开关转到"使能"位置； （3）此时 PSL 操作箱上的黄色"PSL 操作"指示灯常亮； （4）按下红色的"关门"按钮，滑动门开始关闭，此时黄色的"开门到位"指示灯熄灭，滑动门完全关闭锁紧后，绿色的"门闭锁"指示灯亮，在关闭过程中各滑动门状态指示灯闪烁。门完全关闭锁紧后各滑动门状态指示灯熄灭； （5）操作完成后，将"PSL 操作"钥匙开关由"使能"打回到"自动"位置，取出操作钥匙	非运营时间滑动门/应急门/端门应处于关闭状态。每天运营开始前应操作 PSL 两次，以检查屏蔽门和 PSL 功能是否正常

续上表

操作步骤	操作过程	注意事项
操作 PSL 上的"互锁解除"开关	适用范围:在使用联动功能时,当有滑动门/应急门无法关闭,或屏蔽门安全回路出现故障,从而导致列车无法进站和出站时,由车站人员或授权人员操作。 (1)用专用操作钥匙插入"互锁解除"钥匙开关;原始位置是"互锁"; (2)把"互锁解除"钥匙顺时针拧到"解除"位,并保持,这时 PSL 上的红色的"互锁解除"指示灯常亮; (3)待列车停稳在站台正确位置或离开站台行驶到安全区域时,才可以松开"互锁解除"钥匙开关。松开"互锁解除"钥匙开关后,PSL 上的"互锁解除"指示灯熄灭	"互锁解除"钥匙开关的"解除"位需要人为保持,否则此开关会立即自动恢复到"互锁"位

3)IBP 控制

IBP 盘站台门控制模块如图 3-26 所示,IBP 盘控制适用范围:滑动门通过 PSL 无法打开,或是紧急情况下,听从行车调度员命令操作。

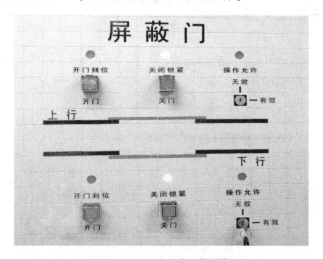

◎ 图 3-26　IBP 盘站台门控制模块

操作步骤:

将插在 IBP 盘上的专用钥匙转到"有效"位置,此时"有效"位旁的指示灯绿色常亮,按压绿色的"开门"按钮,绿色的"关闭锁紧"指示灯熄灭,当所有的滑动门全部开门到位后,黄色的"开门到位"指示灯黄色常亮;按压红色的"关门"按钮,黄色的"开门到位"指示灯熄灭,当所有的滑动门全部关闭锁紧后,绿色的"关闭锁紧"指示灯绿色常亮,操作完成后及时将钥匙转到"无效"位置。

4)就地控制盒(Local Control Box,LCB)控制

就地控制盒如图 3-27 所示,全高屏蔽门的 LCB 钥匙开关一般位于滑动门右上方的门楣上,有三挡位和四挡位两种。四挡位包括隔离、自动、开门、关门四个状态。

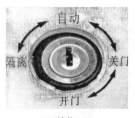 

a) 四挡位LCB　　　　　　b) 三挡位LCB

◎ 图3-27　就地控制盒

（1）隔离状态：当某个活动门有故障时，可以将它隔离，此门不会对开或关的命令有反应，此时门处于自由状态。

（2）自动状态：DCU 接受并处理来自 PSC 的开或关命令，此时安全回路没有被旁路。

（3）开门状态：可以手动开门。

（4）关门状态：可以手动关门，此时安全回路被旁路。

LCB 处于隔离位、手动开、手动关时的安全回路是否被旁路，取决于城轨企业的门系统。

操作步骤：

将专用钥匙插入 LCB 钥匙开关，按照文字标志将钥匙转到"自动""隔离""开""关"位置。

注意：LCB 上的钥匙开关置于"自动"位和"隔离"位时，钥匙可以取出，置于"开"和"关"位时，钥匙无法取出。LCB 钥匙开关在"开"位时，滑动门打开，此时门头灯在开门过程中黄色闪亮，开门到位后，门头灯黄色常亮；LCB 钥匙开关在"关"位时，滑动门关闭，此时门头灯在关门过程中黄色闪亮，关门到位后，门头灯熄灭；LCB 钥匙开关在"隔离"位时，门头灯黄色常亮。

5）滑动门手动控制

（1）在站台侧手动打开滑动门。

适用范围：当屏蔽门电源不能供电，或联动功能、PSL 功能、IBP 功能、LCB 功能发生故障，或滑动门发生故障，或其他紧急情况时，由车站人员操作。

操作步骤：

①在站台侧将专用钥匙插入左滑动门门框中部的锁孔，操作钥匙逆时针旋转，如图 3-28 所示。

②旋转到位后滑动门被手动解锁，滑动门会自动打开一定的距离，用力推开门扇，滑动门打开；此时滑动门有报警声，门头灯黄色常亮，过 30s 后，门头灯黄色闪亮。

（2）在轨道侧手动打开滑动门。

适用范围：当屏蔽门电源不能供电，或联动功能、PSL 功能、IBP 功能、LCB 功能发生故障，或滑动门发生故障，或其他紧急情况时，由乘客操作或由车站人员、司机指导乘客操作。

◎ 图 3-28　站台侧站台门打开方式

操作步骤：

在轨道侧，面对滑动门，向内拉右滑动门的银色紧急操作手柄，轨道侧站台门打开方式如图 3-29 所示，此时滑动门会自动打开一定的距离，用力将滑动门推开；此时滑动门有报警声，门头灯黄色常亮，过 30s 后，门头灯黄色闪亮。

◎ 图 3-29　轨道侧站台门打开方式

（3）手动关闭滑动门。

适用范围：当滑动门发生故障，或障碍物使滑动门处于自由状态时，由车站人员操作。

操作步骤：

①无须工具或钥匙就可人工关闭用专用钥匙打开的双向活动门，手掌用力平按住门扇左右两部分用力将两门扇推至中心直至关闭并锁住。

②确认该滑动门状态指示灯熄灭。

③确认 PSL 上的"门闭锁"指示灯亮。

④如果②或③的条件不成立，则说明该滑动门没有手动关好，此时应手动打开该滑动门，然后重复①②③步骤一次，如果仍然不满②或③的条件，将该滑动门隔离，做好防护措施后，通知维修人员。

注意：手动关闭滑动门时应注意操作人员自身的安全。

引导问题 2　遇到屏蔽门无法打开或者关闭时,车站该如何处理?

屏蔽门故障类型分为单个或多个滑动门故障和整侧滑动门故障,其中单个或多个滑动门和整侧滑动门故障又都有开门故障和关门故障两种类型,具体如下。

安全门故障下的接发车作业(2)

(1)单个或多个滑动门不能自动打开故障。

(2)单个或多个滑动门不能自动关闭故障。

(3)整侧滑动门不能自动打开故障。

(4)整侧滑动门不能自动关闭故障。

其中,当一侧站台门中有 3 道以下滑动门发生故障时,则应按照单个或多个滑动门故障进行处置;3 道及 3 道以上滑动门发生故障时,则按照整侧滑动门故障进行处置。

发生屏蔽门故障时,要按照"先通后复"的原则进行处理,在保证安全的前提下,车站人员要尽快处理,及时向司机显示好了手信号,司机在确保安全的情况下,按时刻表的要求行车,确保客车准点运行。

1.单个或多个站台门不能自动打开时

(1)司机应立即通知车站和行车调度员,并播放列车广播指引乘客绕行。

司机与车站站台岗:"上/下行站台,列车头端/中部/尾端有站台门不能打开,请协助处理"。

车站站台岗:"上/下行站台头端/中部/尾端站台门不能打开,协助处理,站台收到"。

车站控制室在对讲机中听到故障情况后,及时通过 CCTV、综合监控了解现场情况,通过对讲机提供指导,必要时值班站长赶往现场协助处理。

(2)站台岗发现站台门故障时,应立即通知司机,同时赶到故障门处引导乘客绕行并隔离故障站台门。

(3)站台岗待车门关闭,确认站台安全后,通过对讲机通知司机:"故障门已隔离,请确认好了信号。"司机用对讲机回复站台岗"好了信号有"后,站台岗收回好了手信号。

(4)站台岗在司机动车后报车站控制室"上/下行××号站台门不能打开,现场已隔离"。

(5)行车值班员应报告行车调度员和环控调度员。站台岗在故障门右扇居中位置张贴警示标识,加强安全巡视,指引乘客绕行。处置流程如图 3-30 所示。

◎ 图 3-30　单个或多个门不能自动打开处置流程

注意:本流程仅规定应急操作内容,具体实施步骤及顺序,可根据现场情况进行调整。

2. 单个或多个站台门不能自动关闭时

(1) 司机应立即通知站台和行车调度员。

司机与站台岗："上/下行站台,列车头端/中部/尾端有站台门不能关闭,请协助处理"。

站台岗："上/下行站台头端/中部/尾端站台门不能关闭,协助处理,站台收到"。

车站控制室在对讲机中听到故障情况后,及时通过CCTV、综合监控了解现场情况,通过对讲机提供指导,必要时值班站长赶往现场协助处理。

(2) 站台岗应查看不能关闭的站台门处是否夹有乘客或异物,如有异物及时清除。必要时通知司机进行开门操作。清除异物后站台岗直接将故障门隔离。如无异物,站台岗则直接隔离故障站台门,隔离完成、确认安全后,站台岗通过对讲机通知司机："故障门已隔离,请确认好了手信号"。

(3) 司机用对讲机回复站台岗"好了信号有"后,站台岗收回好了手信号。

电客车离站过程中,站台岗应加强巡视,严禁任何人员及物品靠近不能关闭的站台门。

离站后,站台岗应将站台门手动推合到锁闭位,在故障门右扇居中位置张贴悬挂警示标识,向车站控制室报告"上/下行××号站台门已关闭并隔离,警示标识已张贴",并加强巡视,指引乘客绕行。

如隔离后无法手动推合,在故障门旁明显位置张贴悬挂警示标识及设置防护装置,向车站控制室报告"上/下行××号站台门不能关闭,已隔离,警示标识已张贴",并加强巡视,做好看护。行车值班员报告行车调度员及环控调度员。单个或多个门不能自动关闭处置流程如图3-31所示。

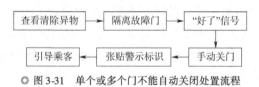

◎ 图3-31 单个或多个门不能自动关闭处置流程

3. 整侧站台门不能自动打开

(1) 司机应立即操作PSL手动开门,如操作成功,向站台报告"上/下行站台,整侧站台门不能打开,PSL操作成功",PSL操作关站台门后,关客室门动车后报行车调度员。车站接到司机报告后报行车调度员。

(2) 如PSL操作不成功,向站台报告"上/下行站台,整侧站台门不能打开,PSL操作失败",同时报告行车调度员;行车值班员接报后操作IBP盘开门,并通过IBP盘、CCTV、综合监控关注现场情况及门状态,如成功,司机确认站停时间到后,通知站台"上/下行站台准备关门",站台确认安全后,通知车站控制室"站台安全,请IBP盘关闭上/下行站台门",行车值班员操作IBP盘关门并使用对讲机"操作IBP盘关门,注意站台安全。"司机确认站台门关闭后,关客室门,确认安全后动车。行车值班员报告行车调度员及环控调度员。

(3) 如操作IBP盘失败,行车值班员应立即通知站台岗,手动开启站台门,保证每列车厢至少有一道滑动门处于打开状态,(先隔离,后用三角钥匙开启)(如该节车厢对应的站台门均未开启,则开启前进方向第二个车门对应的站台门),值班站长、站厅巡视员要赶往现场协助。司机广播指引乘客下车,并将情况通知行车调度员。

(4)确认站停时间到后,司机用对讲机通知站台"上/下行站台准备关门",站台确认安全回复司机"上/下行可以关门"。待客室门关闭,确认站台安全后,向司机显示好了手信号。

(5)司机用对讲机回复好了手信号有后,站台岗收回"好了信号"。如司机发现站台门全闭灯不亮,用对讲机通知站台"关门后,站台门全闭灯不亮",站台岗操作互锁解除,司机确认好了手信号后进入司机室,确认车载信号动车。列车离站后,在未开启站台门右扇居中位置张贴悬挂警示标识,并加强巡视,车站派人在打开的站台门处做好防护,保证每两个打开的站台门至少有一人进行看护,指引乘客绕行。整侧站台门不能自动打开处置流程如图 3-32 所示。

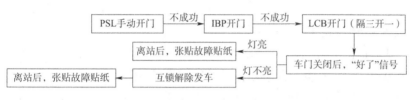

◎ 图 3-32 整侧站台门不能自动打开处置流程

4. 整侧站台门不能自动关闭

(1)司机应立即操作 PSL 手动关门,如操作成功,向站台报告"上/下行站台,整侧站台门不能关闭,PSL 操作成功",确认安全动车后报行车调度员。车站接到司机报告后报行车调度员。

(2)如操作不成功,向站台报告"上/下行站台,整侧站台门不能关闭,PSL 操作失败",同时报告行车调度员。

(3)站台岗通知车站控制室"上/下行站台,整侧站台门不能关闭,请操作 IBP 盘关闭站台门",行车值班员操作 IBP 盘关门并使用对讲机"操作 IBP 盘关门,注意站台安全",并通过 CCTV、综合监控关注现场情况及门状态。如成功,站台岗用对讲机通知司机:"上/下行司机,上/下行站台 IBP 盘关站台门",司机确认站台门、客室门门全关闭灯亮后动车。行车值班员报行车调度员及环控调度员。

(4)如操作 IBP 盘失败,行车值班员立即通知站台岗"IBP 盘关门失败,立即操作互锁解除",值班站长立即操作 PSL 进行互锁解除,站台岗确认站台安全后,向司机显示好了手信号。司机确认好了手信号进入司机室,确认车载信号动车。值班站长及厅巡岗应赶往现场协助。

(5)司机用对讲机回复好了手信号后,站台岗收回好了信号。

(6)列车出清后,站台岗关闭每节车厢前进方向第一、三个车门对应的站台门(先隔离,后手动推合至锁闭位),在关闭的站台门右扇居中位置张贴悬挂警示标识,并加强巡视。车站派人在打开的站台门处做好防护,保证每四个打开的站台门至少有一人进行看护,指引乘客绕行。后续列车司机广播指引乘客下车,同时车站控制室通知后方站"本站需要操作互锁解除接发列车",后方站报后续列车发点,本站接报后,立即通知站台岗操作 PSL 互锁解除,列车进站停稳停止互锁解除。整侧站台门不能自动关闭处置流程如图 3-33 所示。

◎ 图 3-33　整侧站台门不能自动关闭处置流程

引导问题 3　遇到站台门夹人夹物或者乘客扒门等其他故障时,车站处理流程是什么?

在运营过程中,有时会发生站台门夹人、夹物或者乘客扒门等事件,其具体处置如下。

1. 发生站台门关闭后夹人、夹物

(1)站务员(站台岗)在车门和站台门关闭前尽可能阻止乘客抢上抢下;若发现站台门关闭夹人、夹物未自动打开时,第一时间按压紧急停车按钮,紧急停车按钮位置如图 3-34 所示,同时向其显示紧急停车手信号,报行车值班员;随后赶到事发地点,用站台门 LCB 钥匙手动开启站台门,将人或物撤出后,向司机显示好了手信号,报行车值班员。

◎ 图 3-34　紧急停车按钮状态和位置示意图

(2)行车值班员接报后,立即报行车调度员,通知值班站长到现场处理;利用 CCTV 关注现场,与值班站长保持联系;及时向行车调度员报告事件进展。

(3)值班站长接到通知立即赶赴现场,调查事件原因;若发生客伤事件,按乘客受伤应急处理程序处理;若是乘客抢上抢下造成的,对乘客进行安抚和劝导。

(4)站台门关闭后夹人夹物未自动打开,站务员(站台岗)按压紧急停车按钮或行车值班员按压紧急关闭按钮无效,向司机显示紧急停车手信号,站务员(站台岗)立即报告行车值班员,行车值班员报行车调度员。

2.乘客扒门后恢复的流程

(1)发现有乘客扒门后,站务人员将滑动门 LCB 钥匙由自动位逆时针打至隔离位,并手动将滑动门推至关门状态。

(2)待列车离站后,站务人员进行滑动门恢复操作,对滑动门进行手动开关门1次:先将 LCB 钥匙由隔离位顺时针打至开门位,再将 LCB 钥匙由开门位逆时针打至关门位,再将 LCB 钥匙由关门位逆时针打至自动位,滑动门恢复完成。

(3)若滑动门恢复操作过程中有任何问题,站务人员须将 LCB 钥匙打至隔离位,并报机电调度员进行处理。

典型案例

2022年1月22日16:30左右,上海地铁15号线祁安路站一名老年女乘客下车时被屏蔽门夹住,站台工作人员看到有乘客被屏蔽门夹住后,第一时间上前帮助其脱困,地铁突然开始移动,工作人员随后迅速前往站台的墙壁处,按下红色紧急停车按钮。后经送医抢救该乘客仍不幸身亡。据悉,上海地铁15号线于2021年1月23日开通运营,是上海第四条全自动无人驾驶轨道交通线路,也是首条国内一次性开通公里数最长且开通运营即具备最高等级(UTO)全自动无人驾驶的轨道交通线路。其信号系统采用基于无线通信并满足自动化等级 GOA4 的全自动运行系统,能有效缩短行车间隔及折返时间,提高平均旅行速度。

2021年5月30日18:30左右,武汉地铁8号线黄埔路站台上,一位年轻妈妈推着婴儿车下车时,婴儿车被列车和站台间的缝隙卡了一下,车内的婴儿掉进地铁与站台之间的缝隙。地铁站务员第一时间启动紧急停车按钮,同时通知车控室紧急停车,在车站人员和乘客的共同努力下,婴儿被安全救出。

紧急停车按钮设置在站台两端,当发生危及列车行车安全或列车危及人员安全等紧急情况时,乘客可立即通知车站工作人员进行操作,避免列车动车引发进一步的危险。

任务实施

一、知识考查

1.填空题

(1)列车压在道岔上时,确认安全后,列车限速_____驶离道岔。

(2)当列车经过后,轨道区段遗留未解锁的光带,即出现了故障锁闭,要使用ATS系统上的_____操作命令进行处理。

(3)就地控制盘缩写为_____。

(4)在车门和站台门关闭前尽可能阻止乘客抢上抢下,若站务员发现站台门关闭后夹人、夹物未自动打开时,第一时间操作_____。

(5)电话闭塞法的发车凭证是_____。

2.选择题

(1)行车调度员发现道岔故障后,第一时间应该(　　)。
 A.立即对相关列车进行扣车　　B.通知安保人员
 C.优先考虑手摇道岔　　D.做好单线列车的运营间隔调整

(2)以下不属于道岔故障处理原则的是(　　)。
 A.能排进路不单独操纵道岔,能人工转换道岔不单独操纵道岔
 B.优先考虑现场道岔既有位置,减少人工转换工作量及进路准备时间
 C.折返进路道岔,尽量考虑减少人工转换工作量
 D.尽量利用道岔可利用位置变更进路

(3)行车调度员(或车站)确认道岔区段无列车占用,确保安全前提下可利用ATS系统对道岔进行(　　)。
 A.操定反位操作转动两个来回作处理,并通知生产调度
 B.区故解
 C.计轴预复位
 D.总取消

(4)无车占用时,非道岔区段出现棕光带的计轴受扰情况,要使用ATS系统上的(　　)操作命令进行处理。
 A.区故解　　B.计轴预复位
 C.总人解　　D.总取消

(5)由于进路监控暂时故障而关闭了信号,当信号开放条件满足时,执行(　　)命令可重新开放信号。
 A.开放引导　　B.追踪单开
 C.开放信号(信号重开)　　D.解封信号

(6)以下(　　)操作方式无法对整侧屏蔽门进行开关门控制。

A. 系统控制　　　B. PSL 控制　　　C. IBP 盘控制　　　D. LCB 控制

(7) 关于人工办理进路需要注意事项，下列说法错误的是(　　)。

A. 手摇道岔时必须严格执行手摇道岔六部曲；操作双转辙机的时候，特别注意摇叉需要做到两人速度要一样

B. 行车值班员接到某线路进路准备妥当、线路出清的汇报后，立即报告行车调度员，做好相应线路的接车或发车工作

C. 现场人员完成所有线路的进路排列后，出清线路并迅速返回车站(或到达安全位置)

D. 人工排列进路最重要的是排列速度要快，防止出现列车晚点

(8) 人工办理进路作业中，当进路中的所有道岔位置手摇到位后，防止出现行车事故，要向司机显示(　　)。

A. "好了"信号　　　　　　B. 发车手信号

C. 道岔开通手信号　　　　D. 引导手信号

(9) 关于电话闭塞法，说法正确的是(　　)。

A. 零点以前填写的行车许可证，零点以后发车时，须更改日期重新办理

B. 正线车站所有行车许可证如路票等，是由站台监控亭办理

C. 站务人员在站台与司机交接行车凭证作业应遵循"先交新路票后接旧路票"的原则

D. 行车值班员接到行车调度员采用电话闭塞法组织行车的命令后，采用就地级控制组织行车

(10) 整侧门无法打开故障下，待客室门关闭，确认站台安全后，向司机显示(　　)后发车。

A. "好了"信号　　B. 发车手信号　　C. 通过手信号　　D. 引导手信号

(11) 大范围的 ATP 轨旁设备故障时，按(　　)组织行车。

A. 移动闭塞法　　B. 进路闭塞法　　C. 区段闭塞法　　D. 电话闭塞法

(12) 小范围的 ATP 轨旁设备故障，可由行车调度员确认故障区间空闲后，命令司机在故障区间以(　　)模式驾驶运行。

A. RM 模式　　　　　　　　B. SM 模式

C. URM 模式　　　　　　　D. ATO 模式

(13) 人工转换道岔作业第一步看，看的项目不包括(　　)。

A. 看道岔开通位置是否正确

B. 是否有钩锁器

C. 尖轨空隙是否有异物，尖轨与基本轨是否密贴

D. 是否需要打开盖孔板

(14) 以下人工转换道岔顺序正确的是(　　)。

A. 一看、二开、三摇、四加锁、五确认、六汇报

B. 一开、二看、三摇、四确认、五加锁、六汇报

C. 一看、二开、三摇、四确认、五加锁、六汇报

D. 一看、二开、三摇、四确认、五汇报、六加锁

(15) 以下( )不是人工转换道岔所需备品。

A. 手电 B. 断电钥匙

C. 钩锁器 D. 路票

(16) 需变更列车运行方向时,遇( )现象,须第一时间使用人工转换道岔方式接发车。

A. 道岔区段有白光带 B. 道岔区段有绿光带

C. 转辙机断电 D. 道岔单锁

3. 判断题

(1) 利用ATS系统进行道岔单扳操作时,作业前需确认道岔未锁闭、未占用,有单锁先取消单锁再执行反操,有进路锁闭先取消进路再执行反操。 ( )

(2) 人工转换道岔排列进路时,按照"由近及远"(以来车方向为参照)的顺序依次摇动道岔进行排列。 ( )

(3) 城市轨道交通信号机灰显(信号机连接中断故障)时,若为CTC模式,列车不受影响,按正常组织列车运行。 ( )

(4) 在站台侧手动打开滑动门时,在站台侧将专用钥匙插入滑动门门框中部的锁孔,操作钥匙逆时针旋转到位后滑动门被手动解锁,滑动门会自动打开一定的距离,用力推开门扇。 ( )

(5) 整侧门无法打开,如操作IBP盘失败,应手动开启站台门,如该节车厢对应的站台门均未开启,则开启前进方向第二个车门对应的站台门。 ( )

(6) 需要操作互锁解除接发列车时,后方站报后续列车发点,本站接报后,立即通知站台岗操作PSL互锁解除,列车进站停稳后停止互锁解除。 ( )

(7) 若路票丢失,行车值班员需行车日志上注明,在备注栏备注"路票丢失"。

( )

(8) LCB处于自动位时,该屏蔽门的安全回路被旁路。 ( )

二、实训检验

任务1 办理道岔故障处置

1. 在ATS实训室练习道岔故障ATS处置作业,并填写表3-11。

道岔故障ATS处置作业表 表3-11

道岔名称	道岔故障类型	道岔操作

2. 小组实训练习人工转换道岔操作,互评考核评分填写表3-12。

人工转换道岔操作评分表　　　　　　　　　表3-12

项目	标准	评分标准	得分(分)
接收命令	(1)车站控制室值班员布置任务:请准备人工转换道岔工具,进入岔区,将×号道岔摇到×位并加锁; (2)人工转换道岔作业人员复诵:"准备人工转换道岔工具,进入岔区,将×号道岔摇到×位并加锁,明白"	未复诵或复诵错误扣5分	
带齐备品	对讲机;信号灯;道岔钥匙;钩锁器及扳手;钩锁器锁及钥匙;手摇柄(把);荧光衣;红闪灯;断电钥匙(如有);接触轨下线人员还必须穿绝缘靴,按安全线路图行走	遗漏一项扣5分	
端门待令	在端门处待令,经行车调度员允许,行车值班员通知后方可进入轨行区	未经允许扣5分	
确认道岔	到达轨行区,确认作业道岔	未联控扣5分;确认错误,一票否决	□通过 □不通过
设置防护	来车方向,距离作业地点3~5m处设置红闪灯防护(如当地企业对防护设置有其他规定,可根据实际情况进行考核)	未设防控扣5分,防护设置错误扣5分	
判断道岔位置	看道岔开通位置是否正确,是否需要改变开通位置(如果道岔开通位置判断错误,不再进行后续考试)	判断错误,一票否决	□通过 □不通过
确认道岔状态	确认有无钩锁器	未确认扣5分	
	尖轨密贴,另一侧尖轨与基本轨无异物	未确认或确认有误扣5分	
	拆除钩锁器锁(如有)	未拆除钩锁器扣5分	
开锁及断电	根据相应线路实际情况开道岔锁和断电	未操作或错误操作扣5分	
转换道岔位置	用手摇把将道岔摇到需要的位置,听到转辙机"咔嚓"落槽声后停止(双转辙机时需听到两台转辙机的落槽声才停止)	未正确操作或操作不到位,一票否决	□通过 □不通过
确认尖轨密贴	手指尖轨呼:"开通左/右位,尖轨密贴,另一侧尖轨与基本轨无异物"	未确认或确认错误操作扣5分	
钩锁道岔	用钩锁器锁定道岔尖轨,折返线道岔只挂不锁	未操作或错误操作扣5分	

续上表

项目	标准	评分标准	得分(分)
出清线路	撤除红闪灯,人员备品撤离到安全位置	红闪灯未撤除,人员备品未撤离到安全位置,未汇报,一票否决	□通过 □不通过
汇报道岔开通情况	向车站控制室汇报道岔开通位置及加锁情况:"××道岔开通左/右位,尖轨密贴,另一侧尖轨与基本轨无异物,已加锁"红闪灯已撤除,人员备品撤离已到安全位置	未汇报或汇报错误扣5分	
操作时间要求	操作内容要求在10min内全部完成	超过10min未完成,一票否决	□通过 □不通过
共计得分(分)			
鉴定人签名			
测评结果(合格/不合格)			

注:考核项目合计扣分达40分,则此次考核不通过;一票否决项中任意一项不通过,则此次考核不通过。

任务2　练习处理轨道区段故障锁闭故障

1.在ATS实训室小组练习轨道区段故障锁闭处理操作,互评考核行车值班员,并填写表3-13。

轨道区段故障锁闭处理操作评分表　　　　表3-13

序号	作业程序	作业内容	分值(分)	评分标准	扣分(分)	得分(分)
1	故障判断及汇报	(1)值班员鼠标指:G0308区段	20	未鼠标指或鼠标指位置错误,扣5分。 注:在"区故解"(白光带)时,鼠标应指在故障光带上且出现虚线框为准,否则评判为"鼠标指"错误		
		(2)值班员口呼:轨道0308白光带		未口呼或口呼错误,扣5分		
		(3)接通电话:值班员按下"行调"按键,接通电话		未接通电话进行汇报,扣4分		
		(4)值班员汇报行车调度员:列车已全列到达会展中心站上行折返线,轨道0308出现白光带		汇报错误,扣5分。 注:列车停稳后(注:现象是列车次框无箭头)才能汇报行车调度员		
		(5)行车调度员回复:收到		未接通或挂断电话,扣1分		
		(6)结束通话:值班员挂断电话		—		

续上表

序号	作业程序	作业内容	分值(分)	评分标准	扣分(分)	得分(分)
2	办理区故解操作	(1)行车值班员鼠标指:G0308区段	70	未鼠标指或鼠标指位置错误,扣10分		
		(2)行车值班员口呼:轨道0308区故解		未口呼或口呼错误,扣10分		
		(3)行车值班员操作:右键点击G0308区段;选择"区故解";点击"确认";二次确认"区故解设备"在倒计时30秒结束前确认并选择G0308区段并确认		未正确解锁G0308故障区段,扣50分		
3	信息汇报	(1)接通电话:行车值班员按下"行调"按键,接通电话	10	未接通电话进行汇报,扣4分		
		(2)行车值班员汇报行车调度员:会展中心站轨道0308区段白光带已解锁		汇报错误,扣5分		
		(3)行车调度员回复:收到		—		
		(4)结束通话:值班员挂断电话		未结束通话,扣1分		
合计(分)			100	扣分/得分合计(分)		
值班站长(评分人)签字						

2. 在ATS实训室小组互设轨道区段计轴故障并练习处理操作,互评考核操作并填写表3-14。

轨道区段计轴故障处理操作互评考核表　　　　表3-14

计轴故障轨道区段名称	ATS操作命令	是否呼唤应答	是否手指口呼

任务3 办理信号重开

分岗位协同练习 ATS 信号重开操作流程。

在 ATS 实训室小组互排进路并设置故障,练习信号重开操作,互评考核操作并填写表 3-15。

信号重开操作互评考核表 表 3-15

进路名称及故障点设置	ATS 操作命令	是否呼唤应答	是否手指口呼

任务4 分岗位模拟演练电话闭塞法

1. 因信号设备故障,A 站至 C 站间采用电话闭塞法组织行车,如图 3-35 所示,上行 0103 次列车停在 A 站上行站台,分组模拟演练采用电话闭塞法组织 0103 次列车从 A 站运行至 B 站。小组互评考核填写表 3-16。

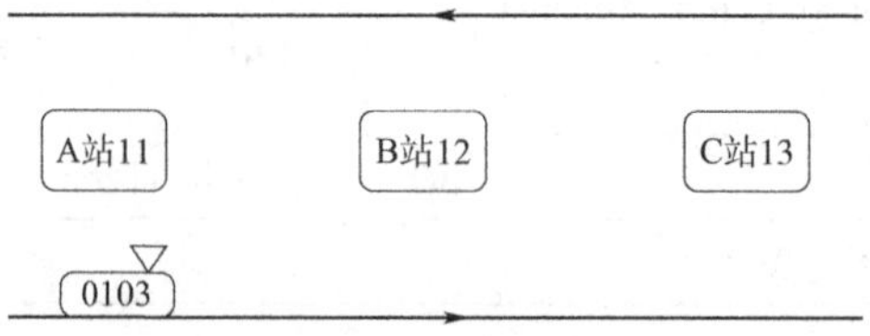

◎ 图 3-35 线路图

模拟演练电话闭塞法互评考核表 表 3-16

序号	项目	内容	评分标准	评分(分)				
				行车调度员	A 站行车值班员	路票交接人员	B 站行车值班员	司机
1	核对列车位置	行车调度员与车站核对列车位置	在核对列车位置时,记录好相邻车站及区间的列车占用情况(2分)					
			发现列车占用情况与实际不符,及时告知行车调度员(2分)					

续上表

序号	项目	内容	评分标准	评分(分)				
				行车调度员	A站行车值班员	路票交接人员	B站行车值班员	司机
2	首列车确认空闲	与前方站确认前次列车到达前方站站台	致电前方站询问前次列车是否到达前方站(2分)					
			用语标准(1分)					
		与行车调度员共同确认首列车上下行区间空闲	下轨行区准备进路的人员出清线路。(有安全避让区域的车站除外)(2分)					
			用语标准(1分)					
3	接收调令	行车值班员接收调令,值班站长进行核对	接令后复诵(1分)					
			复诵正确且完整(2分)					
			调度命令登记正确及时(2分)					
			书面调度命令登记簿填写正确加盖行车专用章(2分)					
			及时通知各岗位采用电话闭塞法组织行车(2分)					
4	转交调令	胜任人员与司机核对内容无误后转交司机	及时转交调令(2分)					
5	下轨行区(集中站)	下轨行区准备进路(集中站)	道岔准备顺序正确(2分)					
			进路准备迅速(2分)					
		出清轨行区(集中站)	人员、工器具出清轨行区或(折返站)到达安全区域(2分)					
			及时汇报车站控制室(2分)					

续上表

| 序号 | 项目 | 内容 | 评分标准 | 评分(分) |||||
				行车调度员	A站行车值班员	路票交接人员	B站行车值班员	司机
6	准备发车进路	与前方站确认上下行区间空闲	根据行车日志确认前方闭塞区间空闲(第一趟列车须与行车调度员共同确认)(2分)					
			用语标准(1分)					
		通知站台准备发车进路	及时通知站台准备发车进路(2分)					
			用语标准(1分)					
		发车进路准备妥当	确认发车进路准备妥当(2分)					
7	办理闭塞	请求闭塞	用语标准(1分)					
		前方站同意闭塞后记录电话记录号及同意时间	正确填写行车日志(2分)					
		通知站台填写路票	行车值班员正确布置接发车人员填写路票(2分)					
			站台正确根据行车值班员命令填写路票并复诵(2分)					
			路票填写完毕后与行车值班员核对(2分)					
8	发车报点	站台与司机核对路票并打发车手信号	路票交付司机时进行唱票(2分)					
			正确显示手信号(2分)					
			手信号显示时机、地点正确(2分)					

续上表

序号	项目	内容	评分标准	评分(分)				
				行车调度员	A站行车值班员	路票交接人员	B站行车值班员	司机
8	发车报点	记录发点并向邻站报发点	正确填写行车日志(2分)					
			及时向前方站报发点,用语标准(2分)					
		向行车调度员报点(集中站)	及时向行车调度员报点,用语标准(2分)					
9	准备接车进路	通知站台准备接车进路	及时通知站台准备接车进路(2分)					
			用语标准(1分)					
		接车进路准备妥当	确认接车进路准备妥当(2分)					
		确认前方区间空闲且收到前次列车到达解除闭塞点	根据行车日志确认前方区间空闲(第一趟列车须与行车调度员共同确认)(2分)					
10	同意闭塞	同意后方站闭塞	用语标准(1分)					
			正确给出电话记录号码、接车股道(2分)					
11	接车报点	记录后方站发点	正确填写行车日志(2分)					
		通知站台准备接车	及时通知站台准备接车(2分)					
			站台接车作业标准(2分)					
		通知站台回收路票打叉注销	及时收取路票,打叉注销(2分)					
		记录到点向后方站报到点解除闭塞	及时向后方站报到点,用语标准(2分)					
			正确给出电话记录号码(2分)					

续上表

序号	项目	内容	评分标准	评分(分)				
				行车调度员	A站行车值班员	路票交接人员	B站行车值班员	司机
11	接车报点	向行车调度员报点(集中站)	及时向行车调度员报点,用语标准(2分)					
12	取消闭塞	行车值班员接收调令,值班站长进行核对	接令后复诵(1分)					
			复诵正确且完整(2分)					
			调度命令登记正确及时(2分)					
			书面调度命令登记簿填写正确加盖行车专用章(2分)					
			及时通知各岗位取消采用电话闭塞法组织行车(2分)					
		回收路票	路票正面斜对角打"×"作废(2分)					
		取消已经同意的闭塞	正确给出电话记录号码(2分)					
			用语标准(1分)					
		已填写的路票	路票正面斜对角打"×"作废并加盖作废章(2分)					
		钩锁器已拆除,道岔恢复正常	及时拆除钩锁器,并向行车调度员汇报出清(2分)					
		总得分(分)						
		评分小组签字						

2. 假设每位同学是 A 站行车值班员，按照标准练习路票填写，互评考核填写表 3-17。

路票填写练习互评考核表　　　　　　　　　　　　　　表 3-17

序号	项目	内容	分值(分)	评分标准	得分(分)
1	准备工作	路票必须按方向逐张使用	4	正确按顺序使用路票(4分)	
		路票应集中存放于车站控制室，由行车值班员负责管理和使用，打"×"注销以及作废的路票须保管不少于三个月	4	正确快速说出路票存放地点(4分)	
			4	正确快速说出打"×"注销以及作废的路票须保管时间(4分)	
		车站控制室应保有各方向不少于100张已加盖行车专用章的路票	4	正确快速说出车站控制室加盖行车专用章路票的最低保有量(4分)	
2	路票填写	根据行车值班员指令复诵填写	5	能听懂行车值班员指令并复诵(5分)	
		填写路票六要素	24	正确填写电话记录号码(4分)	
				正确填写车次号(4分)	
				正确填写列车运行方向(4分)	
				正确填写接车股道(4分)	
				正确填写日期(4分)	
				加盖行车专用章(4分)	
		列车须经存车线通过时，须在路票上标明"经由××存车线"	5	在正确位置填写"经由××存车线"(5分)	
		首列车加盖限速"25km/h"专用章	5	首列车加盖"限速25km/h"专用章(5分)	
		反方向运行章、限速章、行车专用章加盖位置：左上角依次加盖反方向运行章、限速25km/h 章，左下角加盖行车专用章	5	反方向运行章位置加盖正确(5分)	
			5	限速"25km/h"专用章位置加盖正确(5分)	
			5	行车专用章位置加盖正确(5分)	
		填写完毕后与行车值班员复核	5	能正确快速复诵路票内容，语句清晰(5分)	
		路票填写错误	5	打"×"作废加盖作废章并重新按规定填写(5分)	

续上表

序号	项目	内容	分值(分)	评分标准	得分(分)
3	交付路票	在司机所在驾驶室的站台上交付路票	10	快速到达正确位置交付路票(5分)	
				在交付路票时进行唱票(5分)	
4	回收路票	司机到达车站后,回收路票并打"×"注销	5	能及时回收路票并打"×"注销(5分)	
5	取消电话闭塞法	对已填好的路票打"×"注销	5	正确及时对已填好的路票打"×"注销(5分)	
	合计(分)		100	得分合计(分)	
	鉴定人签名				
	测评结果(合格/不合格)				

任务5 办理站台门故障处置

1.在实训室小组练习站台单个滑动门关门故障处置流程,互评填写表3-18。

站台单个滑动门关门故障处置流程互评表　　表3-18

序号	作业程序	作业内容	分值(分)	评分标准	扣分(分)	得分(分)
1	发现故障	(1)站务员手指:上行2号门门头灯	18	站务员未手指或手指错误,扣9分		
		(2)站务员口呼:上行2号门门头灯亮,关门故障		站务员未口呼或口呼错误,扣9分		
2	现场处置	(1)站务员用对讲机汇报值班员: 值班员,上行2号门关门故障,使用LCB关闭站台门	82	站务员未使用对讲机汇报值班员或汇报错误,扣10分		
		(2)值班员回复:收到		值班员未回复,扣1分		
		(3)站务员用LCB钥匙(1号)将故障门(2号门)的LCB转至"关门"位置		站务员未使用LCB关闭故障门,扣20分		
		站务员确认故障门关闭。 (4)站务员手指:上行2号门门头灯和上行2号站台门		站务员未手指或手指错误,扣9分		

续上表

序号	作业程序	作业内容	分值(分)	评分标准	扣分(分)	得分(分)
2	现场处置	(5)站务员口呼:门头灯熄灭,关门成功	82	站务员未口呼或口呼错误,扣8分		
		(6)站务员口呼:故障门处置完毕		站务员未口呼或口呼错误,扣8分		
		(7)列车出清站台后,站务员用LCB钥匙(1号)将故障门(2号门)的LCB转至"自动"位置,取出钥匙		扣分标准: 站务员未将故障门LCB恢复"自动"位置,扣10分 站务员未取出钥匙,扣5分		
		(8)站务员用对讲机汇报值班员:值班员,上行2号门故障已处理完毕		站务员未使用对讲机汇报值班员或汇报错误,扣10分		
		(9)值班员回复:收到		值班员未回复,扣1分		
合计(分)			100	扣分/得分合计(分)		
评分小组签字						

2.在实训室小组练习站台单个滑动门开门故障处置流程,互评填写表3-19。

站台单个滑动门开门故障处置流程互评表　　　　表3-19

序号	作业程序	作业内容	分值(分)	评分标准	扣分(分)	得分(分)
1	发现故障	(1)站务员手指:上行3号门门头灯	18	站务员未手指或手指错误,扣9分		
		(2)站务员口呼:上行3号门门头灯不亮,开门故障		站务员未口呼或口呼错误,扣9分		
2	现场处置	(1)站务员用对讲机汇报值班员:值班员,上行3号门开门故障,使用LCB开启站台门	82	站务员未使用对讲机汇报值班员或汇报错误,扣15分		
		(2)值班员回复:收到		值班员未回复,扣1分		
		(3)站务员用LCB打开3号故障门;用LCB钥匙(1号)将故障门(3号门)的LCB转至"开门"位置		站务员未使用LCB打开故障门,扣10分		

续上表

序号	作业程序	作业内容	分值(分)	评分标准	扣分(分)	得分(分)
2	现场处置	(4)站台门打开后,站务员口呼:请有序下车	82	站务员未口呼或口呼错误,扣10分		
		(5)站务员用LCB关闭3号故障门:停站时间到,乘客乘降完毕后,用LCB钥匙(1号)将故障门(3号门)的LCB转至"关门"位置		站务员未使用LCB关闭故障门,扣10分		
		(6)站务员口呼:故障门处置完毕		站务员未口呼或口呼错误,扣10分		
		(7)列车出清站台后,站务员用LCB钥匙(1号)将故障门(3号门)的LCB转至"自动"位置,取出钥匙		扣分标准: 站务员未将故障门LCB钥匙恢复"自动"位,扣10分 站务员未取出钥匙,扣5分		
		(8)站务员用对讲机汇报值班员:值班员,上行3号门故障已处理完毕		站务员未使用对讲机汇报值班员或汇报错误,扣10分		
		(9)值班员回复:收到		值班员未回复,扣1分		
	合计(分)		100	扣分/得分合计(分)		
	评分小组签字					

3. 在实训室小组练习站台整侧滑动门关门故障处置流程,互评填写表3-20。

站台整侧滑动门关门故障处置流程互评表　　　　表3-20

序号	作业程序	作业内容	分值(分)	评分标准	扣分(分)	得分(分)
1	确认开始	列车关门到位后,系统提示:PSL关闭站台门无效	—	—		
2	发现故障	(1)手指:上行整列故障门门头灯亮,列车已关门	8	未手指或手指错误,扣3分。 注:手指其中某一个门头灯和列车门即可,不需要手指全部的门头灯和列车门		
		(2)口呼:上行整列关门故障,列车已关门		未口呼或口呼内容错误,扣5分		

续上表

序号	作业程序	作业内容	分值(分)	评分标准	扣分(分)	得分(分)
3	现场处置	(1)用对讲机汇报值班员：值班员，上行整列站台门关门故障，操作PSL互锁解除，使列车尽快发出	92	未使用对讲机汇报值班员或汇报错误，扣5分		
		(2)值班员回复：收到		值班员未回复，扣1分		
		(3)用对讲机汇报值班站长：值班站长，上行整列站台门关门故障，请派人看护故障门		未使用对讲机汇报值班站长或汇报错误，扣5分		
		(4)值班站长(机器人)自动回复：收到		—		
		(5)站务员使用互锁解除发车：将上行PSL互锁解除钥匙开关旋转至互锁解除位，互锁解除指示灯点亮，并保持互锁解除位		未执行互锁解除或者因松开互锁解除钥匙开关导致列车紧急停车，扣10分		
		(6)确认列车车尾超过站台屏蔽门端门后。口呼：列车已发出		未口呼或口呼内容错误，扣10分		
		(7)松开互锁解除钥匙开关，互锁解除指示灯熄灭		未松开互锁解除钥匙，扣10分		
		(8)故障未能修复，口呼：故障未修复，使用互锁解除接入进站列车		未口呼或口呼内容错误，扣5分		
		(9)继续在PSL处。口呼：列车即将进站		未口呼或口呼内容错误，扣5分		
		(10)站务员使用互锁解除接车：将上行PSL互锁解除钥匙开关(2号)旋转至互锁解除位，互锁解除指示灯点亮，并保持互锁解除位		未执行互锁解除或者因松开互锁解除钥匙开关导致列车紧急停车，扣10分		
		(11)确认列车停稳后，口呼：整列列车进站停稳		未口呼或口呼内容错误，扣5分		

续上表

序号	作业程序	作业内容	分值(分)	评分标准	扣分(分)	得分(分)
3	现场处置	(12)松开上行PSL互锁解除开关钥匙(2号),并取出钥匙,互锁解除指示灯熄灭	92	扣分标准: 未松开互锁解除钥匙,扣5分 未取出互锁解除钥匙,扣5分		
		(13)整列故障门恢复正常,系统提示"整列故障门恢复正常"		—		
		(14)口呼:故障门处置完毕		未口呼或口呼内容错误,扣10分		
		(15)列车正常发出,用对讲机汇报值班员、值班站长:值班员、值班站长,上行整列故障门已处理完毕		未使用对讲机汇报值班员、值班站长或汇报错误,扣5分		
		(16)值班员回复:收到		值班员未回复,扣1分		
		(17)值班站长(机器人)自动回复:收到		—		
合计(分)			100	扣分/得分合计(分)		
评分小组签字						

4.在实训室小组练习站台整侧滑动门开门故障处置流程,互评填写表3-21。

站台整侧滑动门开门故障处置流程互评表 表3-21

序号	作业程序	作业内容	分值(分)	评分标准	扣分(分)	得分(分)
1	确认开始	列车开门到位后,系统提示:PSL、IBP盘开门无效	—	—		
2	发现故障	(1)手指:上行整列故障门门头灯灭,列车已开门	19	未手指或手指错误,扣9分。注:手指其中某一个门头灯和列车门即可,不需要手指全部的门头灯和列车门		
		(2)口呼:上行整列站台门故障,每节车厢手动开启1个站台门,供乘客乘降		未口呼或口呼内容错误,扣10分		

续上表

序号	作业程序	作业内容	分值（分）	评分标准	扣分（分）	得分（分）
3	现场处置	（1）用对讲机汇报值班站长：值班站长，上行整列站台门故障，请求支援	81	未使用对讲机汇报值班站长或汇报错误，扣10分		
		（2）值班站长（机器人）自动回复：收到		—		
		（3）用LCB开启任意一个故障门		未使用LCB钥匙开启站台门，扣10分		
		（4）站台门打开后，口呼：请您抓紧在此门上下车		未口呼或口呼内容错误，扣5分		
		（5）通知司机：司机，上行乘客全部乘降完毕，请关门		未通知司机或通知错误，扣5分		
		（6）司机（机器人）自动回复：收到		—		
		（7）站务员使用互锁解除发车：将上行PSL互锁解除开关钥匙旋转至互锁解除位，互锁解除指示灯点亮，并保持互锁解除位		未执行互锁解除或者因松开互锁解除钥匙开关导致列车紧急停车，扣10分		
		（8）确认列车车尾超过站台屏蔽门端门。口呼：列车已发出		未口呼或口呼内容错误，扣5分		
		（9）松开上行PSL互锁解除开关钥匙，并取出钥匙，互锁解除指示灯熄灭		扣分标准：未松开互锁解除钥匙，扣5分 未取出互锁解除钥匙，扣5分		
		（10）口呼：乘客您好，此站台门故障，请您远离此门，注意安全		未口呼或口呼内容错误，扣5分		
		（11）使用LCB钥匙将站台门关闭，并将钥匙打回自动位		未将站台门逐个关闭或未将钥匙打回自动位，扣10分		
		（12）口呼：故障门处置完毕		未口呼或口呼内容错误，扣5分		

续上表

序号	作业程序	作业内容	分值(分)	评分标准	扣分(分)	得分(分)
3	现场处置	(13)用对讲机汇报值班员、值班站长:值班站长、值班员,上行整列故障门已处理完毕	81	未使用对讲机汇报值班站长或汇报错误,扣5分		
		(14)值班员回复:收到		未回复或回复错误,扣1分		
		(15)值班站长(机器人)自动回复:收到		—		
		合计(分)	100	扣分/得分合计(分)		
		评分小组签字				

三、评价反馈

学生和教师对整个任务考核过程评价并填写表3-22。

评价反馈 表3-22

序号	评价标准	分值(分)	自评得分(分)(40%)	教师评分(分)(60%)
1	引导问题填写字迹美观清晰	5		
2	引导问题回答正确率90%以上	5		
3	实训演练ATS道岔故障程序完整、手指口呼、呼唤应答、口齿清晰,态度端正	10		
4	实训演练人工转换道岔操作项目完整,动作规范正确,态度端正,展示完毕工具器摆放规范	10		
5	实训演练轨道区段故障处理程序完整、手指口呼、呼唤应答、口齿清晰,态度端正	10		
6	实训演练信号机关闭处理程序完整、手指口呼、呼唤应答、口齿清晰,态度端正	5		
7	实训演练电话闭塞法作业程序完整、动作规范,态度端正,小组配合密切,展示完毕工具器摆放规范	10		
8	实训演练单个门关门故障作业程序完整、动作规范,手指口呼,态度端正,展示完毕工具器摆放规范	10		
9	实训演练单个门开门故障作业程序完整、动作规范,手指口呼,态度端正,展示完毕工具器摆放规范	10		
10	实训演练整侧门关门故障作业程序完整、动作规范,手指口呼,态度端正,展示完毕工具器摆放规范	10		

续上表

序号	评价标准	分值（分）	自评得分(分)（40%）	教师评分(分)（60%）
11	实训演练整侧门开门故障作业程序完整、动作规范，手指口呼，态度端正，展示完毕工具器摆放规范	10		
12	整个操作符合安全规章和操作要求	5		
	合计	100		

项目四
办理车辆段接发列车作业和调车作业

项目概述

城市轨道交通车辆具有保有量较多、运行时间长、技术要求高和安全可靠性指标高等特点,这对车辆的运用、保养、检修均有很高的要求,须设专门的机构完成,这一机构就是车辆基地。根据《城市轨道交通工程基本术语标准》(GB/T 50833—2012),车辆基地是以车辆停放、检修和日常维修为主体,集中车辆段(停车场)、综合维修中心、物资总库、培训中心及相关的生活设施等组成的综合性生产单位。其中,车辆段是承担车辆停放、运用管理、整备保养、检查和较高或高级别的车辆检修的基本生产单位。停车场是承担所辖车辆停放和日常维护的基本生产单位。车辆段的作业包括车辆运用作业、车辆检修作业和调车作业等,停车场除不承担车辆较大的检修作业外,其余作业内容与车辆段相同,本项目以车辆段的作业为例进行介绍。

通过本项目的学习,学生应能系统掌握车辆段内行车岗位设置、作业内容,掌握出入段作业、调车作业等工作流程,理解工程车运行作业要求。通过模拟车辆段作业组织过程,学生应掌握车辆段接发车和调车作业的基本技能。

项目要求

知识点

1. 熟知车辆段主要行车岗位和职责;
2. 熟知车辆段车库类型;
3. 熟知车辆段站线类型;
4. 掌握进路办理流程;
5. 熟知列车运转流程;
6. 掌握调车作业类型和作业风险点;
7. 掌握工程车类型和作业要求。

技能点

1. 能办理正常情况下的出入段作业;
2. 能办理非正常情况下的出入段作业;
3. 能编制调车作业通知单。

拓展阅读

甘当安全生产的"胆小鬼"
—— 广州某车辆段列车进入无电区事件

2019 年 4 月 9 日 5:11,0303 次(03 车)报车站下行出站 300m 处线路上有一玻璃板,影响行车,如图 3-1 所示。

2009 年 1 月 27 日 0:52,广州某车辆段变电所 211 开关 ΔI 保护动作跳闸,12s 后重合闸成功。

1:07,变电所值班员报机电调度员:00:52:13,211 开关 ΔI 动作,动作电流 3023A,3#轨电位动作一次。

2:00,供电专工报跳闸电流 3024A,峰值 16000A。初步判断当时故障电流存在,要求对 211 开关小车进行检查。机电调度员远动分开 211 开关、2111 刀闸,并通知供电专工,3D1 区已停电,检修要求在 4:00 前结束。经供电专工检测,回复机电调度员:现场属一般短路,211 开关触头有小于 0.5mm² 的烧伤痕迹,引弧栅有熔银,灭弧罩有烧黑,灭弧栅片无穿孔、变形,经打磨处理后具备送电条件。机电调度员经与车场调度员和供电专工口头确认后,在 MMI 上合上 2111 刀闸和 211 开关,对 3D1 区送电。

3:45,列车运行至 L35 道岔附近,司机发现列车没有牵引力,网压为 0,受电弓升降灯不亮,主断合灯亮,司机马上拉停列车、施加停车制动、降弓,报车场调度员及信号楼。车场调度员通知司机降弓并原地待令。

经供电人员确认重新分/合闸一次,确认是合闸位置,设备正常。此时供电值班人员擅自分开 211 开关,将 211 小车推到运行位后又合闸送电,3D1 区带电,后经供电三分部初步判断是车辆故障引起。

当值机电调度员违章调度指挥,未认真确认 211 小车状态,211 开关在试验位的情况下合闸送电,3D1 区实际上没有带电,造成调车作业时列车从有电区(3D3)进入了无电区(3D1),是本次事件的主要原因。当晚天正下雨,03A018 车刚洗完车回库后,降弓位置传感器的电缆塑料套管表面有碳粉,使电缆塑料套管的绝缘能力降低,从而形成高压电对车顶短路,是导致 211 开关跳闸的直接原因。发现列车进入无电区后,机电调度员通知供电人员确认 211 开关位置状态,供电值班员在没有接到调度命令的情况下,擅自对 211 开关停、送电,违反了"对由机电调度员管辖的设备,遇有危及人身和设备安全的紧急情况,值班人员(巡检人员)可先行断开有关的断路器和隔离开关,再报告机电调度员,但再合闸时,必须有机电调度员的命令。"等规定,存在严重安全隐患。

侥幸和麻痹心理是安全生产的大敌,作业中要发扬"胆小鬼"的作风,对待每一个环节、每一道工序、每一次操作,都要谨小慎微,比如进入轨行区要穿戴好劳保用品,作业完毕后,清理好现场,防止工器具遗漏在轨枕边,造成安全隐患;动车时确认防溜措施撤出,人员安全到位等。行车作业中,加强规章学习,熟悉操作流程,拒绝违章指挥,安全无小事。

任务一 探究车辆段的基本作业要求

🔵 任务引导

某城市轨道交通车辆段的平面布置图如图 4-1 所示,你能读懂图中所示车辆段平面布置图的线路和库房的含义吗?你能说明车辆段内的组织架构及其职责分工吗?

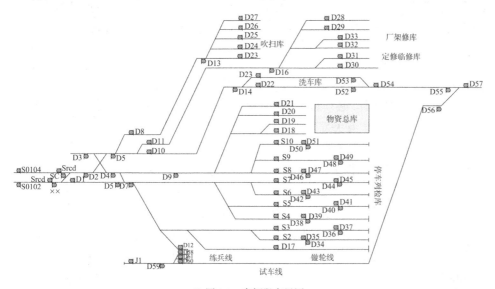

◎ 图 4-1 车辆段布局图

🔵 知识点

引导问题 1 车辆段为了有序运转,都有什么行车组织原则?

车辆段是车辆停放、检查、整备、运用和修理的管理中心所在地,如图 4-2 所示,根据《城市轨道交通车辆基地工程技术标准》(CJJ/T 306—2020),车辆段具有如下功能。

车辆段概述

(1)应承担配属车辆的编组和管理工作。

(2)应承担配属车辆的停放、周月检;在线动态检测、清扫洗刷、定期消毒等维护保养工作,跨座式单轨、胶轮自动导向轨道交通等系统还应包括换轮工作。

(3)应承担配属车辆的乘务工作。

(4) 应承担配属车辆的定修、临修、架修、大修；跨座式单轨重点检修、全面检修；自动导向轨道年检、五年检及检修后的列车静态、动态试验工作，如图 4-3 所示。

(5) 应承担车辆段内设备、机具的维修及管理和调车机车、工程车等的整备、维修及管理工作。

(6) 应承担全线范围内运营列车救援及应急抢险工作。

◎ 图 4-2　车辆段

◎ 图 4-3　车辆段检修库

车辆段为了有序运转，遵循以下行车组织原则。

(1) 车辆段内运作，必须贯彻"安全第一"的方针，坚持高度集中、统一指挥、逐级负责的原则，与行车有关部门主动配合、紧密联系、协同动作，确保及时提供技术状态良好，数量足够的列车投入服务。

(2) 车辆段行车工作由车辆段调度员集中领导、统一指挥，信号楼值班员负责办理接发列车、排列进路。

(3) 编入列车的机车车辆应技术状态良好，符合相关规定。

(4) 车辆段内作业以收发列车为优先，非紧急情况下，其他作业不能影响列车出入车辆段，当发生影响列车正点出/入车辆段的情况时，车场调度员须立即向行车调度员汇报。

(5) 平板车装载设备不得超过车辆限界，货物装载加固要求应符合规定。

(6) 车辆段内作业应以接发列车为优先，其他作业不能影响列车出入车辆段，车辆段应合理运用设备安排接发列车、检修、施工、调车、试车、清扫等作业，确保畅通。

(7) 对联锁设备的操作须遵守"一人操作一人监控，无人监控不能操作"的原则。在操纵道岔、信号时，要手指口呼，操作过程中必须严格执行"一看、二点、三确认、四呼唤"的程序。

(8) 发生突发事件时，坚持"先通后复"的组织原则。

引导问题2　车辆段内主要岗位是如何组织作业的？

1. 车辆段主要岗位

以某城市轨道交通车辆段为例，车辆段内的指挥层级如图 4-4 所示，主要涉及车辆段调度、检修调度、派班员等岗位。

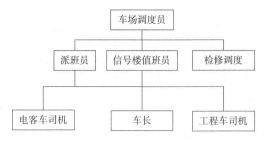

◎ 图4-4 车辆段指挥层级

根据《城市轨道交通车辆基地工程技术标准》(CJJ/T 306—2020),车辆段控制中心(Depot Control Center,DCC)是指车辆基地内负责监控、调度、指挥、管理和协调运营、行车、施工及安防的所在地,一般还支持线路控制中心或网络运营协调指挥中心的相关工作。一般设有车场调度员和检修调度(简称检调)岗位。

车场调度员:负责向行车调度员通报运用车,与检调等交接检修及运用电客车、工程车;负责车辆段辖区内行车组织、调车组织和施工组织等作业。

检修调度:负责正线供车保障和正线车辆技术支持,组织车辆的检修作业及故障处理。

派班员:根据列车开行计划安排司机值乘,传达各类行车注意事项的人员。

信号楼值班员:信号楼设置两名值班员,一名负责操作微机设备,排列进路、开放信号,称前台值班员;另一名负责办理接发列车、接受车场调度员的调车作业计划及与外界联系沟通等作业,并指挥、监督前台值班员作业的人员,称后台值班员。

车长:负责指挥正线工程列车运行、引导瞭望及检查监视车辆装载货物安全的人员,由工程车司机担任。

2. 岗位职责

1)车场调度员

(1)负责电客车投入和退出运用的落实。

(2)降级组织列车出入车辆段作业,配合车辆段值班员完成接发列车作业。

(3)编制调车计划,组织调车作业,安排电客车、机车、平板车停放股道。

(4)掌握车辆段区域内车辆的停留位置及防溜措施。

(5)负责车辆段B1、B2类施工日计划、临时计划的审核、审批。

(6)负责车辆段施工计划的安排、实施,根据施工行车通告安排列车开行作业。

(7)根据车辆和设备维修计划,与相关部门协调、配合,安排实施车辆取送计划。

(8)检查行车设备,保管好行车备品,做好岗位卫生,认真执行交接班制度。

(9)负责场内乘务生产工作人员的指导与监督。

(10)完成上级安排的其他工作。

2)派班员

(1)根据运营时刻表编制电客车司机值乘交路和班表。

(2)根据计划班表安排司机值乘,遇请病/事假及其他突发情况时,及时调整人员安排。

(3)负责司机出退勤工作,传达行车注意事项,检查司机精神状态。

(4)负责司机报单的核对和统计工作。

(5)协助车队检查,督促值乘司机按章行车和标准化作业。

(6)负责司机考勤登记及请销假手续的办理。

(7)负责发放、回收和管理行车备品。

(8)负责车辆段派班室的卫生清洁工作。

(9)负责安排司机公寓候班并与公寓值班员对接工作。

(10)完成上级安排的其他工作。

3)信号楼值班员

(1)负责列车出入车辆段进路和调车进路的排列,负责微机联锁设备的操作。

(2)负责按照运营时刻表接发列车,与行车调度员沟通、确认列车出入场安排,及时向车场调度员报告接发列车情况。

(3)监视信号显示和列车出入车辆段运行状态,发现异常时及时向车场调度员报告,并做好记录。

(4)在微机联锁上按规定执行施工、停送电防护的操作。

(5)负责监控电客车和工程车的调试、试验、调车工作。

(6)检查行车设备、保管好行车备品,搞好岗位卫生,认真执行交接班制度。

(7)完成上级安排的其他工作。

引导问题3 车辆段内的车库类型都一样吗?

根据作业内容不同,车辆段车库分为停车库、列检库、定修库和架修库等类型。停车库与列检库用于停放车辆、进行列车技术检查等日常作业。定修库与架修库用于车辆定期检修作业,有时统称为检修库。青岛城市轨道交通某车辆段设置了运用车库、检修库、物资总库、调机库、洗车库、镟轮库、工程车库等,如图4-5所示。

徐州城市轨道交通某车辆段设有运用车库、检修库、综合楼、物资总库、备品库、工程车库、洗车库和轮对受电弓检测棚等,如图4-6所示。

虽然不同车辆段的布局存在不同,但都有线路、信号、控制设备、运转日常管理用房以及各类机电设备、检修设备、列车存放库和其他辅助设备,为正线运行列车提供各类运营保障服务,确保正常的运营秩序,并为运营相关人员提供后勤保障和服务。我们以徐州城市轨道交通某车辆段为例,介绍车辆段各库房的相关知识。

1.轮对受电弓检测棚

轮对受电弓检测装置能检测车轮以及受电弓的工作情况。轮对检测主要是检测车轮的尺寸、擦伤和轴承温度;受电弓检测主要是检测受电弓的弓网压力、受电弓运行姿态等,判别受电弓运行状态,如图4-7所示。

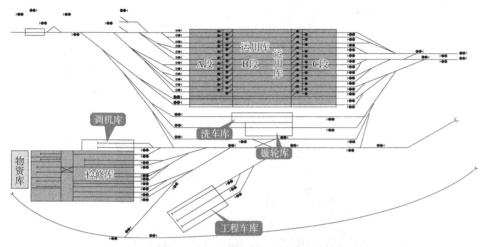

◎ 图 4-5　青岛城市轨道交通某车辆段布局图

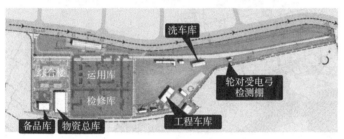

◎ 图 4-6　徐州城市轨道交通某车辆段布局图

2. 洗车库

列车自动清洗机用于车辆的外皮洗刷。在洗车线上对列车两侧(包括车门和窗玻璃)、车头及车尾进行洗刷的作业方式,清除由于列车运用和检修造成的车辆外部表面的灰尘、油污和其他污垢,如图 4-8 所示。

◎ 图 4-7　轮对受电弓检测棚

◎ 图 4-8　洗车库

3. 运用库

运用库是车辆日常停放以及维护检修的场所。库内按功能划分日检股道、双周三月检股道,一条轨道设有不落轮镟床。

日检:顾名思义,每天对列车的日常检查,主要是对各个危及行车安全的部件进行外观的检查;月检:每月一次,主要是对车辆主要部件的技术状态进行外观检查以及必要测试,对检查发现的故障进行修理;年检:对各大部件的技术状态和作用做更仔细的检查,对检查发现的故障做针对性的维修,维修结束后还会进行调试,如图4-9所示。

◎ 图4-9　运用库检修股道

知识拓展

城市轨道交通车辆在运行过程中,与钢轨接触的车轮会产生磨损和变形,这时,就需要对不符合标准的车轮进行必要的车削,即镟修加工以恢复尺寸。不落轮镟床就是实现这个功能的设备,可以使轨道交通车辆的轮对在不解体的状态下进行高精度的镟修,是运营中常用且技术要求较高的设备,位于运用库中,如图4-10所示。

◎ 图4-10　不落轮镟床

4. 检修库

检修库是车辆进行架修以及大修的场所,如图 4-11 所示,库内相关车辆检修设备有架车机、起重机、移车台等。

架修和大修都是车辆使用达到一定年限或者行驶达到一定公里数时需要进行的保养维护。架修是当车辆运行满 5 年或者行驶满一定的公里数之后进行的修程,主要目标是检查修理大型部件,对车辆各部件进行解体、全面检查和修理,最终调试正常方可投入使用。大修是车辆运行满 10 年或者行驶满一定公里数之后进行的修程,对车辆进行全面恢复性修理,实施全面解体,通过检查维护调试使得车辆基本恢复新车出厂水平,车辆检修周期见表 4-1。

◎ 图 4-11 检修库

车辆检修周期　　　　　　　　表 4-1

检修级别	运用时间	走行里程(km)	检修时间
双周检	2 周	4000	0.5 日
双月检	2 月	20000	2 日
定修	1 年	100000	10 日
架修	5 年	500000	25 日
厂修	10 年	1000000	40 日

检修库中的固定式架车机能同时对一六节编组列车在不解钩的状态下,进行架车作业,以便对车体下部的机械和电气部分进行维修、保养和更换,以及转向架的装卸,如图 4-12 所示。因为该设备可以同时抬起电客车的六节编组,因此具有灵活、用途广泛的特点,不需要对列车进行提前的拆卸处理,就可以单独对一个转向架进行更换。

检修库中的起重机用于车间、仓库的吊运工件和货物。它是通过沿厂房轨道纵向移动,小车的横向移动及吊钩的升降运动来进行工作的。在架修、大修的时候,整节车厢便需要起重机抬起移动,如图 4-13 所示。

◎ 图 4-12 架车机

◎ 图 4-13 起重机

检修库中的移车台用于车辆的平行转线作业,车辆的牵引对位作业由公铁两用车完成,如图4-14所示。

5. 工程车库

工程车库是用于停放工程车的库房,如图4-15所示。

◎ 图4-14 移车台

◎ 图4-15 工程车库

引导问题4 车辆段的站场线路都一样吗?他们有什么不同之处?

站场由咽喉区与线路两部分组成。根据《城市轨道交通车辆基地工程技术标准》(CJJ/T 306—2020),咽喉区是指在车辆段(停车场)两端线路的出入口,道岔集中布置的地点。咽喉区应有若干平行进路,具备一定的通过能力。此外,在满足咽喉区的运营功能前提下,应尽量缩短咽喉区长度,节约用地。

线路:车辆段内线路按作业目的和功能可分为出入段线、停车线、列检线、镟轮线、检修线、洗车线、牵出线、试车线、静调线、救援线和联络线等。线路的配置应满足各种生产功能的要求,避免列车或车辆在段内的迂回走行或相互干扰。

出入段线:车辆基地与正线的连接线路。尽端式车辆段采用双线,贯通式车辆段可在两端各设置一条单线。出入段线与正线的接轨有平交和立交两种方式。

停车线:用于停放列车的线路。为减少占地和道岔数量,一般每条线按停放两列车设计。为能进行列检作业,部分停车线设有检修坑道。如图4-16所示。

列检线:用于车辆日常检查的线路,设有检查坑。列检线数一般按运用车数的30%进行配置,如图4-17所示。

◎ 图4-16 停车线

◎ 图4-17 列检线

镟轮线：在轮对磨耗不符合使用要求时，可对轮对踏面进行镟修的线路。

检修线：用于车辆定期检修的线路，包括定修线、架修线（图4-18）、和临修线等，设有检修坑，并根据检修作业需要配置车顶作业平台、架车机（图4-19）和起重机等设备。

◎ 图4-18　架修线

◎ 图4-19　架车机

洗车线：用于车辆清洗作业的线路，一般安装自动洗车机，列车以低于5km/h的速度通过洗车设备即可完成车体清洗。

牵出线：用于车辆段内调车作业的线路，根据车库的位置，牵出线通常设置1~2条。

试车线：用于车辆定修、架修后动态调试的线路，试车线一般设在段内靠近检修库一侧。试车线的有效长度应满足按远期列车最高速度和紧急制动进行调试的要求。

静调线：用于新车停放及静态调试的线路。

救援线：用于停放救援列车的线路，一般设置在咽喉区附近。

车辆段联络线：与铁路接轨的线路，用于车辆、设备等的调运。

引导问题5　车辆段的信号系统和正线一样吗？他们有什么不同之处？

车辆段信号系统包括微机联锁系统和ATS工作站信号设备。

1. 微机联锁系统

车辆段采用微机联锁系统（站级现地控制终端，以下统称微机联锁），操纵终端设于信号楼，每个地铁采用的型号不同，如青岛地铁某车辆段采用DS6-60型，济南地铁某车辆段采用TYJL-Ⅲ型微机联锁系统。

以DS6-60型微机联锁系统为例，具有如下功能。

（1）办理列车进出车场、调车、引导接车或总锁闭接车等作业的进路，单独操作道岔和单独锁闭道岔、总取消、总人解、信号机及道岔封锁和解封等。办理进路操作有误或挤岔、断丝时，屏幕上显示提示或语音报警。

（2）向被占用线路上排列列车进路时，信号机不能开放。

（3）能监督是否挤岔，并在发生挤岔的同时，使防护该进路的信号机自动关闭。被挤道岔未恢复前，有关信号机不能开放。

（4）能监视线路与道岔区段是否被占用，进路开通及锁闭，复示地面信号机的显示状态。

（5）当道岔第一连接杆处的尖轨与基本轨间有 4mm 及其以上间隙时，不能锁闭或开放信号机。

（6）车辆段与相邻车站方向出入场设照查电路，并将轨道条件复示至信号楼；当向转换轨排列出场列车进路时，需检查车站末向出入段线排列进路、轨道电路空闲和虚拟信号开放的条件；向转换轨排列调车进路时，只检查车站末向出入段线排列进路和轨道电路空闲的条件。

2. ATS 系统

车辆段内设有 ATS 系统工作站，分别设置在 DCC、信号楼与派班室，工作站均能监视车场及正线列车运行情况。

任务二　办理车辆段接发车作业

任务引导

小李作为车辆段调度，需要按照运行图组织列车出入段作业，列车 01 车担当正线运营任务，车次号为 012140，3 月 16 日 22:32 运行至青岛北站准备回车辆段，请问如何组织 01 车返回车辆段至停车库？01 车回库后，进行日常检修作业；次日担当正线运营任务，青岛北站发车点是 7:20，请问如何组织 01 车按时并按相关要求到达青岛北站下行站台，开始正线运营？

完成本工作任务，首先要学习车辆段内列车进路的布置、准备和确认作业，以及列车运转流程、接发列车作业标准和要求等，能够按车辆段接发车作业流程组织列车出入段作业。

知识点

引导问题 1　正常情况下，如何组织列车出入段作业？

运营结束后，电客车从入段线回到车辆段进行相应的检修等作业，次日运营开始前，电客车将从出段线进入正线按运营时刻表投入运营。列车出入段作业是车辆段的一项重要行车组织任务。

1. 列车运转流程

列车运转流程指的是每日列车运用过程，包括四个环节，即列车出段、列车正线运行、列车入段和列车段内检修整备作业，这些作业是由车辆运用部门各个岗位协同配合共同完成的。

1)列车出车作业(列车出段)

列车出车作业包括编制发车计划、司机出乘、列车出库与出段三部分。

(1)编制发车计划。

发车计划由车辆段调度员根据列车运行图、运营检修用车安排、车辆段线路存车情况等编制,内容包括列车车次、待发股道、运用车编号等。编制发车计划时,应注意避免交叉发车和保证列车出库顺序无误。发车计划编制完毕后,除应将计划下达给信号楼值班员外,车辆段调度员还应将计划中列车车次、车号、有无备车、备车车次号等内容上报给行车调度员。检修调度员将已检修完毕符合上线运营条件运用车的"电客车状态记录卡"及电客车钥匙交给车辆段调度员,车辆段调度员做好记录,电客车由非运用车转为运用车。

济南轨道交通某车辆段有如下要求,检修中心轮值技术岗原则上应于运营前2h向行车调度员、车场调度员提交"出车计划表"。车场调度员接到出车计划表后,立即根据"运营时刻表"编制"收、发车计划表"表4-2并传达至行车调度员、信号楼值班员、派班员及轮值技术岗。因电客车故障导致"出车计划表"变更时,轮值技术岗向行车调度员说明情况,待发车结束后,将变更的"出车计划表"发送给车场调度员和行车调度员。

收、发车计划表　　　　　　　　　　　　　　　　　表4-2

___年__月__日　车场调度:_____　前台值班员:_____　后台值班员:_____　时刻表_____

序号	计划车次号	实际车次号	实际车体号	计划入段线	实际入段线	计划接车股道	实际接车股道	计划到点	实际到点	库内停妥时间	洗车计划	洗车兑现	备注
1													
2													
3													
4													
5													
6													
7													
8													
9													
10													
11													
12													
13													

说明:"实际回场股道"与"计划回场股道"一致时,划"—";"实际接车股道"与"计划接车股道"一致时,划"—";"洗车计划"项有则"√",无则打"×";"洗车兑现"项有兑现打"√",无兑现则打"×",无洗车计划的划"—";如无加列车时则在空白首行的各项划"—"。

(2)司机出乘。

司机应在充分休息的情况下出勤,按规定时间、在规定地点办理出勤手续,领取相关物品。在办理出勤手续时,司机应仔细查看行车告示牌上的行车命令、指示、安全注意事项以及本次列车出车股道,认真回答询问、听取传达的事项。到规定地点与信号楼值班员共同确认列车股道、车次和车号正确后开始整备列车。

办妥出勤手续后,司机应对安排值乘的列车按突出重点、兼顾一般的原则进行出车前检查,检查合格后方能发车。检查时发现车辆故障不能担负列车任务时,应及时上报车辆段调度员并按其指示执行。车辆段调度员应立即通知检修部门检修故障列车,及时调整司机值乘列车的出车次序,并向信号楼值班员传达变更后的出车计划。列车整备完毕后,使用无线调度电台呼叫信号楼值班员,并于列车发车端等待信号开放。

备用司机应与值乘司机同时出勤,完成备用列车检车程序后,备用司机应在车上待命,在发车工作结束后,方可回到司机休息室待命。

(3)列车出库与出段。

信号楼值班员应认真核对运营时刻表和收、发车计划表,确认列车所在位置,将电客车收入相应股道或由相应股道发出,同时还应做好上线电客车整备情况和收、发车时间的相关记录。

信号楼值班员必须严格按照列车开行计划和运行图的要求及行车调度员、车辆段调度员的命令,正确及时地准备收发列车进路,在排列收、发列车进路时应一次性排列好进路(转换轨至收发列车股道),司机动车前须与信号楼值班员进行呼唤联控。

信号楼值班员在准备进路前,要确认线路状态,轮值技术岗应于电客车出库前,将电客车状态记录卡交车场调度员签认后交派班员,司机出勤时再由派班员交司机。

电客车整备完毕后,司机报信号楼值班员,凭信号楼值班员的口头命令及地面开放的列车出库信号运行至转换轨出段信号机前一度停车,联系行车调度员,得到行车调度员允许,根据地面信号或速度码运行到相邻车站。

在规定的出库时间已到而出库信号仍未开放时,司机应主动询问信号楼值班员,联系不上时可通过车辆段调度员询问。司机凭信号或信号楼调度员命令进入转换轨,投入运营服务。

正常情况下,列车经由出段线出段。列车在出段线的无码区按限速人工驾驶方式运行,在出段线的有码区段按人工 ATP 方式运行。在设备故障或检修施工时,列车可以由入段线出段,但应得到行车调度员准许。信号楼值班员在办理列车发车作业时,应确认区间空闲(出、入段线视为区间),停止影响发车进路的调车作业。

2)列车正线运行

从车辆运用角度,列车正线运行要涉及列车运行交路、列车驾驶和正线交接班等作业。

(1) 列车运行交路。

列车正线运行的循环交路，以及列车在两端折返站的到、发时刻和出入段时间、顺序，是由车辆周转图规定。

(2) 列车驾驶。

司机在值乘中应注意力集中、严禁违章行车。在发现异常、紧急情况时，司机应根据有关规章、应急预案，及时采取措施排除故障或险情，确保行车安全与乘客安全。列车故障时的行车办法和发生事故时的应急处理按非正常情况下的列车运行组织和安全规定相关内容处理。

(3) 正线交接班。

司机在正线交接班时，接班司机应按规定，提前到指定地点出勤，交班司机应将列车技术状态、有关行车命令与注意事项交代清楚，并填写在司机报单上。如接班司机因故未能按时接班，交班司机应坚守岗位、并报告行车调度员。

3) 列车收车作业(列车入场)

列车收车作业包括列车入段与入库、库内作业两部分。

(1) 列车入段与入库。

回段列车待发车站的进路信号开放(或收到速度码)后，司机凭地面信号显示(或速度码)运行，经转换轨至入段信号机前一度停车，联系信号楼值班员，凭信号楼值班员口头命令及开放的地面信号机显示回段。特殊情况下不能及时开放入段信号机时，信号楼值班员应及时通知行车调度员和司机。

列车入库按调车作业有关规定进行，进入车库前应在车门外一度停车，有人接车时按入库手信号进入车库；无人接车时，司机应下车确认库门开启正常、接触网送电后方能进入车库。

电客车回库后，司机将电客车状态记录卡交给车场调度员。车场调度员在占线板更新信息后，交车辆检修部门办理车辆交接。交接后的车辆由车辆检修部门安排保洁、检修等作业，未交接前不得作业。

(2) 库内作业。

列车进入车库停稳后，司机应对列车进行检查，在确认列车无异常后携带列车钥匙、司机报单及其他相关物品办理退勤手续，然后向乘务组长汇报当日工作情况，并听取次日工作安排与注意事项。在发现列车技术状态不良时，司机应向车辆段调度员报告并在有关报表中详细记录。在发生列车晚点、掉线、清客、行车事故与救援时，车辆段调度员应组织当事人及有关人员填写情况报告并及时上报有关部门处理。此外，车辆段调度员还应对当日列车故障与安全情况进行统计。

4) 列车整备作业

列车整备作业包括列车清洗、列车检修和车辆验收三部分。

(1) 列车清洗：包括车辆内部的清扫、清洁和车身清洗等，根据清洗计划进行。列车清洗计划应下达给信号楼值班员、调车司机、调车员及其他相关人员。列车清洗时的动车按调车作业办理。

(2) 列车检修：列车回库停稳、收车后，如无列车清洗等其他作业，车辆段调度员应及时与车辆检修部门办理车辆交接手续。未办理车辆交接手续、未经车辆段调度员同意，检修部门不得擅自进行列检作业。

正在进行列检作业的车辆，未经检修负责人同意，车辆段调度员不得擅自调动，无关人员不得擅自动车。

(3) 车辆验收：运转值班室接到车辆检修部门移交的车辆后，应指派专人对车辆技术状态进行检查，确认车辆技术状态符合正线运行要求后方能接收、投入使用。

2. 接发车作业程序

车辆段接发车作业程序见表 4-3 和表 4-4。

车辆段接车作业程序　　　　　表 4-3

步骤	项目	作业程序		说明
		信号楼后台值班员	信号楼前台值班员	
1	接车预告	(1) 确认转换轨空闲。根据收、发车计划表确定该列车收入××道，填写车场列车运行日志（表 4-6），并通知信号楼前台值班员	(2) 登记电客车占用股道	—
2	预排收车进路开放信号	(1) 指示前台值班员开放信号"排列转换轨××道对××股道进路"	(2) 复诵"排列转换轨××道对××股道进路"	应确认转换轨哪一道入车辆
		(3) 听取复诵无误后命令"执行"	(4) 听到"执行"后操作	
		(6) 通过微机联锁系统做好监控，确认信号开放后，复诵"××信号机对××道信号好"	(5) 开放××信号：点压始端信号机按钮，口呼"始端××信号机"，点压进路终端信号机按钮，口呼"终端××信号机"。确认光带、信号显示正确后，口呼"××信号机至××道信号好"	
3	开放入场信号	(1) 指示后台信号楼值班员开放入场信号，口呼"开放××信号"	(2) 复诵"开放××信号"	—
		(3) 听取复诵无误后命令"执行"开放入场信号	(4) 听到"执行"后操作	—
		(6) 前台值班员排列进路时，密切做好监控，确认信号开放后，复诵"××信号机对××道信号好"	(5) 开放进车辆段信号时，手指、口呼："进车辆段"，点压始端信号机按钮："××道"，点压进路终端信号机点按钮。确认光带、信号显示正确后，报告："排列转换轨××道对××股道进路"	—

续上表

步骤	项目	作业程序		说明
		信号楼后台值班员	信号楼前台值班员	
4	收车入库	(1)与司机进行联控"转换轨××道至××道信号好,司机可凭地面信号显示动车",听取司机正确复诵	(2)监视列车进车辆段情况	—
		(3)填写车场列车运行日志(表4-6)	(5)填写车场线路(股道)占用、停送电情况及其他注意事项登记表(表4-5)	—
		(4)待司机进行联控,报"××车××道停稳、收车完毕",信号楼值班员复诵		—

车辆段发车作业程序　　　　　　　　　　　　表4-4

步骤	项目	作业程序	
		信号楼后台值班员	信号楼前台值班员
1	发车预告	(1)根据运营时刻表、出车计划表或行车调度员、车场调度员命令,确认转换轨空闲信号后通知前台值班员	—
		(2)填写车场列车运行日志	—
2	准备发车进路开放出场信号	(1)指示前台值班员:"排列××道至转换轨××道进路"	(2)复诵:"排列××道至转换轨××道进路"
		(3)听取复诵无误后命令"执行"	(4)听到"执行"后操作
		(6)通过微机联锁系统确认信号开放后,复诵"××道对转换轨××道信号好"	(5)开放××信号:点压始端信号机按钮,口呼"始端××信号机",点压进路终端信号机按钮,口呼"终端××信号机"。确认光带、信号显示正确后,口呼"××道对转换轨××道信号好"
3	出库发车	(1)向司机下达动车指令"××车××道至转换轨××信号好,司机可凭地面信号显示动车",听取乘务员正确复诵	(2)监视列车出场情况
		(3)填写车场列车运行日志	(4)填写车场线路(股道)占用、停送电情况及其他注意事项登记表

车场线路(股道)占用、停送电情况及其他注意事项登记表　　表4-5

年　月　日　班次：　　当值车场调度员：　　接班车场调度员：　　交接时间：

股道用途	股道号码		占用情况	是否带电	停/送电时间	备注	股道用途	股道号码	占用情况	是否带电	停/送电时间	备注	股道用途	股道号码	占用情况	是否带电	停/送电时间	备注
停车列检线	1	1A					停车列检线	16	16A						35				
		1B							16B						36				
	2	2A						17	17A						37				
		2B							17B					车体线	38				
	3	3A						18	18A						39				
		3B							18B						40				
	4	4A						19	19A						59				
		4B							19B					喷漆线	34				
	5	5A						20	20A					临时停车线	41				
		5B							20B					材料线兼新车装卸线	47				
	6	6A						21	21A					牵出线	48				
		6B							21B						53				
	7	7A						22	22A					出段线	49				
		7B							22B					入段线	50				
	8	8A					双周三月检线		23					牵出线	51				
		8B							24					洗车线	52				
	9	9A							25					联络线	54				
		9B							26					试车线	55				
	10	10A					吹扫线		27					培训演练线	56				
		10B							28						57				
	11	11A					定修线		29					大架修线	58				
		11B					临修线		30					其他需要说明的车辆段行车组织或与施工作业有关事宜：					
	12	12A							31										
		12B					大架修线		32										
	13	13A							33										
		13B					调机线		43										
	14	14A							44										
		14B					工程车线		45										
	15	15A							46										
		15B					镟轮线		42										

注：1. 无法确认前，所有股道均视为"无电"且"有车占用"；
　　2. 本班作业计划(行车、施工)；
　　3. 股道变动需在原有的车体号上划"一"。

车场列车运行日志   表4-6

年　　月　　日　　星期　　班　　前台值班员：　　后台值班员：

到达								出发							
车次	车体号	进路	请求闭塞	同意闭塞	电话记录号码	临站出发	本站到达	备注	车次	车体号	进路	请求闭塞	同意闭塞	电话记录号码	本站出发	邻站到达	备注

3.进路相关要求

1）系统排列进路规定

（1）排列进路原则上应排列长进路。

（2）信号楼值班员在排列进路前，须确认即将排列的进路上没有光带和作业，并且前一进路的车辆已出清交叉重叠部分轨道区段2个轨道电路，并确认该2个轨道电路正常解锁5s后，方可排列后续进路。若两个相互影响的进路之间少于两个轨道电路时，则待前一进路列车的司机确认该列车停在预定股道的信号机前方并报停稳后，再排列下一个进路；如果进路光带存在，相关道岔无法操动，进路无法排列。

（3）排列进路应严格按照接发列车或调车计划要求进行；列车入场时，信号楼值班员应至少提前2min开放入段信号机至停车股道进路的信号灯，特殊情况下不能及时开放时，应及时通知司机。

（4）对联锁设备的操作必须遵守"一人操作一人监控，无人监控不能操作"的原则。在操纵道岔、信号时，要手指口呼，操作过程中必须严格执行"一看、二点、三确认、四呼唤"的程序。

2）人工准备进路规定

（1）车辆段调度员确认联锁设备失效或道岔故障，决定采用人工钩锁道岔的方法排列进路。

（2）车辆段调度员布置信号楼前台值班员到现场具体操作，信号楼后台值班员负责信号楼办理行车手续；如需钩锁多副道岔时，车辆段调度员可安排乘务派班室派出工程车司机配合。

（3）车辆段调度员根据需要，取出钩锁器、手摇把、道岔转辙机钥匙，并带上防护信号灯（旗）赶到现场。

（4）前台值班员（或工程车司机）负责手摇道岔操作，车辆段调度员负责确认进路正确并做好现场防护。

（5）完成进路排列，由车辆段调度员与后台信号楼值班员联系办理发车手续。

（6）需卸下钩锁器时，前台值班员负责操作，车辆段调度员负责确认并做好现场防护。

3)取消进路规定

(1)取消发车进路前,信号楼值班员应立即通知司机停车待令,并确认列车位置并处于静止。

(2)取消接车进路前,如列车已接近时,信号楼值班员须提前通知司机并确认列车在转换轨停稳后方可取消接车进路。

(3)调车信号机开放后,因故需要取消进路时,信号楼值班员应通知司机及调车员,并得到应答确认列车已停车或未动车后,方可关闭信号机。

引导问题2　联锁故障下,车辆段是如何组织列车出入段的呢?

当发生车辆段信号设备故障、联锁失效或与正线车站信号接口故障,导致正线信号或车辆段微机联锁不能监控到出入段线列车占用情况,一般采用人工办理进路、电话联系法或者电话闭塞法等方式组织列车出入段作业。

我们以青岛城市轨道交通某车辆段规定为例,介绍一下车辆段行车组织方法。

1. 正线联锁设备正常而车场微机联锁故障

车场发生微机联锁故障不能正常排列进路时,必须呼停车场内的所有列车,及时通知车场调度员和行车调度员。车场调度员接到通知后及时联系通号生产调度派人处理;如发车过程中微机联锁故障,通号值班人员到达现场确认故障起 10min 后,故障仍无法修复,车场调度员立即通知相关专业停止影响行车的抢修作业,启动人工准备进路组织行车。在接发列车过程中出现联锁故障时,向行车调度员报告后,根据行车调度员的要求组织列车出入场。

人工准备进路(由运用库向转换轨方向办理)时,前 30min 由乘务部负责组织处理,待通号抢修人员到现场,通号人员进行处理。前台值班员负责检查确认进路并加锁道岔,乘务部负责核对进路开通方向及钩锁对向道岔,车场调度员负责调整行车安排及组织停送电,后台值班员负责与邻站办理闭塞手续。通号人员到现场配合人工转换道岔时,通号人员与前台值班员共同确认道岔位置及进路的正确后,前台值班员用钩锁器加锁进路上的对向道岔并确认牢固。进路准备好后,通知后台值班员,后台值班员通知司机允许越过信号机动车。故障恢复后及时通知行车调度员。

2. 正线联锁故障而车场微机联锁正常或两者都故障

行车调度员发布采用电话联系法组织行车的命令,信号楼值班员与行车调度员、邻站共同确认列车出入车场路径。信号楼值班员与行车调度员、邻站值班员确认车场至邻站线路空闲后,车场排列进路办理列车出入车场,信号楼值班员与邻站办理闭塞手续,电话记录号作为占用闭塞区间的凭证,凭发车手信号动车,信号楼值班员记录好列车到发时间,接发列车完毕及时通知邻站,并向行车调度员报点,具体流程见表4-7和表4-8。

电话闭塞法出段作业程序　　　　　　　　　　　　　　　　　　　　　表 4-7

程序	作业标准		说明
	后台值班员	（前台值班员）接发车人员	
准备发车进路	(1)根据行车日志与邻站值班员确认转换轨至站台线路空闲,按行车调度员命令或运营时刻表、施工行车通告确认开行车次	—	—
	(2)布置接发车人员"准备××次××道至转换轨××道发车进路"	(3)听取后台值班员布置后复诵"准备××次××道至转换轨××道发车进路"	—
	(5)听取接发车人员汇报后复诵"××次××道至转换轨××道发车进路准备完毕,人员到达安全位置、线路已出清"。	(4)双人双岗将发车进路上的道岔开通正确位置并将对向道岔加锁,确认进路正确人员到达安全区域、备品出清线路后,向后台值班员报告"××次××道至转换轨××道发车进路准备完毕,人员到达安全位置、线路已出清"	能从微机联锁上排列进路（无须去现场）或操作道岔的,优先使用微机联锁设备操作,由微机联锁操到正确位置通过对讲机与现场核对道岔位置（定、反位）
请求闭塞	(6)向邻站值班员请求闭塞："××站/××车辆段请求××次闭塞"	—	—
办理闭塞	(7)××站值班员同意闭塞后复诵："电话记录号码××,××点××分同意××次闭塞,××车辆段收到"	—	—
	(8)填写行车日志	—	—
电话记录号	(9)发车人员核对电话记录号,确认无误	(10)核对电话记录号	—
发车	(11)指示司机发车"××道至×站上行/下行站台区间已闭塞,电话记录号××,闭塞同意时间:××点××分。开行车次:××,××区间,区间限速××km/h"	(12)复诵:"××道至××站上行/下行站台区间已闭塞,电话记录号××,闭塞同意时间:××点××分,开行车次:××,××区间,区间限速××km/h,信号楼值班员:××"	—
	(13)列车鸣笛,向邻站及行车调度员报告"××次××分开"。填写行车日志	—	—
	(14)填写行车日志	—	—

续上表

程序	作业标准		说明
	后台值班员	（前台值班员）接发车人员	
列车到达	（15）邻站行车值班员报列车到点后复诵"××次××点××分到达，闭塞解除，电话记录号××"，填写行车日志	—	—

需要注意的是：

（1）双人双岗准备进路的含义：必须双人上岗，一人操纵道岔、排列进路，一人监督、检查、确认。"监督、检查、确认"内容：道岔操作前位置，道岔操作是否到位（听到咔嚓落槽声），道岔操作后是否符合进路要求，加锁是否符合规定，确认无误后收取钥匙并按规定保管等。

（2）确认进路的程序：逐个确认进路上的道岔，"××号道岔定（反）位，对向道岔已加锁"，由近及远手指进路确认，口呼"××道至××道进路开通"。

（3）接发车人员由车场调度员或信号楼值班员担任。

接车作业程序　　　　　　　　　　　　　　　　　　　表4-8

程序	作业流程		说明
	后台值班员	（前台值班员）接发车人员	
听取闭塞请求	（1）根据行车日志各种表示牌与邻站行车值班员共同确认站台至转换轨线路空闲	—	—
	（2）听取邻站行车值班员闭塞请求后复诵"××车辆段，××站请求××次闭塞"	—	—
	（3）根据运营时刻表、施工行车通告和调度命令，核对车次	—	—
准备接车进路	（4）通知车场调度员，确定接车线	—	—
	（5）布置接车人员检查线路"××次进车场，检查××道"	（6）复诵"××次进车场，检查××道"填写车场线路占用登记簿	—
	（8）听取汇报后，回答"××道空闲"	（7）现场检查，确认接车线，进路空闲后向后台值班员汇报"××道空闲"	能从控制台上确认空闲，可不用下现场
	（9）布置接车人员："准备××次转换轨××道至××道接车进路。"	（10）听取后台值班员布置后复诵"准备××次转换轨××道至××道接车进路"	能使用微机联锁设备办理的无须人工下现场办理

续上表

程序	作业流程		说明
	后台值班员	(前台值班员)接发车人员	
准备接车进路	(12)听取接发车人员汇报后复诵"××次转换轨××道至××道接车进路准备完毕,人员到达安全位置、已出清线路"	(11)双人双岗将接车进路上的道岔开通正确位置并将对向道岔加锁,确认进路正确人员到达安全区域、备品出清线路后,向后台值班员报告"××次转换轨××道至××道接车进路准备完毕,人员到达安全位置、已出清线路"	—
承认闭塞	(13)通知邻站行车值班员"电话记录号码××,××点××分同意××次闭塞,接车股道××道",填写行车日志,通知接车人员做好接车准备	—	—
	(14)待接收到邻站行车值班员发车报点后复诵"××次××点××分发",填写行车日志	—	—
	(15)通知接车人员"××次××分开过来,转换轨××道至××道接车。"	(16)复诵"××次××分开过来,转换轨××道至××道接车。"	—
列车到达开通区间	(18)收到司机报点后,向邻站及行车调度员报点"××站/行调××次××点××分到达,闭塞解除,电话记录号××",填写行车日志	—	(17)司机确认列车到达后向后台值班员报点"信号楼,××次××点××分到达"
	(19)在微机联锁上输入车组号	(20)将道岔解锁	

任务三 办理车辆段调车作业

任务引导

某城市轨道交通车辆段的部分线路平面图如图 4-20 所示,请在车辆段调度等岗位的协作下,根据各自的业务规程和作业要求,完成调车作业任务(表 4-9)。

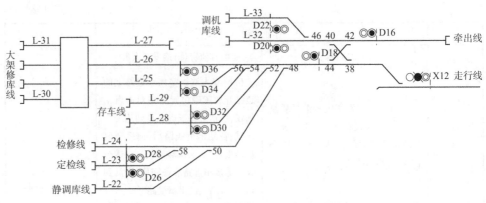

◎ 图 4-20 车辆段的部分线路平面图

调车作业单 表 4-9

作业项目	作业时间	序号	股道 勾种 车数	安全事项及其他交代
		1	L33 调机出	制动系统是否正常：[□是，□否]
		2	L28 +3	悬挂系统是否正常：[□是，□否]
		3	L24 -2	接触网设备是否正常：[□是，□否]
		4	L23 +2	线路、道岔是否正常：[□是，□否]
		5	L29 -3	信号设备是否正常：[□是，□否]
		6	L25 +4	特殊运行速度限制：____ km/h 以内。
		7	L22 -4	调试时驾驶模式：
		8	牵出线待机	存车情况： 其他事项：

车辆段调度员：_____ ____年___月___日 注销时间：_____
调车员/后台值班员：_____ 确认时间：_____ 注销时间：_____
司机/前台值班员：_____ 确认时间：_____ 注销时间：_____

调车作业单是城市轨道交通车辆段内为完成车辆取送或调移任务而编制的一个作业计划，如何能够读懂该计划，并按计划要求完成调车作业任务，需要学习调车的基础知识、调车作业的基本方法和规定，以及调车计划的编制、下达、交接、传达、变更和调车作业基本技能等知识。

知识点

引导问题1 为了调车安全，车辆段内有哪些调车作业要求？

调车是指除列车在车站到达、出发、通过及在区间内运行外，机车车辆进行的一切有目的地移动，属站点层面的行车组织工作，最小移动实体可以是"车列"，也可以是细化后的"车组""车辆"等，它们因不跨站点运行而无需冠以车次号，调车工作也可简称为"调车"。调车指挥原则如下。

1. 统一领导

车辆段调车工作由车辆段调度统一领导,车辆段调度根据工程车、电客车停放位置、线路、设备检修计划和现场作业情况,司机运用情况,合理、科学、正确地编制调车作业单,组织调车人员安全、及时地完成调车任务。

信号楼值班员根据调车作业单、现场作业情况和工程车/电客车停放股道,正确、及时地排列调车进路、开放调车信号,随时监控机车车辆运行。

2. 单一指挥

调车作业由调车员单一指挥。就是在同一时间内,调车作业计划的执行、作业方法的拟定和布置,以及调车机车的行动,只能由调车指挥人一人负责指挥,中途不能轮流指挥。

调车作业前,调车员应充分做好安全预想,核对调车作业计划、现场存车情况、电客车及工程车辆状态,按规定着装、佩戴防护用品,确认车载电台和手持电台良好并认真检查参与调车作业人员的准备情况。

调车员对线路进行检查,确认进路、车辆底下和上部均无障碍物。调车员和司机按照分工共同对车辆进行检查,内容包括电客车、工程车的制动试验、车辆防溜措施情况、是否进行技术作业、是否有侵限物搭靠、装载加固是否良好、是否插有禁动牌、红闪灯、铁鞋等其他防护措施等。

调车司机根据调车员的信号准确、平稳地操纵机车,时刻注意确认信号,不间断进行瞭望,正确、及时地执行信号显示要求,负责调车作业安全。

引导问题 2 调车作业组织方式有哪些?哪种方式适合城市轨道交通调车作业?

城市轨道交通调车作业有平面调车分类和按照动力来源调车分类,平面调车的作业方式分为以下三种。

1. 推送调车

推送调车是用机车将车辆调移至适当地点,停稳后再摘车的调车方式,其作业过程如图 4-21 所示。列车需要将最后一节车调车到 1 股道,列车不停车推送运行到 1 股道后,摘车钩后,又回到牵出线待令。利用该方式调车,便于控制运行速度,作业安全,但车辆实现调移要经过推送和折返两个过程。因此,消耗的作业时间长,效率较低,当不许溜放作业时,应采用推送调车。

2. 溜放调车

机车通常以推送车列的方式行进,在达到一定速度后,按计划摘解车组,车组脱离车列自行溜出,机车制动减速停稳,这种调车法称为溜放调车方式,如图 4-22 所示。因此,在车列行进时,应在合适的时机摘钩,然后机车制动,以形成摘解车组与机带车列的速度差,即发生两者的脱离及车组溜出,为使溜出车组能溜至预定位置或实现安全连挂,由制动员对之施行手闸制动或铁鞋制动。

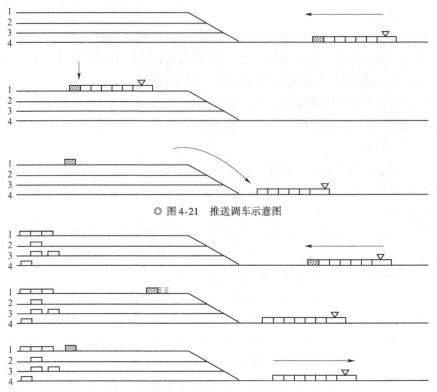

◎ 图4-21 推送调车示意图

◎ 图4-22 溜放法调车示意图

正确把握车组的溜出速度是保证调车安全、提高调车效率的重要前提,溜出速度过低,车组不能溜至预定位置,速度过高,不仅机车的往返牵推过程延长,而且也难以对溜出车组实现制动操作,产生安全隐患。车组溜出速度的大小主要取决于溜行距离、溜行阻力及车辆自身的溜行性能。调车人员要熟悉有关的线路及车辆情况,应具有准确测距、测速的技能。

与推送调车方式相比,溜放调车方式的分解行程短,可显著提高调车效率,在条件允许时均应采用。

城市轨道交通车辆一般不采用溜放法进行调车作业,只使用推送法进行调车作业,具体要求在行车规章中规定。

3. 手推调车法

手推调车是指用人力推动车辆到达目的地的一种调车方式。它是调移车辆的辅助形式,一般在缺乏动力的情况下短距离移动车辆时采用。因手推调车时不安全因素加大,为了保证安全,手推调车必须遵守以下规定。

(1)原则上禁止手推调车,遇特殊情况必须手推调车时,要取得调车领导人或主管安全的负责人同意,方可手推调车。

(2)手推调车速度不得超过3km/h,并由胜任人员负责制动,防止车辆溜逸。

按照动力来源,调车作业分为非自身动力调车和凭自身动力调车两类。工程车调电客车运行属于非自身动力调车,而自身转轨作业、试车线作业和滑触线作业等属于凭自身动力调车。

工程车调电客车作业的基本作业流程如下。

(1)领取调车作业单并听取车场调度员布置的相关安全注意事项。

(2)负责对所调电客车的停放股道和限界进行确认、检查,并做好连挂前的准备工作。

(3)连挂时,确认电客车已做好防溜;调车动车前,确认防溜已撤除。

(4)牵引出库时,司机在运行连挂端的司机室内监控列车状态,发现异常时立即通知工程车司机停车;推进出库时,司机到非连挂端司机室协助调车员瞭望进路,发现异常时立即通知调车员或工程车司机停车。

(5)在规定股道停稳且做好电客车防溜措施,解钩后向车场调度员报告电客车调车作业情况。

在这个过程中,工程车司机重点需要确认的事项如图4-23所示(从左到右依次)。

①股道、车组号。

②双针压力表压力状况。

③B05是否为关闭状态。

④铁鞋位置、编号。

⑤接触轨带电情况。

⑥库门开启状态。

◎ 图4-23 司机关注事项

引导问题3 如何衡量调车作业的效率?

为科学组织调车工作、合理评价调车决策水平及客观体现作业人员的劳动贡献等,需要采用调车作业量和调车作业时间标准等衡量指标。由于调车工作的复杂性,在解编等量列车或车辆的条件下,不同车流构成、不同设备条件以及不同调车决策等都会造成调车作业量和调车作业时间的较大差别。引入"调车钩"和"调车程"的概念,有利于对调车作业量、调车作业时间等进行相对精确的计算,也便于描述调车作业过程。

1. 调车钩

调车作业计划是以调车钩为基本单位对作业做出安排的,故它又称为"钩计划"。从钩计划的作业来说,调车钩是指机车连挂或摘解一组车辆的作业,因此,钩计划只使用两类调车钩即可简明表达作业量,一类是连挂钩,又称"挂车钩",表示机带车列中车辆数将增加;另一类是溜放钩,又称"摘车钩",表示机带车列中车辆数将减少。目前主要用这两种调车钩来计算调车作业量,但是实际上钩计划在简明表达调车作业的同时也省略了一些中间接续过程或作业过程差别,因而没有充分体现全部作业内容,据此计算的调车作业量也是粗略的。

2. 调车程

一个调车钩可分解为一个或几个调车程。调车程是指机车或机带车列(车辆)发生的一次有目的的调移,通常不改变运行方向。

调车程还体现机车车辆在调移中的运行状态。在正常情况下这是一个从启动加速开始到减速停轮告终的过程,其间按是否有定速、惰行等运行状态以及停轮是在制动条件下还是在惰行条件下实现等情况,可区分为不同的调车程类型,如加速—制动型、加速—惰行型、加速—惰行—制动型、加速—定速—制动型、加速—定速—惰行型以及加速—定速—惰行—制动型等,如图 4-24 所示。这些调车程类型依调车作业的性质和调车程长短对应出现,其类型划分可为更精确地估算调移时分、确定调车进度等提供帮助。

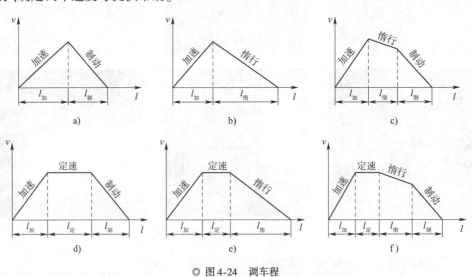

图 4-24 调车程

引导问题 4 如何编制调车作业计划？我们在执行调车作业计划时，要注意哪些作业要求？

1. 调车作业计划

1）编制调车作业计划资料来源

(1) 检调提供的车辆检修计划。

(2) 开行工程车计划。

(3) 材料线车辆装卸计划。

(4) 生产部门调度提报的设备检修配合计划。

(5) 外单位动车计划。

(6) 需要动车的其他情况。

2）调车作业计划

车辆段调度应当面以书面形式向调车员下达调车作业计划，调车作业计划以调车作业通知单的形式编出，某城市轨道调车作业通知单见表4-10，在其上部给出通知单的编号、执行计划的调车，拟解编的车次（只对到发列车填）、列车所在股道（只对解体列车填）以及作业的注意事项等。在其下部给出计划编制人以及编制时间等。

调车作业通知单   表4-10

机车（电客车）号码：_____   班组：_____   第____号

作业项目	作业时间	序号	股道	勾种	车数	安全事项及其他交代
		1				
		2				制动系统是否正常：[□是，□否]
		3				悬挂系统是否正常：[□是，□否]
		4				线路、道岔是否正常：[□是，□否]
		5				信号设备是否正常：[□是，□否]
		6				是否设置铁鞋：[□是，____车设置____号；□否]
		7				特殊运行速度限制：_____ km/h 以内。
		8				调试时驾驶模式：_____模式
		9				其他注意事项（如接触轨停电情况）：

车辆段调度员：_____   ____年____月____日   注销时间：_____
调车员/后台值班员：_____   确认时间：_____   注销时间：_____
司机/前台值班员：_____   确认时间：_____   注销时间：_____

(1) 调车作业通知单一式三联，第一联车场调度员存根，第二联交后台值班员，第三联交调车员/司机。

(2) 调车员、司机、信号楼值班员确认作业内容、安全事项清楚后签名并填写确认时间。

(3)调车员、后台值班员抄写计划分别交工程车司机、前台值班员,作业完成存根。

(4)各岗位在确认作业完成后在各岗位存根联相应位置填写注销时间。

(5)填写安全事项及其他交代栏时,需要提醒司机的事项在相应"□"内画"√"。如果"√"否,需要注明具体问题。

调车作业严格执行"干一勾划一勾"制度。

调车作业通知单填写符号:挂车"+"、摘车"-"、转头"("、待命"D"、交接"JJ"、加油"JY"、充电"CD"、清洁"QJ"、铁鞋"⌀"、手闸"⊕"、木鞋"▲"。

调车作业计划案例

设某车列 A-B-C-C-B-A 分解,车列停于4股道,要求分解的时候,A车存于1股道,B车存于2股道,C车存于3股道,站场图如图4-25所示,试编制调车作业计划。

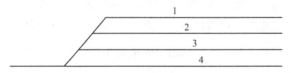

◎ 图4-25 调车辆段平面示意图

调机先去4股道连挂车组(6辆),然后推送调车法依次将ABC三种车摘解到股道123上,共计6钩计划,调车作业计划见表4-11。

调车作业计划　　　　　　　　表4-11

作业内容			
股道	摘/挂	辆数	备注
4	+	6	
1	-	1	
2	-	1	
3	-	2	
2	-	1	
1	-	1	

3)调车作业计划的交接、传达及变更

为保证在调车作业中正确执行作业计划,使调车指挥人能详细了解计划的要求,以确保调车作业安全,提高调车作业效率,调车领导人与调车指挥人必须亲自交接计划。

调车指挥人应根据调车作业计划制定具体作业方法,连同注意事项,亲自向司机交递和传达,确认有关人员均已了解调车作业计划后,方可开始作业。传达调车计划时,有关人员必须复诵。

变更计划主要是指变更股道、辆数、作业方法及取送作业的区域或线路等。一批计划或变更计划不超过三勾时,可以口头方式布置;一批计划超过三勾时,必须出具书面计划;变更作业超过三勾时,须收回原计划,重新出具书面计划,以确保计划准确。

变更调车计划时,必须停车传达。

2. 摘挂调车作业要求

1)连挂车辆作业

(1)连挂车辆,调车员应显示连挂信号和三、二、一车距离信号(三车约60m,二车约40m,一车约20m),没有显示连挂信号和距离信号不准挂车。

(2)机车、车组接近被连挂车辆不少于3m时一度停车,确认车钩位置正确后再以低于3km/h速度连挂。

(3)在曲线上连挂车辆时,应先调整好钩位,再显示连挂信号,防止错钩。

(4)确认连挂好后,进行试拉,试拉好后连接风管(特殊情况经车辆段调度员同意)。

2)摘解车辆作业

(1)摘车时,应执行一关前、二关后、三摘管、四提钩的作业程序,即先关闭靠机车方面的折角塞门,后关闭靠列车尾部的折角塞门,切断列车制动主管内压缩空气的通路,然后摘开制动软管,再提开车钩。

(2)摘解制动软管、调整钩位、处理钩销时,应等待车辆、车列停妥,并得到调车指挥人的回示,昼间由调车指挥人显示停车信号后,方准进行。

(3)调整钩位、处理钩销时,不要探身到两钩之间。

(4)使用折叠式手闸,须在停车时竖起闸杆,确认方套落下,月牙板关好,插销上好后方可使用,注意检查手闸链条良好。

(5)先防溜,后摘车。

3. 调车安全

1)调车速度

调车作业要做到安全、迅速、准确,掌握调车速度是关键。进行调车作业的司机必须严格按照有关规章、规定的限制速度以及调车指挥人的信号操纵机车。在任何情况下,不准超速作业。调车指挥人除注意观速、观距,及时准确地显示信号外,还要准确掌握调车速度,不准超过规定。若发现司机超速危及安全时,必须显示停车信号。

调车速度是根据调车作业的特点,调车时所经过线路、道岔的允许速度,调动特殊构造的车辆或装载特殊货物车辆的要求,以及保证调动车列运行中的安全规定,某城市轨道交通车辆段调车速度规定见表4-12。

调车速度　　　　　　　　　　表4-12

序号	项目	速度(km/h)
1	空线牵引运行	20
2	空线推送运行	15
3	调动装载超限货物的车辆	10
4	在尽头线调车时	5(接近20m时为3)
5	在停车库内及维修线	5
6	对货位时	5
7	接近被连挂的车辆时	3
8	"三、二、一车"的限制速度驾驶列车	8、5、3

作业中还应根据带车多少、制动力大小以及距离远近等,由司机和调车指挥人员共同掌握。

(1)调车作业时,无论是调车机车为动力的调动车辆,还是调动电客车,均须在整列通风制动良好的条件下进行。在空线上调车,应遵守曲线半径、道岔型号等速度限制,在天气不良或地形影响导致瞭望条件不良时,还应适当降低速度。

(2)接近被连挂的车辆时,速度不得超过3km/h,这是安全连挂速度,不致损坏车辆。

(3)在调车作业时,严格控制速度,按信号及行车标志牌行车。

2)线路上行走规定

(1)调车员应在两线路之间显示信号,并注意邻线的机车车辆动态。严禁在钢轨上、车底下、道心、枕木头上行走,不准脚踏钢轨面、道岔连接杆、尖轨等处。

(2)横越线路时,应一站、二看、三通过,注意左右机车车辆的动态及脚下有无障碍物,严禁跳越地沟或障碍物。

(3)横越停有机车车辆的线路时,应先确认该机车车辆暂不移动,然后在该机车车辆较远处通过,严禁抢越。

3)车辆段调车作业安全风险点

车辆段调车作业过程中存在安全薄弱环节,容易引发事故,与此对应的控制措施,见表4-13。

调车作业风险卡控点　　　　　　　　　　表4-13

序号	风险类型	安全薄弱环节(可能存在的风险)	控制措施
1	撞侵限物品	(1)进出有库门的股道时,存在撞击库门的危险	在进出有库门的股道时,在库门前必须一度停车,认真确认库门状态是否固定好
		(2)调车前的整备作业,列车自身设备侵限、线路上设备、物品侵限,存在刮坏车体、损坏设备的危险	检车时认真确认列车设备状态,动车前认真观察列车两侧

续上表

序号	风险类型	安全薄弱环节(可能存在的风险)	控制措施
1	撞侵限物品	(3)在车辆段线路附近存在施工作业清场不彻底,有设备工具或异物遗留导致列车车底设备损坏的危险	车辆段内调车时加强瞭望进路,发现线路、线路异物侵限立即拉停列车
2	冒进信号	(1)牵出线停稳换端,存在信号未开放就开钥匙动车的危险	必须先确认信号开放后再开钥匙
		(2)在下雨天进行调车作业时存在超速运行,导致列车空转滑行越过该停车标志的危险	严格按车辆段规定速度行驶,严禁超速运行,雨天要做到尽量"早拉少拉"
3	挤岔	调车作业时,存在精神不集中,未确认道岔位置挤岔或进错股道,停车后擅自后退导致挤坏道岔的危险	班中集中精神,严格执行手指口呼制度,认真确认进路、信号、道岔动车,发现进路、道岔错误时立即停车,严禁擅自动车
4	误入无电区	车辆段供电分区分段停电时进行调车作业存在误进无电区的危险	(1)司机应熟悉车辆段供电分区的划分及电源指示灯显示状态。 (2)认真确认调车作业单的注意事项
5	未撤除防溜措施动车	在停车库和检修库内有施放铁鞋的列车需要调车时存在未撤除防溜措施动车压铁鞋、木鞋的危险	(1)专人负责确认铁鞋施放与撤除。 (2)检车时认真确认轮对下铁鞋是否全部撤除
6	撞车/土挡	尽头线调车作业存在超速驾驶制动距离不足撞上车/土挡的危险	进入尽头线距离车/土挡10m内调车作业,控制速度3km/h

任务四　办理工程车运行作业

任务引导

某城市轨道交通车辆段工程车如图4-26所示,你能说出它的名字吗？你能说明车辆段内工程车作业的要求有哪些吗？

◎ 图 4-26　工程车

知识点

引导问题 1　工程车有哪些类型？

工程车类型和作业

车辆段中的工程车类型较多，不同城市轨道交通的车辆段会根据需要进行配备，如青岛城市轨道交通某车辆段配备的工程车有蓄电池工程车（图 4-27）、钢轨打磨车（图 4-28）、重型轨道车（图 4-29）、轻型轨道车、轨道检测车、平板（吊）车、轨道平板车和小轨道平板车等。

◎ 图 4-27　蓄电池工程车

◎ 图 4-28　钢轨打磨车

以某城市轨道交通某车辆段为例，工程车主要有轨道车、轨道平板车、携吊平车、隧道清洗车、接触网放线车、接触网检修作业车和综合检测车等。

轨道车主要用于工程段场的调车作业及正线事故列车的救援牵引、设备物资的运输及其他无动力轨道车辆的牵引作业。轨道车在进行列车救援时采用双机重联的方式，主要是为了提供充足牵引力，因为正线线路的路段会存在有坡度，如图 4-30 所示。

轨道平板车是为轨道、供电系统服务，可以用于装运物料、机具等。由内燃机车牵引，可装运散装货物，如图 4-31 所示。

携吊平车适用于线路施工维修时吊装运输各种物料、机具，是在轨道平板车的基础上增加吊机,分为液压吊和电动吊,液压吊可360°全回转,但不可双机联控,电动吊能双机联控起吊钢轨,但不可360度全回转,能45°、90°转动,吊机的动力可自带或由牵引车上的发电机组提供,如图4-32所示。

◎ 图4-29 重型轨道车

◎ 图4-30 轨道车

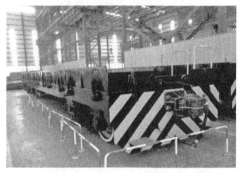

◎ 图4-31 平板车

◎ 图4-32 携吊平车

隧道清洗车主要用于城市轨道交通线路内轨道、隧道壁以及接触网绝缘子等设施的冲洗,由一辆轨道平板车、包含自动和手动部分的高压清洗系统、动力及控制系统、工作室、照明系统等组成,如图4-33所示。隧道清洗车可在城市轨道交通全线网范围内地面、地下区间、车站、车辆段、停车辆段运行,用于城市轨道交通隧道内,采用高压水洗等方式对城市轨道交通线路轨道、道床、接触网绝缘子和隧道壁,即整个隧道截面和轨面,进行全面清洁作业,保证城市轨道交通线路清洁的行车环境。注意隧道清洗车作业时,是由内燃机车牵引的。

接触网放线车主要用于接触网架放线作业,并能在放线时依靠液压系统使导线或承力索产生一定的张力,最大放线张力10kN。它是在轨道平板车的基础上,增加三个放线架,主要用于电气化线路接触导线和承力索的架设以及刚性悬挂汇流排维修及更换,可以搭配接触网检修作业车同时工作,如图4-34所示。

接触网检修作业车主要用于城市轨道交通线路接触网上部设备的安装、维修及日常检查、保养。可以牵引一辆接触网放线车同时工作,并能牵引满载线架的接触网放线车以不低于10km/h的速度通过30‰的坡道,如图4-35所示。

综合检测车是为城市轨道交通线路维护配备的配套设备,作业时由轨道车牵引,设有前司机室、轨道检测室、接触网检测室等,用于城市轨道交通线路的巡检,如图4-36所示。可分为接触网检测、轨道检测和限界检测三个系统。需要注意的是，综合检测车不带走行动力，是由轨道车牵引的。主要用于线路接触网几何参数、接触网巡检、轨道几何参数、线路巡检、第三轨检测、限界等的实时检测，可为接触网和轨道的维修提供参考依据。

◎ 图4-33　隧道清洗车

◎ 图4-34　接触网放线车

◎ 图4-35　接触网检修作业车

◎ 图4-36　综合检测车

◎ 图4-37　公铁两用车

公铁两用车，顾名思义就是既可以在公路上行驶又可以在轨道上运行的车，即既可走行于车辆段内轨距1435mm的各种轨道上，也可在混凝土路面上行驶，如图4-37所示。负责电车的牵引和调车作业。在城市轨道交通无接触网的轨道，电客车就需要外在条件牵引拖动其运行，但其牵引力较小，运行速度较慢，通常只用来镟轮作业时车辆对位使用。

引导问题2　办理工程车作业时，我们要注意哪些作业要求？

运用状态的工程车是由工程车队负责保管和使用的。

工程车至少配备2名司机，在担任调车作业、施工作业和救援作业等任务时，一名工程车司机担任司机，负责工程车的驾驶；另一名工程车司机担任调车员或车长，主要负责的工作有：引导瞭望，指挥车辆连挂、运行、摘解，防护防溜设备如铁鞋等的设置与撤除,检查监视车辆装载货物安全状态,与其他人员如施工负责人、行车调度员等沟通联系等。调车员或车长须由工程车队长指定。

工程车司机在作业的时候需要执行手指眼看呼唤应答制度,即手指/眼看→呼唤→动作。

工程车尾部必须挂有标志灯,在正线上运行的时候,接触轨原则上不停电。

当工程车编挂平板车时,原则上在正线不安排甩挂作业。因特殊需要甩挂作业时,司机做好防溜,返回时挂走。

事故案例

1. 事件概况

2017年5月23日凌晨2:00左右,香港城市轨道交通一名工作人员被工程车碾过,重伤致死。

2. 事件经过

2017年5月23日凌晨1:00左右,一辆载有4名员工的工程车驶离大围车辆段并前往车公庙站进行路轨维修作业,在驶往车公庙站前,工程车停在连接大围车辆段和正线的轨道处等候。

凌晨2:00左右,工程车抵达车公庙站后并完成所有预备工作,工作人员发现其中一名员工联络不上,于是通知控制中心。

凌晨2:05左右,另一辆工程车在驶离大围车辆段时,车上的员工从远处看到有一人倒卧轨道范围,员工即时停车,并通知控制中心。控制中心随即召唤警方、消防处和救护车到场协助。该名倒卧轨道人员随后证实身亡,并被确认为第一辆工程车上联络不上的员工。

3. 事件分析

根据香港城市轨道交通安全程序,员工在进行检查工作时,除非遇到非常紧急事故,才能离开车辆,进入轨道范围;或者已经在轨道上放置安全防护装置,并且通知控制中心后才能离开车辆,进入轨道进行整修或检查等工作,否则不能擅自进入轨道范围或横过轨道。遇难员工擅自离开作业车辆且未告知其他作业人员,直接导致事故发生。

任务实施

一、知识考查

1. 填空题

(1) 车辆段调车工作由_____统一领导。

(2) 调车作业由_____单一指挥。

(3) 除列车在车站到达、出发、通过及在区间内运行外,机车车辆进行的一切有目的地移动称为_____。

(4) 调车作业计划变更时,一批计划或变更计划不超过_____勾时,可以口头方式布置。

(5) 工程车尾部必须挂有_____,在正线上运行的时候,接触轨原则上要停电。

2. 选择题

(1) 负责指挥正线工程列车运行、引导瞭望及检查监视车辆装载货物安全的人员是(　　)。

　　A. 车长　　　　B. 工程车司机　　C. 电客车司机　　D. 调车员

(2) 以下属于信号楼值班员职责的是(　　)。

　　A. 根据运营时刻表编制电客车司机值乘交路和班表

　　B. 负责司机报单的核对和统计工作

　　C. 负责列车出入车辆段进路和调车进路的排列,负责微机联锁设备的操作

　　D. 负责场内乘务生产工作人员的指导与监督

(3) 以下属于车辆段调度员职责的是(　　)。

　　A. 编制调车计划,组织调车作业,安排电客车、机车、平板车停放股道

　　B. 在微机联锁上按规定执行施工、停送电防护的操作,负责司机出退勤工作

　　C. 传达行车注意事项,检查司机精神状态

　　D. 司机考勤登记及请销假手续的办理

(4) 车辆段内,在洗车线上对列车两侧(包括车门和窗玻璃)、车头及车尾列进行洗刷清除由于列车运用和检修造成的车辆外部表面的灰尘、油污和其他污垢的场所是(　　)。

　　A. 停车库　　　B. 列检库　　　C. 洗车机库　　D. 架修库

(5) 车辆进行架修以及大修的场所是(　　)。

　　A. 检修库　　　B. 洗车机库　　C. 镟轮库　　　D. 运用库

(6) 列车运转流程指的是每日列车运用过程,以下不属于该流程的是(　　)。

　　A. 列车出场

　　B. 列车出清

C. 列车正线运行

D. 列车入场及列车场内检修及整备作业

(7)列车回车辆段后的整备作业不包括以下( )部分。

A. 列车清洗　　　　　　　　B. 列车入段与入库

C. 列车检修　　　　　　　　D. 车辆验收

(8)车辆段办理出段作业,取消发车进路前,( )应立即通知司机停车待令,并确认列车位置并处于静止。

A. 车场调度员　B. 信号楼调度员　C. 派班员　　D. 行车调度员

(9)以下属于非自身动力调车的是( )。

A. 工程车调电客车运行　　　B. 自身转轨作业

C. 试车线作业　　　　　　　D. 滑触线作业

(10)当工程车编挂平板车时,以下说法错误的是( )。

A. 原则上在正线不安排甩挂作业

B. 因特殊需要甩挂作业时,司机做好防溜

C. 返回时不需要挂走

D. 至少配备2名司机,车长负责监督

3. 判断题

(1)检修调度是负责正线供车保障和正线车辆技术支持,组织车辆的检修作业及故障处理。( )

(2)检修库中的起重机用于车辆的平行转线作业,车辆的牵引对位作业由公铁两用车完成。( )

(3)轮对受电弓检测棚主要是检测车轮的尺寸、擦伤和轴承温度,以及检测受电弓的弓网压力、受电弓运行姿态等,判别受电弓运行状态。( )

(4)正在进行列检作业的车辆,未经检修负责人同意,车辆段调度员不得擅自调动、无关人员不得擅自动车。( )

(5)备用司机不需要与值乘司机同时出勤,完成备用列车检车程序后,备用司机应在车上待命,在发车工作结束后,方可回到司机休息室待命。( )

(6)车辆段信号楼值班员对联锁设备的操作必须遵守"一人操作一人监控,无人监控不能操作"的原则。( )

(7)车辆段信号楼值班员在操纵道岔、信号时,要手指口呼,操作过程中必须严格执行"一看、二点、三呼唤、四确认"的程序。( )

(8)与溜放调车方式相比,推送调车方式的分解行程短,可显著提高调车效率,在条件允许时均应采用。( )

(9)调车指挥原则是统一指挥,单一领导。( )

(10)调车钩是指机车或机带车列(车辆)发生的一次有目的的调移,通常不改变运行方向。( )

二、实训检验

任务1　识读车辆段库线

在图 4-38 中将车辆段的车库和车辆段线的名称填入对应的框图中。

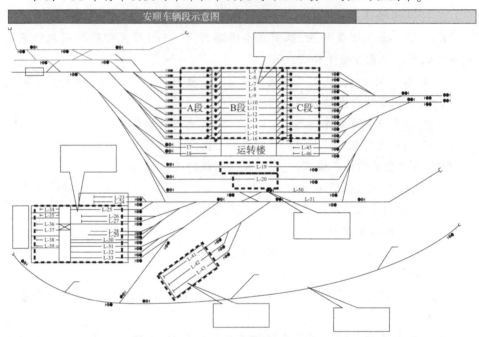

◎ 图 4-38　车辆段平面示意图

任务2　阐述车辆段岗位和作业

1. 绘制城市轨道交通车辆段的岗位层级图。

2. 根据表 4-3 和表 4-4，小组办理车辆段正常情况下的接发车作业，互评考核评分填写表 4-14。

车辆段正常情况下的接发车作业评分表　　　　表 4-14

序号	项目	评分标准	信号楼后台值班员	信号楼前台值班员
1	接车预告	未复诵或复诵错误扣 5 分		
2	预排收车进路开放信号	未正确排列进路，一票否决； 未手指口呼扣 5 分； 未复诵或复诵错误扣 5 分； 未监督排列进路扣 5 分； 操作顺序错一次扣 5 分	□通过 □不通过	□通过 □不通过
3	开放入场信号	未正确排列进路，一票否决； 未手指口呼扣 5 分； 未复诵或复诵错误扣 5 分； 未监督排列进路扣 5 分； 操作顺序错一次扣 5 分	□通过 □不通过	□通过 □不通过

续上表

序号	项目	标准	信号楼后台值班员	信号楼前台值班员
4	收车入库	未与司机联控一次扣5分； 未填写或填写错误台账扣5分		
5	发车预告	未确认转换轨空闲扣5分； 未填写或填写错误台账扣5分		
6	准备发车进路开放出场信号	未正确排列进路，一票否决； 未手指口呼扣5分； 未复诵或复诵错误扣5分； 未监督排列进路扣5分； 操作顺序错一次扣5分	□通过 □不通过	□通过 □不通过
7	出库发车	未与司机联控一次扣5分； 未监视运行扣5分； 未填写或填写错误台账扣5分		
8	操作时间要求	操作内容要求在规定时间内全部完成超过规定未完成，一票否决	□通过 □不通过	□通过 □不通过
	共计得分(分)			
	鉴定人签名			
	测评结果(合格/不合格)			

注：考核项目合计扣分达40分，则此次考核不通过；一票否决项中一项不通过，则此次考核不通过。

任务3　办理调车作业

1. 阐述调车作业方法和调车钩、调车程的定义，并填写表4-15。

调车作业方法和调车钩、调车程的定义　　　表4-15

作业项目	作业内容
调车作业方法	
调车钩	
调车程	

2. 阐述列车运转流程。

3. 调车机车停在牵出线上，2节A车存于1股道，2节B车存于2股道，2节C车存于3股道。现要编组车列A-B-C-C-B-A，然后停于4股道，如图4-39所示。试编制调车作业计划并填写表 4-16。

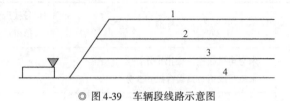

◎ 图 4-39　车辆段线路示意图

调车作业计划表　　　　　　　　　　　　　　　表 4-16

作业内容			
股道	摘/挂	辆数	备注

任务 4　辨识工程车

查阅资料并枚举你所知的工程车类型和用途，阐述工程车的作业要求，填写表 4-17。

工程车作业要求高　　　　　　　　　　　　　　表 4-17

工程车类型	工程车用途	作业要求

三、评价反馈

学生和教师对整个任务考核过程评价并填写表 4-18。

评价反馈　　　　　　　　　　　　　　　　　　表 4-18

序号	评价标准	分值（分）	自评得分（分）（40%）	教师评分（分）（60%）
1	引导问题填写字迹美观清晰	15		
2	引导问题回答正确率 90% 以上	20		

续上表

序号	评价标准	分值(分)	自评得分(分)(40%)	教师评分(分)(60%)
3	实训演练车辆段接发车程序完整,态度端正	20		
4	实训演练调车作业计划制定程序完整无误	15		
5	发散问题查找资料翔实,来源正规	15		
6	整个操作符合安全规章和操作要求	15		
	合计	100		

项目五
组织办理施工作业和施工防护

🌸 项目概述

施工作业是城市轨道交通行车组织工作的一项重要内容。运营结束后,城市轨道交通各专业的设备都要按照计划进行定期检修,同时运营期间发生的设备故障也要进行临时抢修,以确保行车设备处于良好的运营状态,保证轨道交通行车安全。不同种类施工的作业计划、作业要求和防护要求都不同,只有做好施工组织工作、确保施工安全,才能保证城市轨道交通系统的正常运营。

本项目旨在让学生系统掌握施工种类、施工作业办理和施工请销点等工作流程,理解施工安全规定,掌握安全防护设置方法,通过模拟城轨施工检修组织过程,学生应能掌握施工管理的基本技能。

🌸 项目要求

知识点

1. 熟知施工的相关概念;
2. 熟知施工计划的分类;
3. 熟知施工计划的申报要求和流程;
4. 掌握施工请销点作业流程;
5. 了解施工调度系统的组成和请销点操作;
6. 掌握施工安全防护设置要求。

技能点

1. 能区分不同施工作业的类型;
2. 能根据施工通告正确填写施工作业令;
3. 能正确办理 A 类和 C 类施工请销点作业;
4. 能正确填写不同情况下的施工登记簿;
5. 能正确设置不同的施工安全防护。

前沿技术

聚焦数字引领，智能运维安全新探索

——宁波轨道交通试点智能巡检机器人

数字化转型已经成为轨道交通行业发展的必然趋势。智能运维作为实现行业数字化转型的系统性解决方案之一，对提升轨道交通运营管理水平，实现运营降本增效具有重要的技术支撑和保障作用。

为探索建立数字化、智能化、规范化、高效化的智能运维系统，宁波轨道交通以建设全省首条全自动运行线路为契机，首次在将要开通的城市轨道交通5号线一期试点智能巡检机器人，助力运营维保数字化转型。

2021年10月26日，5号线一期三官堂站设备房内，一台拥有细长的机械臂、蓝色机身的智能机器人正仰着"脑袋"对车站配电柜进行安全监测，不一会儿便完成了数据和图像信息的扫描记录，如图5-1所示。市轨道集团建设分公司机电部工程师方哲文介绍，新上线的智能机器人配备了可见光高清摄像机、红外热成像仪、温湿度传感器等检测设备，具有智能识别图像、全局温度检测、自主联动开启柜体后门、激光自主导航、断电续航、记录异常状态等功能，可实现全自动、全方位自主巡检。小机器人扫描到的数据和图像信息会被"秒速"上传到后台监控界面，运维人员可以通过后台管理软件实时查看各类信息和报表，大大提高了工作的便利性和精准度。

◎ 图5-1 智能巡检机器人

检测到故障时，机器人会"滴滴"报警并闪烁，工作人员发现异常后，立刻赶往现场，精准定位故障点，第一时间介入处理。智能巡检机器人的应用未来将有效弥补人工巡检的不足，它不仅是运维人员记录与监控巡查过程中出现异常行为的好帮手，还能指导运维人员制定日常巡检计划，分析预测巡检问题，提高轨道交通运维效率和安全，降低成本。

近年来，我国在一些高技术领域取得了重大突破，在轨道交通领域有多项技术处于世界领先水平，但仍然存在受制于人的技术短板和"卡脖子"难题。智能巡检

机器人实现高效运维数字传送、人机协作降本增效,标志着在运维智能领域应用上跨出了新的一步。当前我国面临百年未有之大变局,只有不断创新,推动科技进步,才能抓住历史赋予中国的发展机遇。

(摘编自宁波市政府网-国资动态-改革发展)

任务一　探究施工作业计划

任务引导

7月29日,某城市轨道交通利用非运营时间进行屏蔽门抢修施工,施工负责人在规定时间持施工作业令到车辆段请点施工。

(1)施工作业令中的主站、辅站、施工负责人和施工责任人各代表什么含义?简述施工作业中主站与辅站、施工负责人与施工责任人的区别。

(2)施工作业令中作业代码B2代表什么含义,施工作业按施工地点和性质划分有哪些类型的施工?

知识点

引导问题1　什么是城市轨道交通施工作业？为什么要组织施工作业？

1. 施工作业

为了保证运营安全和稳定,需要定期对城轨系统范围内的各种设备、设施开展检查维修、隐患排除、维护保养、更新改造等生产活动,这些活动统称为施工作业。进行施工作业可能会中断正线行车作业,因此施工作业主要是利用非运营时间进行。为了保证施工安全,城市轨道交通系统对施工组织进行了严格规定,涉及施工负责人、行车值班员、行车调度员等岗位,在实际的应用中,各城市轨道交通企业的规定略有不同,以下以某城市轨道交通公司为例介绍施工的相关概念和组织等内容。

2. 施工作业基本概念

1)施工负责人

在主站办理进场作业登记并对该项施工作业的组织、安全和管理负责的人员。每个施工作业设置一个施工负责人,施工负责人严禁同时负责多项施工作业。

2)施工责任人

同一施工作业需多站进出人员时,在辅站办理进场登记并对辅站施工作业的组织、安全和管理负责的人员。

施工基本概念

> **知识拓展**
>
> 1. 施工负责人职责
> (1) 管理施工作业人员及设备；
> (2) 办理主站请/销点手续；
> (3) 组织及指挥施工作业；
> (4) 及时与车辆段/车站/开闭所/变电所/OCC 联系作业相关事项；
> (5) 落实和确认施工作业安全防护措施；
> (6) 调试作业时，按调试方案组织、指挥、监督整个作业过程；
> (7) 出清作业区域。
> 2. 施工责任人职责
> (1) 管理辅站作业人员及设备，并配合施工负责人工作；
> (2) 办理辅站请/销点手续；
> (3) 组织及指挥辅站施工作业；
> (4) 及时与车辆段/车站/开闭所/变电所/OCC 联系作业相关事项；
> (5) 落实和确认辅站作业安全防护措施；
> (6) 出清作业区域。

3) 主站

施工负责人登记请点的车站。

同一施工作业多站进行时，其作业区包含联锁区时，主站原则上在联锁区。

4) 辅站

同一施工作业多站进行时，施工责任人登记请点施工的车站。同一施工作业辅站数量原则上不超过 5 个。主站和辅站之间的关系如图 5-2 所示。

◎ 图 5-2 主站和辅站关系图

5) 开车作业

需开行工程车、电客车的施工作业。

6）出清

施工结束后，所有施工作业相关人员已撤离，工器具及物料全部撤走，相关设备、设施恢复正常。

7）施工部门

运营分公司内各部门。

8）外部单位

运营公司以外的单位，包含长期委外单位与外单位。

长期委外单位：与运营分公司签订长期（一年及以上）委外合同的单位。

外单位：运营公司以外的单位，不含长期委外单位。（包含建设尾工单位、资源开发分公司外单位）

其中，监管部门是负责对外单位的施工作业进行监督和管理的部门，主办部门是负责对长期委外单位业务管辖的部门。

9）影响行车的施工：影响行车设备运行、降低行车条件、妨碍行车安全的施工。

10）影响客运的施工：影响车站客流组织、服务质量，降低客运服务设备设施功能的施工。

11）施工作业令

在所辖范围内进行施工作业的凭证，见表5-1。

施工作业令　　　　　　　　表5-1

作业令号					作业日期		作业人数		
作业代码	作业单位	作业时间	作业内容	作业区域	供电安排	配合要求	施工负责人/联系电话	请/销点站	防护措施
辅站及施工责任人									
安全注意事项									
发令人									
请点	批准时间		登记人			施工负责人		登记人	
	施工承认号		批准人		销点	销点时间		批准人	

其中，作业令号的格式为：[年份]（申报部门）-（月份日期）-序号，其中：年份以四位数填写；申报部门为运营公司内施工计划申报部门；月份日期分别以两位数（合计四位数）填写；序号为当日该申报部门签发作业令的序号，以阿拉伯数字顺序填写。例如：[2024]（车辆部）-（0301）-02，表示在2024年3月1日，车辆部签发的第二份施工作业令。

作业代码的格式为:"线别""作业类型"-"日期"-"序号"。其中:线别以一位数字填写;作业类型按作业地点和性质分类填写;日期以两位数字填写;序号为当日该类型作业的序号,以阿拉伯数字顺序填写。例如:3A1-01-02,其中,3 指 3 号线,A1 指 A1 类施工作业,01 指作业日期为当月 1 日,02 指当日该线路上该类型作业的 02 号。

安全注意事项:由专业人员根据作业过程,填写安全注意事项,人工挂地线时,明确挂/拆地线的位置及数量。

主要作业内容:简要描述具体作业内容、作业安全防护措施。

施工承认号:为便于销点时,OCC 与车站、车场调度员与施工负责人核对施工信息,在请点时行车调度员给出的两位数字。

引导问题 2　什么是施工计划?有哪些分类?

城市轨道交通施工计划是指将电客车的调试,设备设施的维修、检查、调试,人员利用设备设施的培训、演练等通过统一管理和科学安排后所形成的方案,内容包括:作业日期、作业部门、作业内容、作业区域、供电安排、申报人、防护措施、备注等。为了确保施工顺利有序进行,城市轨道交通公司会根据不同类型的施工制定相应的施工计划。

施工计划可以按照时间和作业性质进行分类。

1. 施工计划按时间分类

施工计划按照计划的时间不同分为月计划、周计划、日补充计划及临时计划。

(1)月计划:汇总一个月设备设施维护、保养、检修以及工程车、调试列车开行的施工计划。月计划应结合城市轨道交通运营单位月度设备检修计划编制。一般适用于城市轨道交通运营稳定,计划执行性较强的单位。

(2)双周计划:汇总两周设备设施维护、保养、检修以及工程车、调试列车开行的施工计划。

(3)周计划:汇总一周(周一至周日)设备设施维护、保养、检修以及工程车、调试列车开行的施工计划,是指以一周为周期编制的计划,因设备检修需要,对在月计划里未列入的进行补充或月计划中需调整变更的作业计划为周计划。

(4)日计划:是指提前一天申报的计划,对月/双周/周计划进行增加、删减的施工计划。

(5)临时计划:因设备已发生故障须当天(含次日凌晨)进行维修的施工计划。

如某地铁规定试运行及试运营初期,采用周、日、临时计划组合模式;条件成熟(试运营两个月后)采用双周(月)、日、临时计划组合模式。

2. 按施工作业地点和性质分类

按是否影响行车及施工作业地点和性质,可将施工分为以下三大类,见表5-2。

按施工作业地点和性质分类　　　　　表 5-2

A 类	影响正线、辅助线行车的施工	A1	需开行工程车、电客车的施工
		A2	不需开行工程车、电客车的施工
		A3	在车站、开闭所、变电所、OCC 范围内,影响正线、辅助线行车设备运行的施工
B 类	在车辆段的施工	B1	需开行工程车、电客车的施工
		B2	不需开行工程车、电客车,但需进入车辆段线路限界内;影响接触轨、信号等设备运行;需动火等影响行车的施工
		B3	除 B1、B2 类以外的施工作业为 B3 类(办公室、食堂等生活办公设备设施维修除外)
C 类	车站、开闭所、变电所、OCC 等范围内不影响行车的施工	C1	大面积影响客运、影响消防设备正常使用、需动火及设备维护检修等施工
		C2	局部影响客运但经采取措施影响不大;不影响设备运行的巡视检查、清扫、测试等施工

引导问题 3　为了保证施工顺利开展,施工计划是如何制定和发布的?

为了使施工作业能够安全有序地进行,其组织需要按严密的作业流程进行。车站值班员、施工管理人员和施工作业人员均需要按照规定的流程来组织和开展施工作业。

施工计划申报与审核

首先,施工管理部门需要预先制订月计划等阶段施工计划。各施工作业部门须在规定的时间之前,向施工管理部门提交下一个阶段的施工作业计划。施工管理部门对计划进行汇总、审核,并组织有关部门进行协调,最后形成阶段施工计划。

1. 施工计划申报一般规定

只有 A1/A2/A3/B1/B2/C1 类施工作业须申报施工计划。A1、A2 类施工作业区域至少为一个上/下行站内线路或一个上/下行区间(小站台作业除外),A3、C1 类施工作业区域原则上为一个车站/开闭所/变电所/控制中心,并注明详细作业区域。B 类作业区域以股道、供电分区、道岔、信号机等为界,须填报清楚,避免造成歧义。

B3 类施工作业,施工负责人按车间调度指令与车场调度员联系,经车场调度员同意并登记后开始施工;作业区域在 OCC 所辖范围内的 C2 类施工作业,施工负责人按车间调度指令与 OCC 联系,经 OCC 同意并登记后开始施工;车站、变电所、开闭所范围内的 C2 类施工作业,施工负责人按车间调度指令与车站联系,经车站同意并登记后开始施工。B3/C2 类施工作业结束后均须登记后方可离开。

对于临时计划,申报临时计划须满足设备已发生故障必须当天(含次日凌晨)进行维修的条件,其他情况不允许申报临时计划(运营公司安排的临时任务除外)。原则上故障需在运营日报中登记,特殊情况下,未在运营日报中登记的由各专业提供 EAM 系统中的故障代码。

2. 施工计划申报

申报月/周计划、日计划、临时计划时,各申报部门须严格按"月/双周/周计划申报单""日计划申报单""临时计划申报单"的格式要求填写,见表5-3、表5-4、表5-5,以部门为单位申报。

月/双周/周计划申报单　　　　　　　　　　　　　　表5-3

申报部门：　　　　　　　　　　　　　　申报日期：　　年　　月　　日

作业日期	作业类别	作业单位	作业时间	作业内容	作业区域	供电安排	配合要求	施工负责人/联系电话	请/销点	防护措施	备注

日计划申报单　　　　　　　　　　　　　　表5-4

申报部门：　　　　　　　　　　　　　　申报日期：　　年　　月　　日

作业日期	作业类别	作业单位	作业时间	作业内容	作业区域	供电安排	配合要求	施工负责人/联系电话	请/销点	防护措施	备注
申报理由								申报人			
								申报部门意见			
								配合部门意见			

注：申报理由要写明新增、取消施工作业的原因。

临时计划申报单　　　　　　　　　　　　　　表5-5

申报部门：　　　　　　　　　　　　　　申报日期：　　年　　月　　日

作业日期	作业类别	作业单位	作业时间	作业内容	作业区域	供电安排	配合要求	施工负责人/联系电话	请/销点	防护措施	备注
申报理由								申报人			
								申报部门意见			
								配合部门意见			

注：申报理由须写明故障现象和可能造成的影响。

计划申报单须以部门为单位通过 OA 提交至计划审批部门。需其他部门配合的施工,申报部门须征得配合部门同意后方可申报施工计划。

双周/周计划须在施工计划协调会上由配合部门签字确认。

日计划原则上需配合部门签字,因办公地点分散等原因导致配合部门无法签字的,须由申报部门代签并提供相关配合证明材料。

临时计划需要车间调度通过调度电话与配合部门确认配合,配合部门意见处注明联系人及联系时间,调度电话录音作为后续施工中出现配合问题的责任判断依据。

3.施工计划审批

施工计划提交后在规定时间会组织审核和讨论,确定最终的施工计划后以施工通告的形式发布,施工行车通行(周计划)见表5-6。

施工行车通告(周计划)　　　　　表5-6

12月13日　星期三

作业代码	作业单位	作业时间	作业内容	作业区域	供电安排	配合要求	施工负责人/联系电话	请/销点	防护措施	备注
3A2-14-01	工务通号部结构工班	次日00:20—04:00	结构缺陷整改	A站-CD1/CD2上下行,含辅助线	A9/A10/B9/B10停电挂地线	无	张三/××××××	A站	穿戴安全防护用品	无
3A2-14-02	工务通号部结构工班	次日00:20—04:00	结构巡检	B站-C站上下行,含C站单渡线	A6/A7/B7/B8停电挂地线	无	李四/××××××	C站	穿戴安全防护用品	无

生产技术部生产计划室负责审批A类、B1类、B2类、C1类施工月/双周/周计划及A类、C1类施工日计划,并将审批通过的月/双周/周计划汇编为月/双周/周计划,将审批通过的日计划汇编为日计划。

OCC负责审批A类、C1类的临时计划。

车场调度员负责审批B1、B2类施工日计划、临时计划。

以某城市轨道交通为例,双周计划、周计划、日计划和临时计划的施工计划的申报流程如图5-3～图5-6所示。

施工计划一经签发不得更改,特殊情况更改时按如下执行。

(1)月/双周计划要更改,按照周/日计划申报更改作业需求。

(2)周计划要更改,按照日计划提前一天申报次日作业需求。

(3)日计划要更改,按照临时计划申报当日作业需求,由施工负责人联系信号调度员(车场调度员),信号调度员(车场调度员)审核通过后以口头命令的形式通知相关部门。

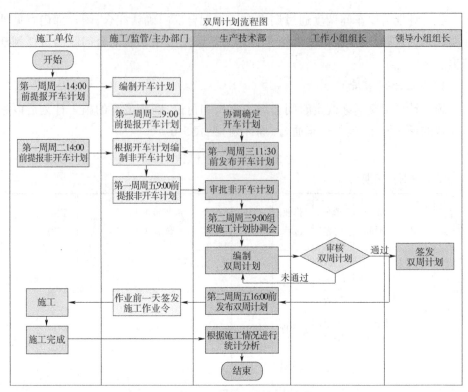

◎ 图 5-3　双周施工计划申报流程

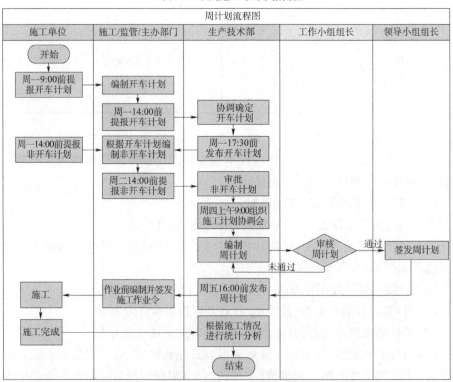

◎ 图 5-4　周施工计划申报流程

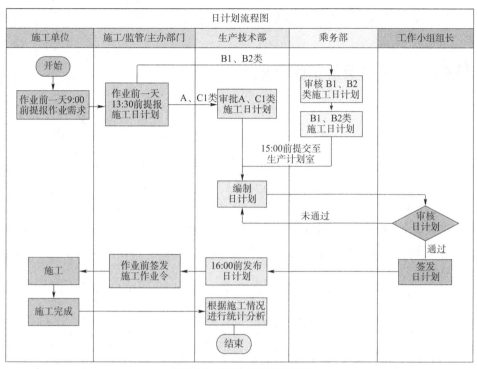

◎ 图 5-5　日施工计划申报流程

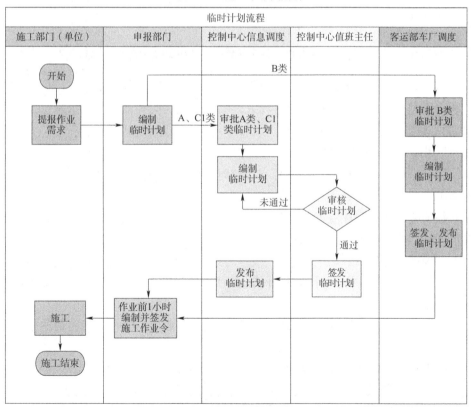

◎ 图 5-6　临时施工计划申报流程

任务二　办理施工组织作业

◆ 任务引导

7月3日某站A2类正线人工巡道施工作业，施工负责人到达车站后，行车值班员审核施工负责人的施工负责人证及施工作业令见表5-7，在相关证件审核无误后办理请点作业；行车调度员批准请点后，行车值班员在"施工登记簿"上登记。施工结束后，施工负责人申请销点，行车值班员确认出清后向行车调度员申请施工销点。行车调度员批准销点后行车值班员在施工登记簿上记录，施工负责人与行车值班员签字确认。

(1) 施工作业令有哪些作业要求？
(2) 行车值班员填写的施工登记簿有哪些填写要求？
(3) 如果你是主站的行车值班员，在请销点过程中，你需要重点把控哪些内容？
(4) 分小组完整演练施工组织流程。

◆ 知识点

引导问题1　什么是请点和销点作业？办理的流程是什么？

由于城市轨道交通施工作业涉及面广，参与作业的人员较多，故施工作业能否顺利实施对次日的行车作业安全有较大影响。施工组织实施主要包括施工批准权限、施工请销点作业等方面。

1. 施工作业令作业要求

施工作业令由申报部门根据月/双周/周计划、日计划、临时计划编制、签发，确保施工作业令内容与计划相匹配。

每项施工作业只能签发一份施工作业令，同一施工作业多站进行时，施工负责人可持施工作业令原件办理请/销点手续，施工责任人可持施工作业令复印件/传真件办理请/销点手续。

凡是编入月/双周/周计划、日计划、临时计划的施工，须持有施工作业令方可进场作业。

施工负责人/责任人在施工开始前，应将施工作业令上的相关内容传达给作业人员。

施工负责人以施工作业令为准，签发部门负责存档6个月。

受临时计划或特殊原因影响，需调整相关作业时，须收回原施工作业令，重新签发新的施工作业令。

项目五 | 组织办理施工作业和施工防护

施工作业令

表 5-7

作业令号	作业单位	作业时间	作业区域	作业内容	供电安排	配合要求	作业日期	施工负责人/联系电话	请/销点站	作业人数	防护措施
[2023]工务1字-(0703)-02											
作业代码											
3A2-03-23	工务通号中心 工务一车间	23:10-(次日) 04:00	A-C站 上下行线路	正线人工 巡道	无要求	无要求		李明 ×××××××× ××××	A站/C站		作业人员穿 荧光衣,劳保鞋
辅站及施工责任人											
安全注意事项	该项作业需车站配合开启区间照明及扳动道岔,销点站:C站										
发令人			批准时间				销点	登记人		施工负责人	登记人
			施工承认号					批准人		销点时间	批准人
请点											

233

知识拓展

每个地铁施工作业令格式有所不同，不同城轨企业施工作业令格式如图 5-7 所示。

施工作业令

作业代码	1B2-17-02	作业令号	[2023 运营 1]字(1116)-04 号
作业部门(单位)	站务车间	申报人及联系方式	张某××××××××××
作业名称	行车值班员人工转换道岔实操培训及考核	作业区域	车辆段入段线 1 道、洗车线 3 道、镟轮线 4 道
作业日期	2023 年 11 月 17 日	作业时间	9:30—16:30
主要作业内容			
防护措施	作业区两端安排专人防护		
接触网供电安排	无要求		
配合部门及要求	需信号专业配合转辙机断电恢复		
主站	无	负责人及联系方式	
辅站及责任人		作业人数	
备注	12 和 13 号道岔		
签发人	苏州轨道交通运营分公司 施工作业令签发专用章 陈煌	发放人	
完成情况			

请点	时间		销点	时间		销令	时间	
	批准人			批准人			批准人	

a)施工作业令板式一

◎ 图 5-7

施工进场作业令					
施工登记部分					
施工名称	[illegible]	施工分类	□A1 □A2 ☑A3 □A4		
施工序号	抢L02 20210728 010	施工类型	□周计划 □临时施工 ☑抢修施工 □抢险补修施工		
施工作业令号码					
施工单位	[illegible]	施工人数	2人	施工负责人姓名	[illegible]
				施工负责人证件编号	ZWT00422
施工区域	[illegible] 至 [illegible]	申请地点	[illegible]	注销地点	[illegible]
计划施工时间	自 2023 年 7 月 29 日 00 时 10 分 至 2023 年 7 月 29 日 04 时 30 分				
施工工具	☑安全防护用品 ☑随身工具 ☑其他 [illegible]				
注意事项	[illegible]				
值班员确认签名	[illegible]	办理地点（车站站印）	号线 空港经济区站		
施工负责人确认签名（负责人自签）	[illegible]				
施工注销部分					
施工作业注销时间	____年____月____日____时____分				
施工注销确认事项	□施工人员及工器具已出清	□设备设施已恢复			
值班员确认签名		注销章		注销地点（车站站印）	
施工负责人确认签名（负责人自签）					

注：一式两联，正联为施工作业凭证，副联车站留存。

b)施工作业令板式二

◎ 图 5-7　施工作业令

2. 施工批准权限

请点作业是指施工负责人在主站请点时，持施工作业令原件，施工责任人在辅站请点时，持施工作业令复印件或传真件，到车站控制室或车辆段信号楼等填写施工登记簿请点，经行车调度员或者车场调度员同意后，请点生效。

销点作业是指施工负责人或施工责任人，按计划完成施工并出清后，到车站控制室或车辆段信号楼等填写施工登记簿销点。车场调度员办理销点手续时，必须报告行车调度员施工结束。

对于请销点权限，OCC 行车调度员负责受理 A 类及作业地点在 OCC 所辖范围内 C1 类计划的请/销点作业，影响车辆段的施工作业，作业前须先征得车场调度员同意。

车场调度员负责受理 B 类计划的请/销点作业，涉及转换轨的施工作业，作业前须先征得行车调度员同意。

车站负责受理作业地点在车站所辖范围内 C1 类计划请/销点。

正线施工请/销点存在问题，通过行车调度员协调解决。

车辆段施工请/销点存在问题，通过车场调度员协调解决。

施工前的登记

3. A 类施工请销点作业流程

A 类施工请销点的情况有单站、主辅站和异地销点等情况，主要作业流程如图 5-8 所示。

（1）施工前准备：白班行车值班员将涉及本站当日的施工，在施工行车通告

学习笔记

中进行标注,见表5-8,并将本站当日施工中的异地请销点施工、配合作业需站内停电施工、需要动火作业施工、需设置红闪灯防护等重点施工告知当班值班站长、站长。

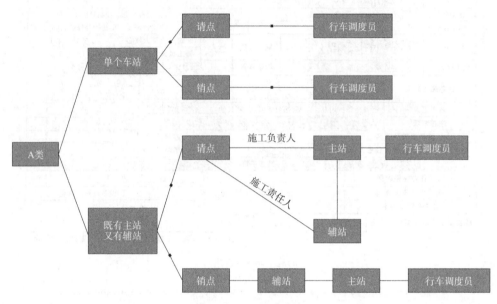

◎ 图5-8　A类施工流程

白班值班站长对当日重点施工做好交接。

站长对当日重点施工做好相关布置及重点提醒,如有疑问及时与相关技术岗做好沟通与确认,确保施工正常进行。

夜班行车值班员接班后,查看本站施工计划,并列出与本站有关的施工项目,检查施工防护用品状态是否良好,带电设备是否需要充电。

夜班值班站长查看本班施工计划,与行车值班员做好施工安全预想,向班组人员传达施工重点和注意事项,并与行车值班员确认施工防护用品状态是否良好,带电防护用品是否有电。

在施工办理过程中有任何不清楚事宜及问题,车站及时与站长、生产调度、相关技术岗联系,不要臆测办理施工。

(2)请点登记:施工负责人提前到车站进行登记,填写车站施工登记簿,具体格式见表5-9。

(3)请点预审核:车站确认施工负责人登记信息后,在该项施工前预列举该项施工的条件。

条件审核:

①最后一趟列车出清作业影响区域或出清正线。

②作业区域内没有其他施工安排。

③接触轨满足施工供电条件。

④信号、供电作业影响区域符合施工条件,不与其他作业存在冲突。

项目五 | 组织办理施工作业和施工防护

施工行车通告（周计划）

表5-8

12月14日星期一

作业代码	作业单位	作业时间	作业内容	作业区域	供电安排	配合要求	施工负责人/联系电话	请/销点站	防护措施	备注
3A2-14-01	工务通号部结构工班	次日00:20-04:00	结构缺陷整改	永平路站-CD1/CD2上下行，青岛北站单渡线，青岛北站交叉渡线	A9/A10/B9/B10停电挂地线	无	王洋××××××××	永平路站	穿戴安全防护用品	无
3A2-14-02	工务通号部结构工班	次日00:20-04:00	结构维护	李村站-振华路站上下行，亭峰路站	A6/B6/B9/C4停电挂地线	无	何杰××××××××	君峰路站	穿戴安全防护用品	无
3A2-14-03	工务通号部结构工班	次日00:20-04:00	结构巡检	地铁大厦站-万年路站上下行，海尔路站单渡线	A6/A7/B7/B8停电挂地线	无	胡永夏××××××××	海尔路站	穿戴安全防护用品	无
3A2-14-04	工务通号部线路正线二工班	次日00:20-04:00	巡道	亭村站-CD1/CD2上下行，亭峰北站存车线，青岛北站单渡线，青岛北站交叉渡线	A8/A9/A10/B8/B9/B10/C4停电挂地线	无	刘洋××××××××	青岛北站/李村站	穿戴安全防护用品	无
3A2-14-05	工务通号部线路正线二工班	次日00:20-04:00	巡道	清双区间隔断门-李村站上下行，双山站存车线，海尔路站单渡线	A6/A7/A8/B6/B7/B8/C3停电挂地线	无	王春波××××××××	双山站/李村站	穿戴安全防护用品	无
3A2-14-06	工务通号部线路正线二工班	次日00:20-04:00	轨检仪线路检查	清双区间隔断门-李村站上下行，双山站存车线，海尔路站单渡线	A6/A7/A8/B6/B7/B8/C3停电挂地线	无	曹树森××××××××	双山站/李村站	穿戴安全防护用品	无
3A2-14-07	新科佳部（尾工）	次日00:20-04:00	安全门调试	青岛北站上下行	A9/B9停电	无	赵晓勇××××××××	青岛北站	穿戴安全防护用品	监管:供电机电部

车站 A 类施工登记簿　　　　　　　　　　表 5-9

_____年___月___日

请点												
作业代码	施工单位	施工负责人及联系电话	作业内容	作业区域	作业时间		人数	施工负责人签名	安全注意事项	行车调度员承认时间	行车调度员代码	行车值班员签名确认
					起	止						

备注	□请点站　□销点站　□辅站请点站　□辅站销点站

销点					
现场出清情况	施工结束时间	销点人签名	行车调度员销点时间	行车调度员代码	行车值班员签名确认
□人员出清,工器具、物料出清。 □设备、设施恢复正常。					

备注	

证件审核:施工负责人资格证、施工作业令(主站审核原件,辅站审核复印件/传真件),如有动火的施工需审核临时动火作业许可证(外单位施工需施工负责人和施工监管人共同到车站请点)。

(4)车站向行车调度员请点:车站确认所有施工条件达到后向行车调度员请点,如有主辅站,辅站向主站请点。

(5)行车调度员批准请点:行车调度员确认符合条件后批准请点,A1 类施工需要封锁作业区时及时发布线路封锁命令;如该项作业涉及车辆段时,行车调度员须征得车场调度员同意后方可批准请点。

(6)车站通知施工人员:行车调度员批准请点后,主站通知施工负责人请点已批准;辅站向主站办理请点得到批准后,通知施工责任人请点已批准;如施工人员需异地销点,请点时车站应向行车调度员说明,得到行车调度员同意后,电话通知销点车站,告知行车调度员承认时间、行车调度员代码等,并在车站施工登记簿上做好记录。

(7)车站设置防护:车站确认行车调度员批准请点后,如需设置红闪灯防护,车站组织红闪灯设置,需要交付线路封锁命令时由车站及时交给工程车、调试车司机。

(8)接触网配合挂拆地线:需要配合挂拆地线时,施工负责人组织接触网配合人员挂接地线;施工负责人确认地线已经挂接后,方可开始作业;如有主辅站,施工负责人通知辅站施工责任人可以开始作业,辅站由施工责任人向施工负责人汇报施工完成情况,根据施工负责人安排是否撤离。所有辅站及主站的施工完毕后,施工负责人组织接触网配合人员拆除接地线。

(9)开始施工作业:通知施工人员进入作业区域,车站根据施工作业需要配合开启隧道照明和轨行区端门。

(10)销点登记:施工结束后施工负责人确认施工区域出清后,到销点站凭施工作业令进行销点登记,如有主辅站,施工结束后施工负责人、责任人确认施工区域出清后,分别到主站、辅站凭施工作业令进行销点登记。

(11)销点预审核:销点站负责检查施工作业令,核实施工区域出清情况。

行车值班员接到销点请求,向施工负责人/责任人核实确认施工结束,作业区域内是否有遗留工具器,作业垃圾是否清理干净,是否有物品侵入机车车辆限界,施工所涉及的设备设施是否恢复正常使用。如车站范围内需动火作业的施工,作业结束后车站须确认现场火种已彻底清除、现场无遗留隐患、作业区域周边设备设施正常,方可允许其办理销点。

(12)车站撤除防护:销点站确认销点预审核通过后,按规定组织相关车站撤除红闪灯防护。

(13)销点站向行车调度员销点:销点站确认施工区域出清及防护撤除完毕后向行车调度员销点;如有主辅站,辅站确认具备销点条件后向主站销点,主站确认所有辅站销点、施工区域出清后向行车调度员销点。

(14)行车调度员批准销点:行车调度员与销点站确认施工区域出清并撤除红闪灯后,批准销点,需要解除作业区封锁时,及时发布书面解封命令。

(15)施工结束:销点站确认行车调度员批准销点后通知施工负责人施工结束。主站通知辅站,辅站通知施工责任人,异地销点的销点站通知请点站行车调度员批准销点时间及行车调度员代码。

具体流程如图5-9所示。

对于主辅站施工异地销点的施工组织程序,只是在销点时需要注意以下事项:凡需要在异地销点的施工,施工负责人在车站履行施工登记手续时,应向该站值班员申明,并记载在车站施工登记簿内。车站值班员接到施工负责人异地销点的申请后,应核对施工内容,对需要异地销点的施工,电话通知施工销点站行车值班员受理该施工项目的销点,办理情况如图 5-10 所示。

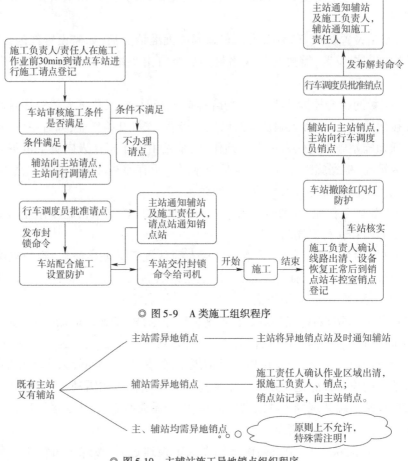

◎ 图 5-9 A 类施工组织程序

◎ 图 5-10 主辅站施工异地销点组织程序

4. 其他施工作业

1) C1 类施工请销点流程

C1 类施工为单站,无主辅站,也不得异地销点,如图 5-11 所示。外单位的 C 类作业按 C1 类施工申报,由监管部门配合办理请/销点。长期委外单位由公司培训取得施工负责人资格证,可凭施工作业令自己办理请销点。

◎ 图 5-11 C 类施工场所

C1 类施工组织程序如下。

(1) 请点登记:施工负责人提前到相关车站、控制中心进行请点登记,进行施工条件审核。

条件审核:不影响行车且不影响乘客人身安全。

证件审核:施工负责人资格证、施工作业令,如有动火的施工需审核临时动火作业许可证(外单位施工需施工负责人和施工监管人共同到车站请点)。

(2) 批准请点:满足施工条件后,施工负责人在车站施工登记簿上登记签名,由车站直接批准请点。在控制中心由 OCC 直接批准,并做好如下防护。

① 对运营期间可能影响客运组织或造成乘客伤害的做好安全防护,并加强巡视,对施工人员进行属地管理。

② 如车站范围内需动火作业的施工,车站人员应监督施工人员配备相应灭火器材并做好防火巡视。

(3) 进场施工:请点完成后,施工人员自行进入正确的作业区域;作业令上注明"作业前联系环控调度员(机电调度员)"的,作业过程中若作业影响到相关设备运行时,施工人员必须先与环控调度员(机电调度员)联系,取得环控调度员(机电调度员)同意,方可操作。未提前联系取得同意施工的,由施工负责人承担全部责任。

(4) 销点登记:施工结束后施工负责人确认施工区域出清后,分别到车站、控制中心进行销点登记。

(5) 批准销点:确认施工区域出清后,由车站、OCC 直接批准销点。

具体流程如图 5-12 所示。

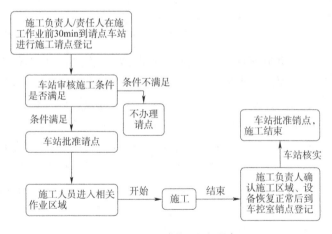

◎ 图 5-12　C1 类施工组织程序

2) B 类施工

请点:施工负责人到车场调度员处登记请点,当施工条件满足后,经车场调度员批准方可施工;涉及影响正线行车的作业,还须先征得行车调度员同意。

销点:施工负责人确认作业区域出清,到车场调度员处销点。

3）抢修作业要求

运营期间正线行车设备故障，需要利用行车间隔边运营边抢修，具体要求如下。

(1) 是否实施边运营边抢修，由值班调度主任最终批准。

(2) 先期到达人员先报告 OCC，并通过车站与 OCC 办理下轨行区的手续。现场总指挥到达后，在车站做好登记后，由车站人员引导至现场，值班站长负责组织抢修人员进入及出清轨行区。车站值班站长携带行车专用电台，专门负责向行车调度员报告现场出清、避让情况及向抢修人员传达行车调度员命令。

(3) 行车调度员负责开往故障区域列车的扣停和放行，行车调度员放车进入抢修区域前必须通知现场人员进行避让，并确定人员进入安全区域及出清设备限界，同时通知现场人员下一次列车已经扣停。

(4) 列车司机在故障区域运行过程应加强瞭望、注意安全。

(5) 抢修人员接到行车调度员命令后必须迅速出清设备限界并避让到安全区域，抢修人员确认列车通过抢修区域且后续列车已经扣停后即可进行抢修工作。

(6) 抢修结束后，值班站长与行车调度员联系，根据行车调度员的安排出清轨行区，现场总指挥到车站向行车调度员销点。

引导问题 2　城市轨道交通车站用的施工登记簿格式是什么样的？如何填写？

1. A 类施工登记簿

车站施工登记簿由车站行车值班员填写，按所列项目严格填写，施工负责人签字后方可实施施工。某城市轨道交通 A 类施工登记簿见表 5-10，主要包括请点和销点两部分。

作业代码、施工单位、施工负责人及联系电话、作业内容、作业区域、作业时间、安全注意事项：此 7 项由行车值班员根据施工行车通告、施工作业令填写，如有动火作业令，需填记动火方式（作业内容一栏）和动火地点（作业区域一栏）。

人数、施工负责人签名：此栏由施工负责人填写，签字一栏要写姓名、电话，如有施工监管，监管人员也需在此栏填写姓名、电话，人数和施工负责人可与行车通告上的不一致，但必须要与作业令和现场保持一致，人数中包括施工负责人和监管人。

行车调度员承认时间、施工承认号、行车调度员代码：由行车调度员给出，异地销点的销点车站和辅站根据请点车站电话通知填写。

行车值班员签名确认：办理施工的行车值班员签名。

备注：行车值班员根据车站实际情况在此勾选，备注内容含以下信息。

(1) 进端门的时间、位置、人数（例：次日 00:45，上行头端进 5 人），施工过程中进出端门的情况只需在此备注即可，不需要在车站端门进出登记簿上登记，端门进入人数不能高于施工人数。

车站 A 类施工登记表

表 5-10

2024 年 1 月 8 日

作业代码	施工单位	施工负责人及联系电话	作业内容	作业区域	作业时间 起	作业时间 止	人数	施工负责人签名	安全注意事项	行车调度员承认时间	施工承认号	行车调度员代码	行车值班员签名确认
3A2-08-01	供电机电部供电车间	张某 ×××××× ××××	接触网设备年检	×站A端-×站B端上下行线（含辅助线）	23:00	次日03:30	3	张某	1. 接触网停电；2. 最后一班车出清作业区域	23:06	02	T109	×××

请点

备注	☑请点站 ☑销点站 ☑辅站请点/A1类施工记录防护设置时间） （主站记录辅站请点时间/A1类施工记录防护设置时间） 1. 23:07, 批准 B 站 2 人请点。 2. 23:09, 批准 C 站 2 人请点。C 站至本站销点。 3. 23:08, 从本站上行尾端进入 3 人。

销点

现场出清情况	施工结束时间	销点人签名	行车调度员销点时间	行车调度员代码	行车值班员签名确认
	次日03:15	张某/李某	次日03:25	T109	×××

备注	☑人员出清,工器具,物料出清 ☑设备,设施恢复正常 （主站记录辅站请点时间/A1类施工记录防护设置时间） 1. 次日 03:15, C 站至本站销点。 2. 次日 03:16, B 站请求销点。 3. 次日 03:25, 告知 B 站批准销点。 次日 03:26, 告知 C 站施工已销点。

(2)其他特殊情况需说明的事项,如 A1 类施工,则说明红闪灯设置情况(本站于××:××分通知 A 站、B 站设置红闪灯。A 站:××:××分红闪灯设置完毕;B 站:××:××分红闪灯设置完毕)、动火许可证编号、异地销点车站、辅站请点时间等。销点的现场出清情况:由施工负责人和监管人员(若有)共同确认施工出清、设备状态恢复后勾选,行车值班员与值班站长需核实现场出清情况。

施工结束时间、销点人签名:施工负责人填写结束时间、姓名,如有施工监管,监管人员也需要签名。

行车调度员销点时间、行车调度员代码:按照行车调度员给予的信息填写,销点时间只能是晚于施工结束时间,异地销点的请点车站和辅站根据销点车站电话通知填写。

行车值班员签名确认:办理施工的行车值班员签名。

销点备注:备注内容含以下信息:特殊情况需说明的事项。如是 A1 施工,则说明红闪灯撤除情况,如本站于××:××分通知 A、B 站撤除红闪灯;A 站:××:××分,红闪灯撤除完毕;B 站:××:××分,红闪灯撤除完毕。如是站务主办/监管的屏蔽门清洗、灯箱上下画等施工,则说明测试屏蔽门、确认轨行区出清等情况,如××:××分 PSL 测试上行屏蔽门 2 次;××:××分,PSL 测试下行屏蔽门 2 次,设备正常;××:××值班站长穿戴好防护下线路(上/下行头/尾)进入端门,确认线路出清。如有主辅站,辅站销点时间,如次日 03:30,告知 A 站施工已销点。如无则写"无"即可。

1)本站请销点填写样例(表 5-11)
2)主辅站请销点填写样例,A 站主站,B 站辅站(表 5-12 和表 5-13)
3)异地请销点填写样例,A 站请点,B 站销点(表 5-14 和表 5-15)

2. C 类施工登记簿

1)C1 类施工登记簿(表 5-16)

(1)作业代码、施工单位、施工负责人及联系电话、作业内容、作业区域、作业时间、安全注意事项:此 7 项由行车值班员根据施工行车通告、施工作业令填写。

(2)人数、施工负责/监管人签名:此栏由施工负责人填写,签字一栏要写姓名、电话,如有施工监管,监管人员也需在此栏填写姓名、电话,人数和施工负责人可与行车通告的不一致,但必须要与作业令、现场保持一致,人数中包括施工负责人和监管人。

(3)批准时间:按照值班站长批准的时间如实填写,时间如是次日的别忘记写次日。

(4)批准人:当班值班站长签名。

(5)行车值班员签名确认:办理施工的行车值班员签名。

组织办理施工作业和施工防护 | 项目五

车站 A 类施工登记表

2024年1月6日

表 5-11

作业代码	施工单位	施工负责人及联系电话	作业内容	作业区域	作业时间 起	作业时间 止	人数	施工负责人签名	安全注意事项	行车调度员承认时间	施工承认号	行车调度员代码	行车值班员签名确认
					请点								
3A1-06-01	中国南车	贾某 ×××× ×××× ××××	电客车调试	×站 A 端-×站 B 端上下行线（含辅助线）	23:00	次日 03:30	5	李某	1.按钩不停电。2.行车调度员发布书面调度命令时须填写准确。3.做好列车到发站台安全监控，端门内小站台加强巡视，防止异物	23:01	01	T101	张三

备注	☑请点站 ☑销点站 □辅站请点站 □辅站销点站 （主站记录辅站请点时间/A1类施工记录防护设置时间） 23:03，从本站上行头端进入2人

销点

现场出清情况	施工结束时间	销点人签名	行车调度员销点时间	行车调度员代码	行车值班员签名确认
☑人员出清，工器具、物料出清 ☑设备、设施恢复正常	次日 03:10	贾某	次日 03:15	T101	张三

备注	（主站记录辅站销点时间/A1类施工记录防护设置时间） 无

车站A类施工登记表（A站填写样例）

表5-12

2024年1月7日

作业代码	施工单位	施工负责人及联系电话	作业内容	作业区域	作业时间 起	作业时间 止	人数	施工负责人签名	安全注意事项	行车调度员承认时间	施工承认号	行车调度员代码	行车值班员签名确认
					请点								
3A2-07-04	工务通号部工务车间	张某 ×××× ××××	隧道堵漏及排水沟清理、设备检查	×站A端-×站B端上下行线（含辅助线）	23:00	次日03:30	2	张某	1.接触网停电。2.最后一班车出清作业区域。3.搬运清理坡坂时注意门保持关闭，不得常开	23:03	05	T107	×××

备注

☑请点本站 □销点本站
（主站记录辅站请点时间/A1类施工记录防护设置时间）
1. 辅站：B站。
2. 23:05，批准B站2人请点。
3. 23:06，从本站上行尾端进入2人

销点

现场出清情况	施工结束时间	销点人签名	行车调度员销点时间	行车调度员代码	行车值班员签名确认
☑人员出清，工器具、物料出清☑设备、设施恢复正常	次日03:17	张某	次日03:13	T107	××

备注

☑销点辅站请点时间/A1类施工记录销点。
1. 次日03:09，B站请求销点。
2. 次日03:13，告知B站批准销点

项目五 组织办理施工作业和施工防护

车站A类施工登记表（B站填写样例）

表 5-13

2024 年 1 月 7 日

请点

作业代码	施工单位	施工负责人及联系电话	作业内容	作业区域	作业时间 起	作业时间 止	人数	施工负责人签名	安全注意事项	行车调度员承认时间	施工承认号	行车调度员代码	行车值班员签名确认
3A2-07-01	工务通号部工务车间	李某 ×××× ××××	隧道堵漏及排水沟清理、设备检查	×站A端-×站B端上下行线（含辅助线）	23:00	次日 03:30	2	李某	1.接触轨停电。2.最后一班车出清作业区域。3.搬运清理垃圾时注意端门保持关闭，不得常开	23:03	05	T107	×××

备注：
□请点站 □销点站 □辅助站请点站 □辅助站销点站
（主站记录辅助站请点时间/A1类施工记录防护设置时间）
1. 主站A站。
2. 23:05，A站批准请点。
3. 23:07，从本站下行头端进入2人

销点

现场出清情况	施工结束时间	销点人签名	行车调度员销点时间	行车调度员代码	行车值班员签名确认
☑人员出清，工器具、物料出清☑设备、设施恢复正常	次日 03:09	李某	次日 03:13	T107	×××

备注：
（主站记录辅助站销点时间/A1类施工记录防护撤除时间）
1. 次日 03:09，向A站请求销点。
2. 次日 03:13，A站告知批准销点

车站 A 类施工登记表（A 站填写样例）

表 5-14

2024 年 1 月 7 日

作业代码	施工单位	施工负责人及联系电话	作业内容	作业区域	作业时间 起	作业时间 止	人数	施工负责人签名	安全注意事项	行车调度员承认时间	施工承认号	行车调度员代码	行车值班员签名确认
3A2-07-01	工务通号部工务车间	李某 ×××× ××××	线岔检修、打磨及钢轨探伤	×站A端-×站B端上下行线（含辅助线）	23:00	次日03:30	7	李某	1. 接触网停电；2. 最后一班车出清作业区域；3. 作业销点前检查确认ATS工作站道岔及轨道区段状态显示正常	23:02	03	T107	×××

备注	☑请点站 □销点站 □辅站请点站 □辅站销点站（主站记录辅站请点时间/A1 类施工记录防护设置时间） 1. 本站至 B 站销点，已告知。 2. 23:05,从本站上行尾端进入 7 人

	施工结束时间	销点人签名	行车调度员销点时间	行车调度员代码	行车值班员签名确认
			次日03:15	T107	×××

备注	☑人员出清,工器具、物料出清 ☑设备、设施恢复正常				
	（主站记录辅站请点时间/A1 类施工已销点） 1. 次日 03:16,B 站告知施工已销点				

车站 A 类施工登记表（B 站填写样例）

表 5-15

2024 年 1 月 7 日

作业代码	施工单位	施工负责人及联系电话	作业内容	作业区域	作业时间 起	作业时间 止	人数	施工负责人签名	安全注意事项	行车调度员承认时间	施工承认号	行车调度员代码	行车值班员签名确认
3A2-07-01	工务通号部工务车间	李某 ×××× ××××	线岔检修、打磨及钢轨探伤	×站 A 端-×站 B 端上下行线（含辅助线）	23:00	次日 03:30	7		1. 接触轨停电；2. 最后一班车出清作业区域；3. 作业销点前检查销点站 ATS 工作站道岔及轨道区段状态显示正常	23:02	03	T107	×××

请点

□请点站 □销点站 □辅站请点站 □辅站销点站
（主站记录辅站请点时间/A1 类施工记录防护设置时间）
A 站至本站销点，已告知

备注

销点

现场出清情况	施工结束时间	销点人签名	行车调度员销点时间	行车调度员代码	行车值班员签名确认
☑人员出清，工器具、物料出清 ☑设备、设施恢复正常	次日 02:58	李某	次日 03:15	T107	×××

备注

（主站记录辅站销点时间/A1 类施工记录防护设置时间）
次日 03:16，告知 A 站施工已销点

车站 C 类施工台账填写说明（C1 类）　　　　表 5-16

_____年___月___日

请点											
作业代码	施工单位	施工负责人及联系电话	作业内容	作业区域	作业时间 起	作业时间 止	人数	施工负责/监管人签名	安全注意事项	批准时间	批准人	行车值班员签名确认

备注	

销点					
现场出清情况	施工结束时间	销点/监管人签名	批准时间	批准人	行车值班员签名确认
□人员出清，工器具、物料出清 □设备、设施恢复正常					

备注	

（6）备注内容含以下信息：如动火，则备注动火作业；如需作业前报环控调度员（机电调度员），则备注已报环控调度员（机电调度员）；如需进端门，则备注进入端门的时间、位置、人数；其他特殊情况需说明的事项；施工过程中进出端门的只需在此备注即可，不需要在车站端门进出登记簿上登记，端门进入人数不高于施工人数。

（7）销点的现场出清情况：由施工负责人和监管人员（若有）共同确认施工出清、设备状态恢复后勾选。

（8）施工结束时间、销点/监管人签名：施工负责人填写结束时间、姓名，如是次日别忘记写次日，如施工需监管的，监管人员也需要签名。

（9）批准时间：按照值班站长批准的时间如实填写，销点时间只能是晚于施工结束时间。

（10）批准人：当班值班站长签名。

（11）行车值班员签名确认：办理施工的行车值班员签名。

（12）销点备注：如无则写"无"即可。

2)C2 类施工登记簿(表 5-17)

车站 C 类施工台账填写说明(C2 类)　　　　表 5-17

_____年___月___日

					请点					
作业代码	施工单位	施工负责人及联系电话	作业内容	作业区域	作业时间		人数	施工负责/监管人签名	安全注意事项	批准时间	批准人	行车值班员签名确认
					起	止						
C2												
备注												

		销点			
现场出清情况	施工结束时间	销点/监管人签名	批准时间	批准人	行车值班员签名确认
□人员出清,工器具、物料出清 □设备、设施恢复正常					
备注					

(1)作业代码:C2。

(2)施工单位、施工负责人及联系电话、作业内容、作业区域、作业时间和安全注意事项:由施工负责人填写。

(3)人数、施工负责/监管人签名:此栏由施工负责人填写,签字一栏要写姓名、电话,如有施工监管,监管人员也需在此栏填写姓名、电话,人数和施工负责人可与行车通告不一致,但必须要与作业令和现场保持一致,人数包括施工负责人和监管人。

(4)批准时间:按照值班站长批准的时间如实填写,时间如是次日的别忘记写次日。

(5)批准人:当班值班站长签名。

(6)行车值班员签名确认:办理施工的行车值班员签名。

(7)备注:其他特殊情况需说明的事项,如签署"本人承诺本施工对车站行车设备无任何影响"字样,需进端门,则备注进入端门的时间、位置、人数,施工过程中进出端门的只需在此备注即可,不需要在车站端门进出登记簿上登记。

(8)销点的现场出清情况:由施工负责人和监管人员(若有)共同确认施工出

清、设备状态恢复后勾选。

(9)施工结束时间、销点/监管人签名:施工负责人填写结束时间、姓名,如有施工监管,监管人员也需要签名。

(10)批准时间:按照值班站长批准的时间如实填写,销点时间只能是晚于施工结束时间。

(11)批准人:当班值班站长签名。

(12)行车值班员签名确认:办理施工的行车值班员签名。

(13)销点备注:如无则写"无"即可。

> **城市轨道交通案例**
>
> 　　2019年5月1日,中铁十四局在某城轨线路的隧道进行中隔墙撑靴整改、裂缝修补及伸缩缝封堵作业,施工作业完成后,出清不彻底,将施工材料遗留在轨行区,影响压道车运行,后续行车调度员组织压道车司机对遗留施工物料进行处理。该事件造成压道车停车13min。
>
> 　　此次施工事件发生原因如下。
>
> 　　安全技术交底不严谨、流于形式。施工监管人员施工前未认真核对确认施工材料,未填写遗留现场的"沥青麻丝"。
>
> 　　作业人员安全意识淡薄、责任心不强。该作业区域29名作业人员在出清的过程中,均未认真清点工器具,盲目销点,造成沥青麻丝在施工现场遗留。
>
> 　　施工作业出清卡控不到位。施工负责人未认真对现场出清情况进行现场核查、记录工作,导致现场遗留材料未及时发现。
>
> 　　监管人员未有效落实责任。在施工结束出清的过程中,现场分工混乱,2名监管人员未对现场出清进行盯控,仅交由施工负责人进行现场出清把控。
>
> 　　车站需认真做好员工施工安全教育,有效利用班前安全预想会,做好班前安全预想及告知工作,强化作业人员的安全责任意识、认真履行安全生产工作职责。同时车站应加强施工监管,切实把施工安全管理规章制度落到实处,杜绝施工安全技术交底、施工过程管控、出清等环节的监管流于形式,规范现场施工管理,杜绝类似事件再次发生。

引导问题3　目前城市轨道交通施工采用的施工调度指挥系统是如何办理施工作业登记的?

　　城市轨道交通中的施工调度指挥系统一般会与检维修管理系统等合并建立,施工调度系统会包含施工计划、调度命令、请销点、施工负责人、施工作业令、施工通告等作业办理模块。以某城市轨道交通为例,施工调度系统包含计划申报、计划审批、实施管理、施工行车通告、施工监控、调度命令管理、停送电管理、供电工作票管理、施工资源管理、报表管理等模块,车站在每日17:00登录施工调度系统,将本站当日17:00至次日17:00的施工行车通告(包括周计划、日计划、临时计划)打印。施工调度系统涵盖了施工作业的整个过程,我们以施工请销点办理和红闪灯设置这两部分为例,介绍一下系统操作要求。

1. 请点办理

菜单路径:首页->实施管理->请/销点,或首页->计划实施->请销点。行车值班员/值班站长进入该页面时系统会自动展示所属车站的当天需要进行请销点操作的计划,如图5-13所示。

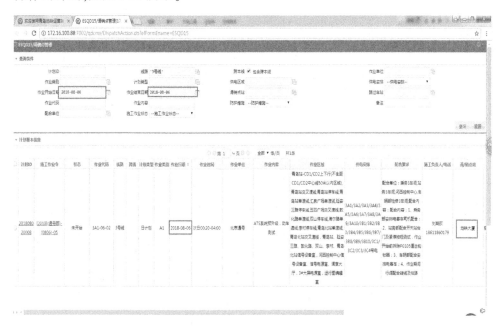

◎ 图5-13 施工请销点界面

操作登记,发起请点:

点选界面上方"计划基本信息"栏中所需办理施工,此施工将在下方"请销点基本信息"栏中出现。点选"请销点基本信息"栏此条施工,即可开展施工办理流程,如图5-14所示。

登记请点:由行车值班员点击"操作"按钮后,弹出"施工登记申请表"。由施工负责人输入自己的施工密码及作业人数,行车值班员核对后点击"登记"即完成施工登记操作。此时该条计划的施工作业状态变为"已登记",如图5-15所示。

登记完成后,待到满足请点申请条件,行车值班员继续点击"操作"按钮,弹出如下图的"请点申请信息表",确认无误后点击"请点"完成请点操作。此时该条计划的施工作业状态变为"请点中",如图5-16所示。

涉及需车站审批操作的施工有C1类施工审批(值班站长操作)、A类施工辅站请销点审批(主站行车值班员操作)。

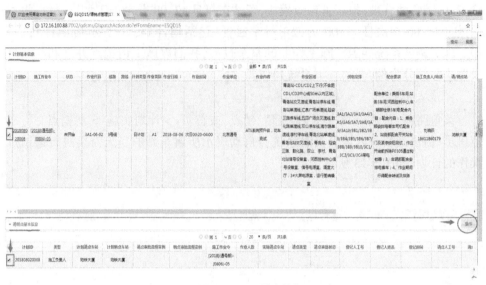

◎ 图 5-14　施工请点操作

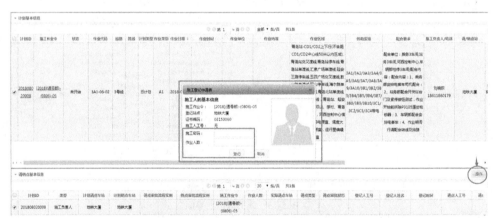

◎ 图 5-15　施工负责人登记请点

◎ 图 5-16　请点申请信息表

菜单路径：首页->实施管理->请点审批，或首页->计划实施->请点审批。勾选需要批点的施工计划，点击"审批通过"，进行批点，如图5-17所示。

◎ 图5-17 请点审批界面

主辅站请点操作流程：施工负责人/责任人审核登记→辅站向主站请点、主站向行车调度员请点（两者无顺序）→辅站请点告知主站→行车调度员批准主站请点→主站在"请点审批"内勾选该施工，再批准辅站请点→辅站勾选"计划基本信息"→"请销点基本信息"内查看主站是否批准请点。注意："计划基本信息"内"状态"一栏为行车调度员批准主站请点的状态，非主站批准辅站请点状态，如图5-18所示。

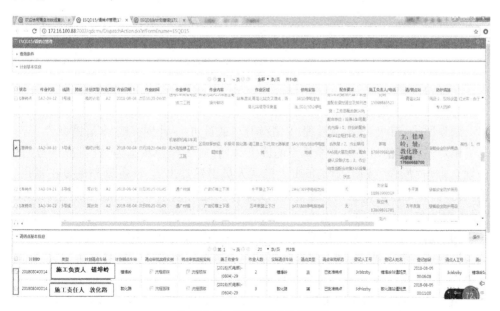

◎ 图5-18 主辅站请点状态界面

2. 红闪灯设置和撤除

设置菜单路径：首页->实施管理->红闪灯设置，进入操作界面后，点选相应上下行及需设置的位置后点击右上角"修改"，完成红闪灯设置。红闪灯设置完毕后，可通过菜单路径：首页->施工监控->实时监控图版，查看红闪灯位置是否正确，如图5-19所示。

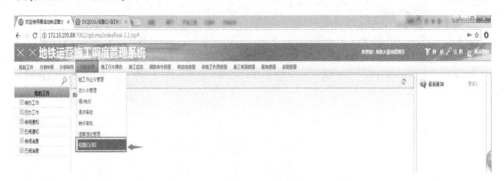

◎ 图 5-19 红闪灯设置界面

撤除菜单路径：首页->实施管理->红闪灯设置，进入操作界面后，将设置时点选的位置取消后点击右上角"修改"，完成红闪灯撤除。红闪灯撤除操作完毕后，可通过菜单路径：首页->施工监控->实时监控图版，查看红闪灯位置是否已撤除成功，如图5-20所示。

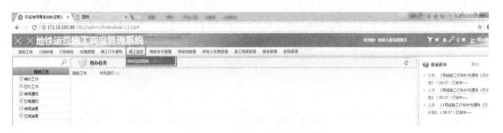

◎ 图 5-20 查看红闪灯是否撤除

3. 销点办理

操作登记，发起销点：

菜单路径：首页->实施管理->请/销点，或首页->计划实施->请销点。

销点站行车值班员勾选需销点的施工计划（施工作业状态为"已批准请点"的计划），点击"操作"按钮，施工负责人确认人员工器具出清、设备设施恢复正常后，输入密码，行车值班员点击"销点"完成操作。此时该条计划的施工作业状态为"销点中"，如图5-21所示。

如果请销点时，实时监控图版的区域状态（供电区域、作业区域状态）不符合该条计划所需要的要求，则系统会弹出冲突检测框告知用户无法继续请销点，这时需要行车值班员及时与行车调度员联系，及时请销点。

销点审批：涉及需车站审批操作的施工有C1类施工审批（值班站长操作）、A类施工辅站请销点审批（主站行车值班员操作）。

组织办理施工作业和施工防护 | 项目五

◎ 图 5-21　销点操作界面

菜单路径:首页->实施管理->销点审批,或首页->计划实施->销点审批。输入查询条件,查询所需批点的施工计划,点击"查询",可筛选出符合查询条件的施工计划。勾选需要批点的施工计划,点击"审批通过",进行批点,如图 5-22 所示。

◎ 图 5-22　销点审批界面

如果既有主站又有辅站，且辅站又是主站的异地销点站，销点操作如下：作为辅站销点→作为销点站审批辅站销点（销点审批界面审批同意本站发起的辅站销点申请）→作为销点站销点，如图5-23所示。

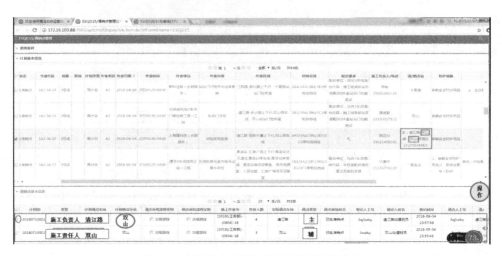

◎ 图5-23　辅站是主站的异地销点站的销点操作方法

在请销点过程中，施工调度系统如遇到如下异常情况等，需要车站员工在系统上进行相关操作："施工管理"→"违章违纪管理"→选择右上角"填写"。按要求选择作业代码会自动填入作业时间、施工负责人等信息，选择违章违纪类型，最后写"事件说明"提交，如图5-24所示。

（1）系统卡顿导致无法完成请点或销点操作。
（2）车站员工原因导致请销点不成功。
（3）系统自身或人为因素的延误请销点。
（4）系统问题自动生成2条请点记录。

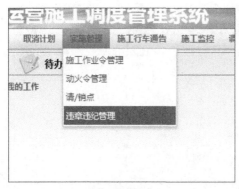

a) 实施管理界面

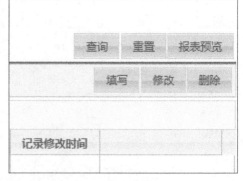

b) 填写界面

◎ 图 5-24

c) 违章违纪情况填报界面

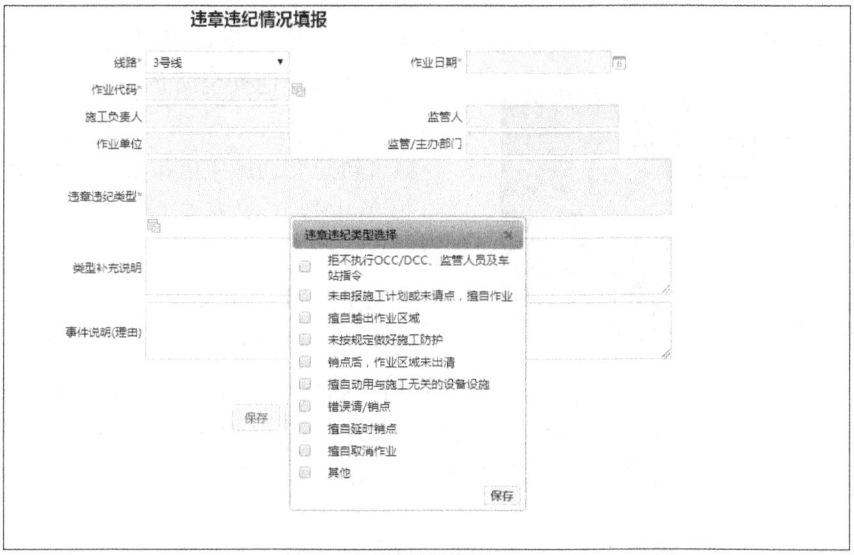

d) 违章违纪类型

◎ 图 5-24　违章违纪填写程序

任务三　分析和比较城市轨道交通施工防护措施的效果

任务引导

5月1日，B站要进行电客车正线动态性能调试施工作业，作业区域为A站-B站上行，如图5-25所示。施工负责人到达车站后，行车值班员对施工负责人的施工负责人证及施工作业令等相关证件审核无误后办理请点;行车调度员批准请点后,行车值班员在施工登记簿上登记并设置红闪灯。请在图 5-25 中画出红闪灯设置位置。

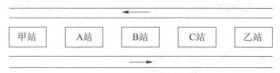

◎ 图 5-25 施工区域示意图

知识点

引导问题 1　城市轨道交通施工作业有哪些安全防护？分别有什么作业要求？

1. 劳保用品

凡进入线路施工的作业人员必须按要求穿荧光衣、绝缘鞋,并根据作业性质及作业要求使用其他安全防护用品,如图 5-26 所示。

城市轨道交通施工申报部门须在××计划申报单中要注明安全防护要求和配合要求。

2. 动火作业安全管理

动火作业是指要使用电、气焊(割)、砂轮等操作时,可产生火焰、火花及炽热表面的临时性作业,如图 5-27 所示。车站常见的动火作业有:气焊、电焊、氩弧焊、金属切割等。对于电焊或气割等热作业,须事先审批,作业前应清除作业场所周围的可燃及易燃物质,并配置灭火器材。

◎ 图 5-26 穿戴劳动用品施工

◎ 图 5-27 动火作业

动火作业有以下作业要求。

(1)禁止在具有火灾、爆炸危险的场所和人员密集或发生火灾影响行车安全的重要部位进行动火作业。如因特殊情况须在以上部位进行动火作业,必须持有临时动火作业许可证,如图 5-28 所示,否则不予办理施工。

运营分公司临时动火许可证

编号:

动火申请人(现场安全负责人)		申请动火部位		动火方式	
申请动火级别		动火人员			
现场安全监护人		动火作业时间			
动火部位环境简述					
动火部位周围5m范围内/下方是否有易燃物质和重要设备设施	□有	□否			
		距离动火点 米,易燃物质名称及数量:			
		重要设备设施名称:			
动火部位周围是否有灭火器材	□有,距离动火点 米有	□否			
		□灭火器			
		□消火栓			
动火部位防火措施:					
□清空周围/下方可燃物	□准备灭火器:	□作业完毕后,对现场进行清理,监火时间不少于 分钟			
□设施保护措施:					
车间安全员意见		审批部门意见		动火现场验票	
动火验收确认:□作业完毕□对现场进行清理 动火完成时间: □监火完成时间: 验收人签字:					

◎ 图 5-28 临时动火许可证

(2)车站内大面积影响客运及需动火的作业,原则上安排在运营结束后进行。

(3)办理动火作业时,审核的内容包括:动火人员是否持证上岗;动火地点是否与现场相符;动火部位周围是否有易燃物质、重要设备设施;是否按规定采取防护措施、摆放灭火器,动火范围内如有重要设备设施必须使用防火毯进行包裹。

(4)动火作业时,现场安全负责人与现场监护人共同检查确认临时动火许可证、现场情况和防护措施,并向动火人交代安全注意事项后,方可动火。

(5)在车站动火作业的,车站值班人员做好巡视工作;动火作业过程中一旦发现安全隐患,必须立即停止作业。

知识拓展

动火前"八不"、动火中"四要"、动火后"一清"

"八不"

(1)防火、灭火措施不落实不动火;

(2)周围的易燃杂物未清除不动火;

(3)附近难于移动的易燃结构和重要设备设施未采取安全防范措施不动火;

(4)凡盛装过油类等易燃液体的容器、管道,未经洗刷干净、排除残存的油质不动火;

(5)凡盛装过气体受热膨胀有爆炸危险的容器和管道不动火;

(6)凡储存有易燃、易爆物品的车间、仓库和场所,未经排除易燃、易爆危险的不动火;

(7)在高空进行焊接或切割作业时,下面的可燃物品未清理或未采取安全防护措施的不动火;

(8)未有配备相应的灭火器材不动火。

"四要"

(1)动火前作业部门要指定现场安全负责人,一、二级动火的现场安全负责人一般为专业工程师或车间安全员,三级动火现场安全负责人为班组长或班组安全员;

(2)动火前审批部门指定现场监护人,现场监护人和动火人员必须经常注意动火情况,发现不安全苗头时,要立即停止动火;

(3)发生火灾、爆炸事故时,要及时扑救;

(4)动火人员要严格执行安全操作规程。

"一清"

现场监护人和现场安全负责人在动火作业结束后,应彻底清理现场火种后,共同对临时动火作业进行验收并签字确认现场无遗留隐患,方能离开作业现场。

3. 封锁/解封

为了防护施工安全,对于开车作业等施工作业需进行线路封锁,行车调度员同意请点后发布书面调度命令进行线路封锁,施工作业结束后先销点再发布解封命令。具体要求见表5-18。

线路封锁/解封作业　　　　　　　表5-18

发布时间	请点-封锁,销点-解封
发布范围	作业区域内所有车站、相关设备集中站
封锁情况	工程车或调试列车在某一区段运行的施工作业需要封锁线路; 全线或单线仅有唯一一个A1类施工作业时,不须封锁

续上表

发布时间	请点-封锁,销点-解封
要求	行车调度员发布封锁命令前,须确认工程车或调试列车在指定地点待令
	车站向司机交付封锁命令前,须确认红闪灯已设置完毕
	封锁作业区域除指定列车及作业人员外,禁止其他列车及人员进入;封锁区域工程车/调试列车运行由施工负责人负责指挥

4. 工程开行要求

开车作业的防护区域不安排其他施工作业。

有工程车或调试列车运行时,须等工程车或调试列车通过,满足施工条件后开始组织其余施工作业。

工程车在车站装卸物料时,物料须整齐堆放在站台侧距安全门边缘 0.5m 以外并加固。车站负责监控,查看是否有物品侵限。

当作业人员及工程车在同一区域作业时(仅限于同一项作业),作业要求如下。

（1）按施工前进方向,工程车在前,人员在后,不得颠倒。

（2）非随车作业人员与工程车须保持 50m 以上安全距离,工程车不得退行。

5. 防护区域和红闪灯设置

施工作业请点批准后,由请点站通知作业区域两端车站及防护区域端的车站设置红闪灯防护,施工作业结束后,销点站确认相关车站撤除红闪灯防护后办理销点手续。红闪灯设置在对位标外 2m 轨道中央,如图 5-29 所示,相邻的两个作业区域的防护区域不能共用同一个红闪灯防护。

◎ 图 5-29　施工红闪灯设置位置

组织工程车、电客车运行时,到站前方须保证至少有一个区间空闲作为防护区域,如图 5-30 所示。

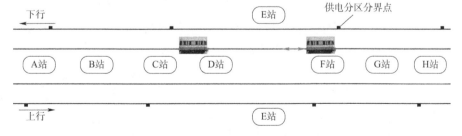

◎ 图 5-30　开车作业防护区域示意图

对于全线或单线无其他施工的施工作业不设置防护区域;作业区域一端无其他施工时,该端可不设置防护区域。

红闪灯施工防护设置遵循"谁设置谁撤除"原则,不需设置红闪灯的情况如下。

(1) 作业区域一端为正线尽头线。
(2) 全线或单线仅有唯一一个开车作业。
(3) A2 类施工作业。

两项带电 A1 类作业区域间,须保证至少有一个带电的站台和区间空闲作为防护区域,防护区域的两端要分别设置红闪灯(●是作业1设置的红闪灯,▲是作业2设置的红闪灯),如图 5-31 所示。

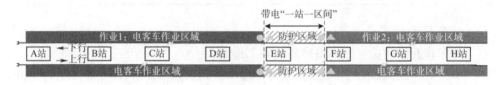

◎ 图 5-31　两项带电 A1 类作业区域间红闪灯设置

A1 类作业区域为某一区段上行/下行,施工的作业区域和防护区域对应的下行/上行视为防护区域,非同等性质的施工不允许在该防护区域内作业。此外,防护区域不安排其他施工作业,电客车作业的红闪灯设置如图 5-32 所示。

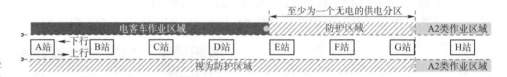

◎ 图 5-32　A1 类施工作业红闪灯设置

接触轨带电 A1 类作业区域与 A2 类作业区域间,须保证至少有一个无电的供电分区空闲作为防护区域,电客车作业的红闪灯设置如图 5-33 所示。

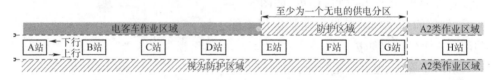

◎ 图 5-33　接触轨带电 A1 类作业区域与 A2 类作业区域间红闪灯设置

接触轨带电 A1 类作业区域与接触轨停电 A1 类作业区域间,须保证至少有一个无电的供电分区空闲作为防护区域,红闪灯设置如图 5-34 所示。其中,●是电客车作业设置的红闪灯,▲是工程车作业设置的红闪灯。

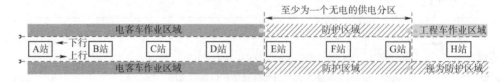

◎ 图 5-34　接触轨带电 A1 类作业与接触轨停电 A1 类作业区域间红闪灯设置

两个接触轨停电 A1 类作业区域间,须保证至少有一个无电的站台和区间空闲作为防护区域,红闪灯设置如图 5-35 所示。

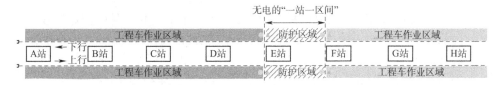

◎ 图 5-35　两个接触轨停电 A1 类作业区域间红闪灯设置

接触轨停电 A1 类作业区域与 A2 类 7 作业区域间,须保证至少有一个无电的站台和区间空闲作为防护区域,工程车作业的红闪灯设置如图 5-36 所示。

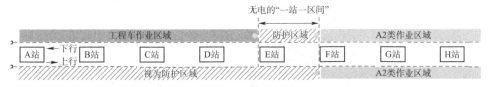

◎ 图 5-36　接触轨停电 A1 类作业与 A2 类作业区域间红闪灯设置

引导问题 2　为了施工安全,车站在接地线安装上有哪些操作要求?

接触网挂/拆地线为施工作业的一部分,各城市轨道交通对挂/拆地线的作业要求有一定的差异。以某城市轨道交通接触轨挂/拆地线为例,介绍车站在地线人工挂/拆上的操作要求,如图 5-37 所示。

各施工部门按"谁施工谁组织"原则,外单位施工由监管部门挂/拆地线,地线防护有如下要求。

(1)停电并接地线的区域不得小于作业区域,作业人员不得超出地线保护范围作业。

(2)已停电但未挂地线的视为带电。

(3)同一区域多项施工需挂地线时不可共用一组地线。

挂/拆地线的作业流程为:停电,验电,接挂地线,地线拆除。

◎ 图 5-37　接触网挂地线

1. 停电

施工负责人确认接触轨停电后,下达验电接地命令,由作业组验电和接地。

2. 验电

1)绝缘手套、绝缘靴检查

(1)绝缘手套在使用前应进行漏气检查,漏气的绝缘手套不得使用。

(2)所使用的绝缘手套、绝缘靴应满足 DC1500V 电压等级要求,绝缘手套及绝缘靴应试验合格且在试验有效周期之内。

2)验电器自检方法

(1)验电器应外观正常,绝缘杆表面干燥、无破损,各连接部件紧固无异常。

(2)所使用的验电器应满足DC1500V电压等级要求,验电器应试验合格且在试验有效周期之内。

(3)验电器在使用前应检查验电器声光信号功能是否完好。

(4)验电前,轻按验电器端部的自检按钮,如验电器发出声光信号,则表明验电器可正常使用,如图5-38所示。

(5)验电器自检须由操作人员和监护人员同时确认。

◎ 图5-38　验电器自检方法

3)验电顺序

(1)将验电器接地小线的一端连接至验电器本体,如图5-39所示。

(2)另一端(接地端)的鳄鱼嘴夹连接至牵引回流轨,如图5-40所示。

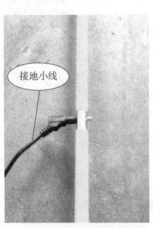

◎ 图5-39　验电器接地小线一端　　◎ 图5-40　接地端的鳄鱼嘴夹
　　　　　连接至验电器本体　　　　　　　　　连接至牵引回流轨

(3)操作人员穿戴绝缘靴和绝缘手套将验电器端头轻碰接触轨受流面两次,验电器若无响声,指示灯不亮无闪烁则表明接触轨已停电,如图5-41所示。

验电器再次自检:操作人员和监护人员同时检查确认验电器声光信号功能是

否完好。

3. 装设接地线

（1）当确认接触轨已停电后，须在作业点的两端以及和作业地点相连、可能来电的所有停电设备上装设接地线，如图 5-42 所示。

◎ 图 5-41 操作人员将验电器端头轻碰接触轨受流面

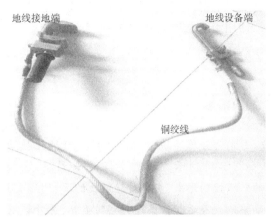

◎ 图 5-42 接地线

（2）在装设接地线时，一人操作，一人监护，操作人员穿戴绝缘靴和绝缘手套先将接地线的接地端接至牵引回流轨，待接地端连接好以后，再将另一端线夹与接地点处对应的接触轨相连，严禁两人同时操作，一人连回流轨端，一人连接触轨端。接地线要连接牢固，接触良好，如图 5-43 所示。

◎ 图 5-43 接地线操作方法

（3）操作人员、监护人员必须同时确认接地线的接地端和与接触轨连接端的线夹是否连接紧固、接触良好，装设接地线过程中，人体不得触及接地线导线的任何部分。

4. 接地线拆除

（1）拆除接地线时，一人操作，一人监护，操作人员穿戴绝缘靴和绝缘手套，手持绝缘杆，先拆除接地线线夹与接触轨连接端，然后再拆除连接牵引回流轨端，严禁两人同时操作，一人拆回流轨端，一人拆接触轨端。

（2）待所有接地线都拆除后，操作人员和监护人员共同清理接地线，检查线路出清情况。

验电和装、拆接地线操作过程中,人体不得触及接地线。装设和拆除接地线时,操作人必须穿绝缘靴(鞋),戴好安全帽和绝缘手套,借助于绝缘杆进行。

下列情况接触轨不需停电挂地线。

①接触轨区域设备故障或出现其他影响行车情况下,通过疏散平台巡视。

②登乘电客车或工程车,通过疏散平台进/出泵房。

③使用绝缘工器具处理轨行区异物。

④人工转换道岔(与带电接触轨距离大于700mm)。

知识拓展

目前部分城市轨道交通建设了可视化接地系统,可通过系统统一挂/拆地线,如图5-44所示。可视化自动接地系统通过中央级控制、站级控制、就地级控制的三级控制形式,实现对接触轨的远程接地,并对接触轨带电状态、接地状态、自动接地设备运行状态进行实时显示,另外配以Led带电显示装置对接触轨电压进行实时监测。可视化自动接地系统的运行,可取消人工挂/拆地线保障工作。

◎ 图5-44 可视化接地装置

正线接触轨停电/挂地线操作如下。

行车调度员确认正线接触轨具备停电/挂地线条件,填写停电/挂地线通知单,签字后交予值班主任。值班主任确认正线接触轨具备停电/挂地线条件,签字后交予机电调度员。

机电调度员接到停电/挂地线通知单,确认行车调度员、值班主任已签字,按照停电/挂地线区域执行操作,操作时应一人操作、一人监护。

停电和挂地线只操作其中一项,机电调度员停电/挂地线完毕,填写停电/挂地线通知单,签字后交予值班主任。

停电和挂地线均操作,机电调度员停电完毕,填写停电/挂地线通知单,签字后交予值班主任。值班主任确认停电完毕,签字后交还机电调度员。机电调度员确认值班主任已签字,方可进行挂地线操作,挂地线完毕,填写停电/挂地线通知单,签字后交予值班主任。

值班主任确认正线接触轨停电/挂地线完毕,在停电/挂地线通知单签字后交予行车调度员。行车调度员确认机电调度员和值班主任在停电/挂地线通知单"停电记录"或"挂地线记录"已签字,填写停电/挂地线通知单并签字。行车调度员通知车站/车辆段正线接触轨停电/挂地线完毕,填写停电/挂地线通知单,签字后交还机电调度员。

知识拓展

某城市轨道交通车站拆地线/送电通知单见表5-19。

拆地线/送电通知单　　　　　　　号　表5-19

理由										
操作事项			□拆地线　　　□送电							
拆地线区域										
送电区域										
操作开始确认时间	要求操作事项于　年　月　日　时　分,由行车调度员:　　值班主任:确认具备操作条件。(知晓)									
拆地线记录	登录工作站	操作工作站	与车站、车场核对状态							锁定工作站
			青岛站	汇泉广场	延安三路	宁夏路	清江路	地铁大厦	万年泉路	振华路	青岛北站	车辆段	
	年　月　日　时　分,机电调度员:　　值班主任:　　确认拆地线完毕									
送电记录	年　月　日　时　分,机电调度员:　　值班主任:　　确认送电完毕									
操作结束确认时间	要求操作事项于　年　月　日　时　分,由行车调度员:　　确认操作完毕									
操作事项完毕通知记录	青岛站	人民会堂	汇泉广场	中山公园	太平角公园	延安三路	五四广场	江西路	宁夏路	敦化路	错埠岭	清江路
	双山	长沙路	地铁大厦	海尔路	万年泉路	李村	君峰路	振华路	永平路	青岛北站	车辆段	
	年　月　日　时　分,行车调度员:　　确认通知完毕									

引导问题3　施工作业中,施工风险与卡控点有哪些?

在日常施工作业中,按照请销点作业流程施工时,在不同的施工环节存在施工风险,针对不同施工风险,城轨企业采取了不同的卡控措施,见表5-20。

施工风险与卡控措施　　　　表5-20

施工环节	施工风险	影响	卡控措施
请点	车站施工登记簿字迹潦草	无法确认施工作业信息	填写台账时需字迹清晰,书写工整,易于理解
	办理施工请点时未发现施工计划冲突	(1)人车冲突; (2)施工人员人身伤害	(1)行车值班员事先进行施工登记与预想,发现有冲突的情况及时与行车调度员联系; (2)值班站长对当班的施工作业需有全面的掌握,需具有高度的安全意识及工作责任感,发现问题及时采取有效措施
	未核查施工人员是否具备资格允许其擅自操作设备	(1)无证操作设备; (2)设备故障损坏	(1)检查施工人员证件; (2)操作设备时,施工人员须与设备所属部门调度报告说明作业内容
	未核查施工人员状态是否良好(如:班前饮酒)	(1)施工作业安全; (2)施工人员人身伤害	注意观察施工人员状态,对于精神状态不清醒的有权拒绝施工请点
	施工请错点(如作业时间不符、作业项目不符)	(1)导致其他作业无法进行请点; (2)施工人员未批点进入相关作业区域	(1)行车值班员对已请点施工在施工行车通告上做好标注; (2)请点时,行车值班员与施工负责人共同核对施工作业令内容和施工负责人证,核对无误后方可请点
施工准备	施工人员搬运工器具到作业区域	弄坏车站设备	(1)大件器材通过垂直电梯运输; (2)运送工器具时,车站须做好巡视,提醒施工负责人注意保护车站设备
施工通知	未确认施工作业批准的情况下通知开始施工	(1)导致人车冲突; (2)人身伤害	(1)行车值班员与施工负责人共同确认施工作业内容和批准时间; (2)施工人员进入轨行区时端门开启人员与车控室核对确认该施工项目已批准请点; (3)行车值班员须严格按照流程,听从行车调度员的安排,严禁臆测;在关键环节,值班站长须做好监控,与行车值班员双人确认

续上表

施工环节	施工风险	影响	卡控措施
施工通知	未确认施工防护情况通知开始施工	(1)导致人车冲突; (2)人身伤害	(1)在施工开始前,值班站长与行车值班员仔细查看施工行车通告,明确施工重点(是否需停电,挂地线及防护设置等情况); (2)当晚防护区域内的施工作业请点车站需与行车调度员相关防护车站确认防护设置情况,条件满足后方可通知施工人员开始施工
进入施工区域	施工人员进入错误施工区域	(1)人车冲突; (2)人身伤害	(1)加强与站台端门开启人员互控(对讲机信号不好可用监控亭电话和轨行区端门电话),核对施工作业区域; (2)施工人员进入轨行区,需填写端门进出记录本; (3)行车值班员通过CCTV做好监控
	未佩戴安全防护用品进入施工区域	人身伤害	(1)车站提醒施工负责人做好个人安全防护; (2)未穿戴防护用品,不得开端门进入轨行区; (3)施工期间车站若发现施工人员未按要求佩戴安全防护用品,有权制止其施工并上报; (4)在轨行区端墙处挂标识牌提醒施工人员
进行作业	施工期间防护措施失效	(1)人车冲突; (2)人身伤害	车站定期检查防护措施的落实情况,特别是红闪灯状态,如发现电量不足及时更换充电
	施工作业人员擅自扩大施工范围和作业内容	(1)人身伤害,乘客受伤 (2)人车冲突	(1)车站加强施工巡视和监控; (2)提醒施工负责人,必要时对违规作业加以制止并上报
	外单位施工由监管部门工作人员配合请点后,施工现场无监管部门施工负责人监管	(1)人身安全; (2)设备安全	(1)外单位施工作业时,须有监管部门施工负责人现场监督,销点时监管部门人员应确认满足销点条件; (2)车站须监督及确认外单位施工作业时,有监管部门施工负责人在现场监督和管理; (3)车站人员须定时巡视施工作业区域,有异常情况及时制止并上报
	运营时间内,未及时发现C1类施工有超范围或影响客运,导致车站客运组织受到影响	(1)乘客受伤; (2)设备损坏; (3)行车受影响	(1)运营时间内公共区域施工,必须做好防护措施,值班站长做好监管巡视,最大限度减少对乘客的影响。发现施工单位有超范围或影响客运的施工时,有权制止其作业并上报; (2)行车值班员及时将车站施工情况通报各岗位联控,保证车站设备设施运行安全

续上表

施工环节	施工风险	影响	卡控措施
作业结束	施工结束后遗留物品工器具,线路未出清,涉及设备未能恢复正常	(1)异物侵限,列车刮伤,甚至脱轨; (2)人身伤害; (3)设备不能正常运行	(1)施工负责人对出清施工作业人员及所携带物品仔细清点; (2)施工结束后与施工负责人确认施工现场出清,设备恢复正常后,车站方可办理销点; (3)运营前值班站长检查须细致.仔细,确保行车安全
销点	超出施工作业计划结束时间未销点	(1)影响运营前安全检查; (2)影响行车调度员其他工作安排	(1)施工即将结束时,及时通知施工负责人销点。到点仍未销点,要及时联络施工负责人; (2)各施工部门(单位)须在批准的作业结束时间内销点。因故需延长作业时间时,由施工负责人于批准的作业结束时间前30min,通过车站向行车调度员申请延点,行车调度员批准后方可延长。延长作业时间最长不超过15min,超过15min 按抢修办理
销点	错销点	(1)人车冲突; (2)正常作业无法进行销点	(1)销点时行车值班员核对施工负责人证件,并与施工负责人共同核对施工作业代码和作业内容,确认无误后方可办理销点; (2)异地销点施工负责人须报出作业代码、作业内容、请点车站、请点人数,销点车站向请点车站核对无误后向行车调度员销点
销点	未确认撤除防护情况销点	(1)红闪灯遗留轨行区造成行车误导; (2)异物侵限	(1)施工作业请点车站需与行车调度员,相关防护车站确认防护设置位置及设置情况,销点车站须核实确认施工防护撤除方可办理销点; (2)需车站配合设置防护的施工销点前值班站长须到现场检查出清情况,并确认防护设置撤除
销点	请/销点时施工负责人/施工责任人找他人代签/代销点	(1)未满足销点条件销点; (2)错销点	施工请销点严禁代签,销点时行车值班员须核对施工负责人证件是否是本人,值班站长做好监控,确认是施工负责人/施工责任人本人亲自签名。如有代签,车站有权拒绝办理请销点

任务实施

一、知识考查

1.填空题

(1)为便于销点时 OCC 与车站核对施工信息,在请点时给出的两位数字是_____。

(2)在运营公司所辖范围内进行施工作业的凭证是_____。

(3)要使用电、气焊(割)、砂轮等操作时,可产生火焰、火花及炽热表面的临时性作业是_____。

(4)部分城市轨道交通可通过_____系统统一挂/拆地线。

(5)在主站办理进场作业登记并对施工作业的组织、安全和管理负责的人员是_____。

2.选择题

(1)施工作业出清不包括( )。

　　A.人员撤离　　　　　　　　B.设备设施恢复正常

　　C.工器具及物料全部撤出　　D.施工登记簿的填写

(2)下列各项中,属于影响行车的施工的是( )。

　　A.影响行车设备运行　　　　B.车站客流组织

　　C.降低客运服务设备设施功能　D.服务质量

(3)关于施工作业令的作业代码,说法错误的是( )。

　　A.格式为:"线别""作业类型"-"日期"-"序号"

　　B.线别以一位数字填写,日期以两位数字填写

　　C.作业类型按作业地点和性质分类填写

　　D.序号为当日该线别作业的序号,以阿拉伯数字顺序填写

(4)每项施工作业只能签发( )份施工作业令。

　　A.1　　　　B.2　　　　C.3　　　　D.4

(5)在辅站进行施工登记时,必须使用施工作业令( )。

　　A.原件　　　　　　　　　　B.复印件或传真件

　　C.电子版证件　　　　　　　D.原件或复印件

(6)以下( )施工作业不须持有施工作业令办理进场作业。

　　A.月/双周/周计划　　　　　B.日计划

　　C.临时计划　　　　　　　　D.B3 计划

(7)施工计划按时间分为( )。

　　A.年计划、月计划、周计划、日计划

　　B.月计划、周计划、日计划、补充计划

C. 月计划、周计划、日计划、临时补修计划

D. 年计划、周计划、日计划、补充计划

(8) 提前一天的计划,对月计划和周计划未列入的进行补充的是( )。

A. 周计划　　　　　　　　　　B. 月计划

C. 日计划　　　　　　　　　　D. 临时计划

(9) 以下属于 A1 类施工的是( )。

A. 电客车正线动态性能调试　　B. IBP 盘按钮更换

C. 正线巡道　　　　　　　　　D. FAS 系统半年检

(10) 在车站、主变电所、控制中心范围内,影响正线行车设备运行的施工是( )。

A. A3　　　B. A1　　　C. C1　　　D. A2

(11) 在车辆段检修库动用 220V 及以下的电力、钻孔等,不违反安全规定属于( )施工。

A. B3　　　B. B2　　　C. B1　　　D. B4

(12) 以下属于 B1 类施工的是( )。

A. 试车线打磨车打磨作业　　　B. FAS 系统半年检

C. 消防检测　　　　　　　　　D. 消防联动检测

(13) 下列属于 B2 类施工的是( )。

A. 客车在正线上调试工作

B. 车辆段内信号机年检

C. 电客车试车线动态性能试验

D. 屏蔽门的检查作业

(14) 外单位进行的 C 类施工全部申报为( )类。

A. A1　　　B. A2　　　C. C1　　　D. C2

(15) 以下属于 C1 类施工的是( )。

A. FAS 系统半年检　　　　　　B. 消防联动测试

C. 屏蔽门的检查　　　　　　　D. 客车在正线调试工作

(16) 下列属于 C2 类施工的是( )。

A. 在车站动用 220V 及以下的电力、钻孔等,不违反安全规定

B. 屏蔽门的检查作业

C. 自动售票机的检查作业

D. 自动检票机的维修作业

(17) 不需要申报施工计划的施工作业有( )。

A. A1 类　　　　　　　　　　 B. A2 类

C. C1 类　　　　　　　　　　 D. C2 类

(18) 一般情况下,延点不得超过( )min,若超过,必须按照抢修办理。

A. 15　　　B. 20　　　C. 30　　　D. 45

(19) 正线施工请/销点存在问题,通过( )协调解决。
　　A.行车调度员　　B.车场调度员　　C.值班站长　　D.站长
(20) 以下关于异地销点作业,说法错误的是( )。
　　A.施工负责人/责任人应在登记请点时注明异地销点的地点、人数,异地销点站要及时通知主站
　　B.只有主站无辅站的,施工负责人确认作业区域出清,到销点站销点,销点站记录好销点的施工内容、施工负责人姓名、施工人数、请点地点后,核对无误后向行车调度员销点
　　C.既有主站又有辅站的,主站需异地销点须及时将异地销点站通知辅站
　　D.既有主站又有辅站的,辅站需异地销点,作业结束后,施工责任人确认作业区域出清,报施工负责人后,到销点站销点,销点站记录好销点的施工内容、施工责任人姓名、施工人数、请点地点
(21) 两项带电A1类作业区域间,须保证至少有一个( )作为防护区域。
　　A.不带电的供电分区空闲
　　B.带电的供电分区空闲
　　C.带电的站台和区间空闲
　　D.不带电的站台和区间空闲
(22) 关于红闪灯的使用,下列说法正确的是( )。
　　A.车站运营前检查需要检查红闪灯的数量和带电状态
　　B.主站向行车调度员销点后,相关车站撤除红闪灯防护后
　　C.红闪灯只有常亮和灭灯两种状态
　　D.相关车站设置好红闪灯防护后,主站才可以向行车调度员请点

3. 判断题
(1) 开车作业是指需开行工程车、电客车的施工作业。　　　　　(　　)
(2) 在车场请/销点时,登记人为车场调度员。　　　　　　　　　(　　)
(3) 施工作业令作业时间,24:00后,按照"次日××:××"格式填写。
　　　　　　　　　　　　　　　　　　　　　　　　　　　　　(　　)
(4) 施工作业令与施工通告和上施工负责人姓名不一致时,以施工通告为准。
　　　　　　　　　　　　　　　　　　　　　　　　　　　　　(　　)
(5) 试运行及试运行初期一般采用双周(月)、日、临时计划组合模式。(　　)
(6) 需要进入正线及辅助线的检查、维修、清洗、消杀的施工作业是A3类施工。
　　　　　　　　　　　　　　　　　　　　　　　　　　　　　(　　)
(7) 车站、开闭所、变电所、OCC范围内,影响正线行车设备运行的施工为A2类施工。　　　　　　　　　　　　　　　　　　　　　　　　　(　　)
(8) B类施工是指在车辆段进行的施工作业。　　　　　　　　　(　　)
(9) B3类施工作业不需要申报施工计划。　　　　　　　　　　　(　　)
(10) 车站小站台施工(通过小站台进出设备房、管理用房的除外)申报作业类

型为 A2 类。（　　）

（11）外单位施工,只需要施工负责人和施工人员到车站请点即可。（　　）

（12）A 类施工作业必须向行车调度员请点生效后方可开始施工。（　　）

（13）施工作业先发布封锁命令再请点,施工销点后发布线路解封命令。
（　　）

（14）车站确认所有施工已经出清后向行车调度员销点,如有主辅站,辅站向主站销点之后主站才可以向行车调度员销点。（　　）

（15）挂/拆地线的操作人员需要穿戴绝缘靴和绝缘手套进行作业。（　　）

二、实训检验

任务 1　阐述施工相关概念

1. 请进行以下术语的名词解释。

施工责任人

主站

辅站

开车作业

出清

施工作业令

2. 请简述按照性质和定义的施工计划分类。

3. 请绘制周计划的施工申报流程。

任务 2　办理施工组织

请绘制 A1 类施工组织程序。

任务 3　设置施工防护

请在图 5-45 上标注出设置的红闪灯,其中作业 1 红闪灯用黑色圆圈表示,作业 2 红闪灯用黑色三角形表示,并将各个图的施工防护区域填在表 5-21 中。

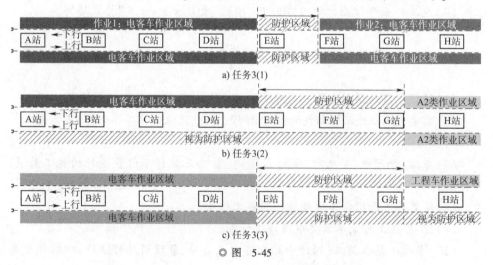

◎ 图 5-45

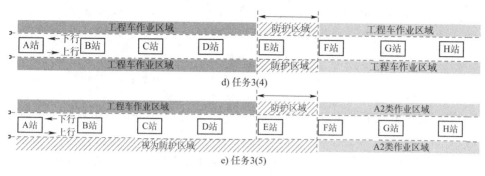

d) 任务3(4)

e) 任务3(5)

◎ 图 5-45 施工线路图

任务5 表 5-21

施工作业任务	防护区域长度
任务 3(1)	
任务 3(2)	
任务 3(3)	
任务 3(4)	
任务 3(5)	

三、评价反馈

学生和教师对整个任务考核过程评价并填写表 5-22。

评价反馈 表 5-22

序号	评价标准	分值（分）	自评得分（分）(40%)	教师评分（分）(60%)
1	引导问题填写字迹美观清晰	15		
2	引导问题回答正确率90%以上	15		
3	周计划的施工申报流程程序完整,思路清晰	20		
4	A1类施工组织程序完整无误,思路清晰	20		
5	施工防护设置位置正确率90%以上	20		
6	整个操作符合安全规章和操作要求	10		
	合计	100		

参考文献

[1] 李俊辉,黎新华.城市轨道交通行车组织[M].3版.北京:人民交通出版社股份有限公司,2021.

[2] 操杰,王亮.城市轨道交通行车组织[M].2版.北京:人民交通出版社股份有限公司,2020.

[3] 孟祥虎,王青青.城市轨道交通行车组织[M].2版.北京:人民交通出版社股份有限公司,2024.

[4] 贾毓杰,王红光.城市轨道交通通信与信号[M].3版.北京:机械工业出版社,2019.

[5] 张风琴,王绍军.城市轨道交通概论[M].北京:高等教育出版社,2020.

[6] 牛红霞.城市轨道交通行车组织学生工作页[M].成都:西南交通大学出版社,2014.

[7] 刘莉娜.城市轨道交通客运组织[M].3版.北京:人民交通出版社股份有限公司,2021.

[8] 张厚红.城市轨道交通线路与站场[M].成都:西南交通大学出版社,2021.

[9] 徐新玉,部绍海.城市轨道交通行车组织[M].2版.北京:人民交通出版社股份有限公司,2021.

[10] 张栋.城市轨道交通行车调度实训教程[M].北京:人民交通出版社股份有限公司,2023.

[11] 沈艳,颜文华,付杰.城市轨道交通运营管理综合实训[M].北京:人民交通出版社股份有限公司,2022.